江戸時代の熊野街道と旅人たち

塚本　明

塙選書125

【目次】

はじめに——江戸時代の熊野街道と旅人たち

紀伊半島の南部、三重県と和歌山県にまたがる熊野の地は、古くから伊勢神宮と並び全国的な信仰を集めた熊野三山が鎮座し、山岳修験の拠点として独特の宗教性を帯びている。険しい山地と黒潮が迫る海域に挟まれた自然環境に加え、花の窟をはじめとする古代神話にちなむ宗教施設が各所にあり、極楽浄土を目指して小舟で捨て身の修行に乗り出す補陀落渡海の伝承等々、俗世から隔たる「聖地」として地域像が語られてきた。永遠の生命、死からの再生などという、人知や科学を超える力への憧憬も寄せられてきたように感じる。熊野は、交通と情報手段の発達により、あらゆる面で社会の画一化が進む日本列島のなかで、個性的な精神性を強固に残す地域として、みなされてきたのである。

二〇〇四年に「紀伊山地の霊場と参詣道」が世界遺産に登録され、この地域が改めて脚光を浴びることとなった。道の世界遺産登録は、フランスからピレネー山脈を越えスペイン北部に至る「サンティアゴ・デ・コンポステーラの巡礼路」に次いで二例目であり、加えてこの時から「文化的景観」というカテゴリーが適用され、人びとが自然に働きかけ続けた結果として生まれた景観が、文化財として評価されるようになるという意義もあった。そして、世界遺産となった熊野古道は、修験者や比丘尼（びくに）が往来し、高貴な者から庶民まで、宿願を抱え、病気快癒や蘇りを求める人びとが辿った道として喧伝された。

だが、世界遺産への申請当時に表された熊野古道の歴史像は、基本的に中世段階の紀伊路＝和歌山県側の道についてのものであり、石畳道が多く残り、本書で主に扱う伊勢路＝三重県側の道の歴史は、ほとんど何も分かってはいなかった。熊野古道の大半は紀州藩政下に整備されたにもかかわらず、江戸時代の道や旅人についての検証も、まったくなされてはいなかったのである。しかし、その文化的価値を「世界遺産」に見合うものとして強調するために、この地域の「幻想性」だけが、いっそう増幅されていったように思う。

本来文化財指定とは、地域に住む人びとが自分たちのかけがえのない宝物として文化財を認識し、そのかけがえのなさが積み上げられていくべきものだが、熊野古道の世界遺産登録は、三重県、和歌山県、そして奈良県ともに、いずれも過疎高齢化が進む紀伊半島南部の

「活性化」を目的として、行政主導で進められたという事情があった。そのため、地域住民との間に感覚・認識面での「ずれ」が、間違いなくあった。

私が熊野の地と関わり始めたのは、今から二〇年ほど前の二〇〇一年のこと、三重県が熊野古道の世界遺産登録に向けて本腰を入れだした頃であった。きっかけは、所属する三重大学の「人文フォーラム」という企画により、尾鷲市に残る尾鷲組大庄屋文書（おわせぐみおおじょうやもんじょ）という膨大な古文書群に出会ったことである。一万数千点の一紙文書（いっしもんじょ）がまだ未整理であると知り、学生や卒業生、市民の方々と共に六年がかりで調査し、目録を作成した。整理済みの冊子史料の撮影作業も並行して行ったが、文書中のたくさんの事件記録からは、当時の住民たちの暮らしぶりや働き方、そして生々しい感情が伝わってきた。現在では人口減少や産業の停滞に悩む地域だが、江戸時代には漁業と林業、そして港を介した商業が盛んに営まれ、陸と海の道を通して人も物も情報も、きわめて活発に行き来していることに驚かされた。

尾鷲組大庄屋文書の整理終了後も、熊野市やその南隣の御浜町に場を移して、熊野地域での古文書調査を続けた。いささかの戸惑いと、時にいらだちや憤りすら覚えつつも、熊野の地の、他には見られない強烈な個性、きわめて人間くさい独特の面白さを理解するようになった。神話や幻想としての精神性など、既成の観念論を当てはめたような議論に頼らずとも、熊野はとても魅力的なのである。

熊野街道沿いの社会に残る古文書群には、当然に諸国から訪れた旅人も数多く登場する。この地から旅立っていった人たちもいる。熊野古道が世界遺産に登録されるという状況のなか、そうした古文書にも注目していったが、そこに現れる旅人たちは、それまでに語られてきた紋切り型の巡礼とはまったく別の姿であった。

彼ら、彼女たちのほとんどは、自身では文字記録を表すこともなく、静かに死んでいった。そうした人たちを、尾鷲組大庄屋文書をはじめとする熊野地域の古文書の力によって、数百年の時を越えて蘇らせてみたい。同時に、旅人や熊野街道の存在が、熊野の地域性にどのような影響を及ぼしたのかを考えてみたい。

以下、九章にわたって、街道を歩んだ旅人たちの様々な姿と旅の様相、そして彼らを迎えた街道沿いの社会の実像を、この間に調査してきた史料を用いて、できる限り具体的に紹介していくことにする。廻り道もしながらのいささか長い旅になるが、どうか最後までお付き合いいただきたい。

I　青森からの旅立ち

［青森の尼・妙栄の往来手形］

掲げた写真（1－1）は、二〇〇二年九月に一回目の尾鷲組大庄屋文書の集中調査を実施した際に見出した、一枚の古文書である。熊野街道を行き来した旅人に強い関心を持つきっかけになった文書であり、そして、二〇年近く行ってきた熊野地域の古文書調査のなかでも、とりわけ思い出深いもののひとつとなった。

虫食いによる傷みのため読みにくい部分もあるが、まずは史料の解読文を掲げよう。

　往来証文之事

拙寺末庵妙栄尼、此度上方罷登霊地

仏閣参詣仕度奉存候間、依之
御関所御通し被下度奉願候、若於途中
変等も御座候ハヽ、其御国御作法之通り
御取扱被下置度、為後日寺請状如件
文化十癸酉五月
奥州津軽青森浄土宗　正覚寺（印）
諸国御関所御役人衆中

文化一〇（一八一三）年五月、陸奥国津軽青森の妙栄という尼さんが、上方の霊地仏閣の参詣を志したため、彼女が属する正覚寺が発行した「往来手形」である。江戸時代の民衆は自由に旅に出ることはできず、寺社参詣や湯治などに赴く際には、村役人か檀那寺に身元を証明する往来手形を発行してもらわなければならなかった。旅人はこの証文を携帯して関所を通過し、旅中で何か困ったことが生じた際には、道沿いの村々に往来手形を示して保護を受けた。妙栄尼の往来手形は諸国の関所役人のみに宛てられているが、関所役人と街道沿いの村・町の役人が並記される通常の往来手形と同様の内容を含んでいる。

さて、ではなぜ青森で発行された往来手形が、尾鷲に残っているのだろうか。それは、本文の後段、「若（も）し途中に於いて変などもござそうらわば、その御国の御作法の通りお

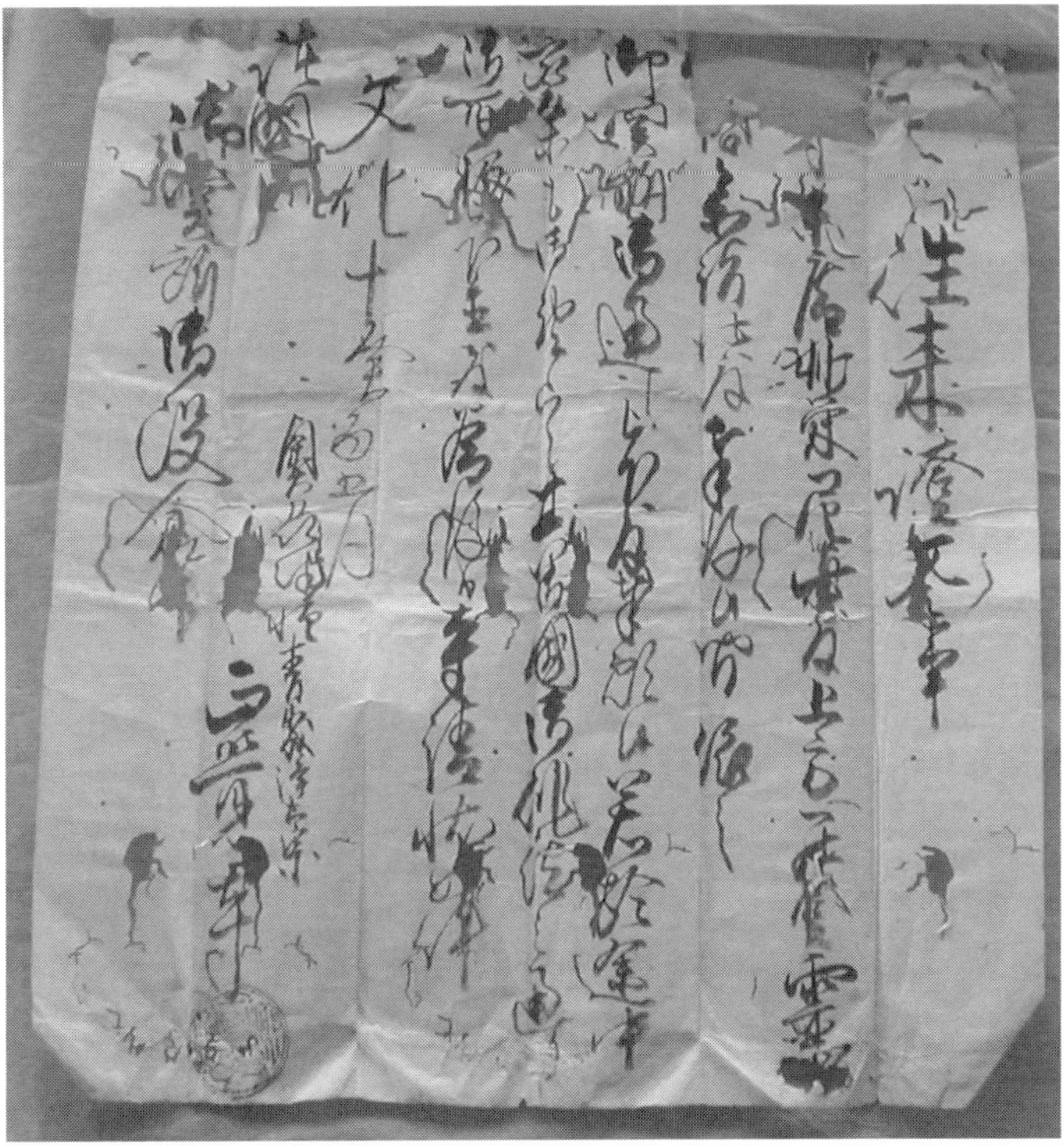

1-1　青森の尼・妙栄の往来手形（尾鷲組大庄屋文書）

取り扱い下し置かれたく」と書かれていることがヒントになる。少し婉曲な表現を取っているが、旅中で不慮の死を遂げた場合（ここでは「変」と表現されている）、その土地の作法で葬ってやってほしいという依頼文なのである。

調査に参加していた学生や市民の皆さんは、尾鷲から遠く離れた青森の地名を伴う古文書に興味を持ったが、私は江戸時代の旅の制度を説明しつつ、妙栄尼という旅人は、尾鷲で死んでしまったからこの文書が残ったと思われること、そして彼女は伊勢参宮の後、西国巡礼を目指して上方へ向かう途中、尾鷲で病に倒れたのであろう、などと解説を加えた。その後の調査で同様の往来手形が十数通確認されることとなるし、遠来の旅人、それも女性宗教者の旅として多少の興味を持ったものの、それ以上に特段の留意はしなかった。

［関連文書の出現］

だが、それから一年後に行った三回目の集中調査で関連文書が見つかり、認識は一変した。妙栄が尾鷲で客死したことは間違いなかったものの、その旅の形態は、私の推測とかけ離れていた。少し煩瑣ではあるが、読み下しで妙栄の死を届け出た口上書の全文を掲げよう。

　お尋ね口上

一、私ども松前出生娘妙栄儀、諸国拝礼に罷り出たく、寺往来申し請け、文化十酉五月国元出立そうろうつき、盲人の義、壱人にては歎かしく、私どもも跡より追かけ、親子三人にまかりなり諸国拝礼仕り修行そうろうところ、去冬より娘ども両人とも風邪にて、しかじかござなく、御当所へ罷り越しそうろうて逗留養生仕り、御薬も申し受け御厄介相成り養生そうろう、妙栄尼儀、極大病に相成り、終に病死仕りそうろう、御村方御苦労に罷り成り、お取り置きくださせられ、ありがたきしあわせに存じ奉りそうろう、私義、看病仕るにつき、いささか申し分ござなくそうろう、よって口書御礼申し上げそうろう、以上

天保三年辰正月十七日　　妙栄母　西方尊（爪印）
妙栄妹　さやう（爪印）
尾鷲宿　権六（印）

まず妙栄は、青森ではなく松前の出生だという。当時は蝦夷地と称された北海道は、先住民であるアイヌ民族が漁業や狩猟などのなりわいを営む地であったが、江戸幕府は松前氏（蠣崎氏）という大名に支配を委ね、アイヌ民族との交易権の独占を認めた。その拠点となったのが、箱館（函館）の西方、渡島半島南西部の松前の地である。だが、ロシアの南下を警戒した幕府は、寛政一一（一七九九）年に東蝦夷地を、文化四（一八〇七）年には西蝦夷地を含め蝦夷地全体を直轄化した。あるいは、何らかの事情でこれが契機となって、妙栄尼らは

松前から青森に移住したのであったろうか。

さて、妙栄は盲目であった。それにもかかわらず一人で旅に出たのだが、心配した母・西方尊と妹のさようが跡を追い、親子三人で諸国拝礼をしていたのだという。盲人の一人旅は、当時は必ずしも珍しいわけではない。杖を突きつつ人びとに道を尋ね、時に手助けも受けながら歩を進めたのであろう。徒歩での旅で経路も限られるため、母と妹が追いつき、合流することもできた。親子三人で諸国を旅したが、「去冬」から妙栄と妹が風邪を患い、尾鷲まで来たところで病症が悪化したため、逗留して養生することとなった。しかし妙栄の病は重く、施薬治療を受けたものの、ついに病死してしまった。この文書からは、以上のような事情が判明する。私の当初の推測は、間違いなく尾鷲で病死していたという点で、「半分」は正しかった。

驚くべきことは、この文書が天保三（一八三二）年正月一七日に出されている点なのだ。先に見た妙栄の往来手形にある文化一〇（一八一三）年五月という日付から、実に一八年半が経過しているのである。この事実に気がついて、愕然とする思いであった。妙栄は上方を目指す途中だったのではなく、二〇年近くもの間、母・妹と共に旅を続けた末に、尾鷲で死んだのである。妙栄が懐中に収め、長い間一緒に諸国を旅したはずの往来手形を、改めて、手に取ってみた。往来手形は帰郷したら返却するのが原則であり、いったん青森に戻ってからの二度目、三度目の旅であったという可能性は考えられない。いったい彼女たちは、その間どのような旅をしていたのであろうか。

その前に、病気の旅人を受け容れた尾鷲組の対応を見ておこう。天保三（一八三二）年正月の口上書には妙栄の母と妹の名前が記され、本文も母親を主語として作られているのだが、差出人の欄を見ると、二人以外に「尾鷲宿　権六」という者が署名捺印している。そして、本文も差出人三人の署名も筆跡は同一であり、まず間違いなくこの証文を作成したのは権六であると思われる。妙栄の母と妹は、「爪印（つめいん）」といって署名部分の下部に指を当て、爪の輪郭に沿って墨に浸した筆でなぞるという、捺印に代わる証明をしたのみであった。貧しい彼女たちは、印鑑を持っていなかったのであろう。

それはともかく、口上書の後段では、妙栄に薬を施すなどした尾鷲組の取り計らいに謝意が示されているのだが、それが尾鷲に住む権六の作文だとすると、本当か否かを疑ってかからなければならない。病気や怪我に苦しみ、困窮する旅人を迎えた村側の対応は、後に詳しく検討するが、妙栄たちに尾鷲組がどのように接したのか、費用を記録した文書から見てみよう。

〔尾鷲組による救済〕

尾鷲組大庄屋文書中には、日々の支出を半年ごとに決算して作成した算用帳簿が、江戸時代中期から明治初期に至るまで、およそ二〇〇冊残されている。そのなかで、妙栄が死去した天保三（一八三二）年正月に、二つの関連記事を見つけることができた。まず正月一四日に、「津軽明栄と申もの難渋願出候ニ付」として九五二文（銀換算で八匁三分二厘）が計上されている。この「明栄」が妙栄であることは言うまでもない。江戸時代には、同音であれば異なる漢字を使うことは少なくなかった。妙栄は正月一四日に尾鷲に至り、三日の養生の末、一七日に死去したことになる。

そして、妙栄たちとは関係のない支出記事三つを挟み、次のような記載がある。

一、拾三匁壱分四り　同取かへ
　此セに壱貫五百五文
　　内
百七拾文　　酒壱升代
七拾文　　白米壱升代
百拾文　　明キ樽壱ツ
三拾文　　豆腐壱丁代

弐百四十八文　薬五ふく
五百四拾五文　白米七升五合代
小以高ことし
是ハ津軽国明栄、西方堂と申両人、旅人病死いたし、壱人次助所ニ而セ話為致、本行ニて病死人小入用

末尾の記載から、妙栄が病死した際の費用の書き上げであることは間違いないが、妹のさようの名は記されず、明栄（妙栄）と母が存命のような書き方がされている。あるいは、妙栄とさようの名前を混同したのであろうか。さて、「薬五ふく（服）」に二四八文が支出されており、妙栄に間違いなく施薬されたことが確認できる。一服約五〇文というのは、うどんや蕎麦が一杯一六文程度だった当時にあって、かなり高価な薬である。朝夕一服ずつ、二日半の分を服用した上で、死去したのであろう。白米の記載が二か所あるが、最後の七升五合代五四五文が、尾鷲組から妙栄らに施された分である。当時、一人一日で五合の飯米が基準であったから、一五日（人）分となる。妙栄存命中の三日分を除くと、母西方尊、妹さようの分は六日分であり、二人は正月一九日まで尾鷲に滞在したものと推測される。

それ以外の酒一升、白米一升、「明キ樽」一ツ、豆腐一丁は、妙栄の葬儀費用であった。類例を見ると、旅人が死去した際には、尾鷲組で雇用していた非人番という立場の者が、死

体の処理を担当した。ここでは、文末に出てくる「次助」が非人番である。「明キ樽」は棺桶であり、残りの酒、米、豆腐が労賃として非人番の次助に支給されたのである。なお、以上の六項目を合算しても一一七三文であり、小計額の一五〇五文と比べ三三二文足りない。おそらく寺の僧侶に対する布施料が、記載から漏れているのではないかと思われる。また、正月一四日付けで当初計上された九五二文は、妙栄と母、妹の宿泊費として権六に支出されたものであろう。

結局のところ、重病の妙栄らを迎えた尾鷲組は、銭で二四五七文、銀換算で二一匁四分六厘を負担したことになる。現在の貨幣価値に換算するのは容易ではないのだが、米価を基準にすれば大雑把に言って数万円、感覚的には一〇万円近くとなろうか。これで宿泊費、食費、そして妙栄の薬代と死後の葬儀費用を賄ったわけである。困窮した旅人へ施したり、病死人を埋葬してやったりするのは妙栄一行の場合に限ったことではなく、また尾鷲だけのことでもないのだが、なぜ街道沿いの村社会が見ず知らずの旅人に対してここまで親切にするのかは、追々考えていくことにしよう。

妙栄の母と妹は、妙栄を送った三日後の朝、尾鷲を後にして次の峠を越えていった。それから二人がどうなったのかは、もちろん知るよしもない。おそらくは遠からぬうちに老いた母が死に、残った妹のさようが一人で旅を続け、そしていずくの地かで死んでいったのであろう。そもそも妙栄はどのような事情で旅に出たのか、いかなる旅だったのか、尾鷲組大庄屋文書中にはこれ以上の手がかりはない。

[正覚寺を訪ねる]

二〇〇六年の春、思い立って青森に赴き、妙栄の往来手形を発行した正覚寺を訪ねた。妙栄は正覚寺に属した尼であり、彼女についての何らかの記録が残されているのでは、とのかすかな期待を持っての旅であった。正覚寺は青森市内の中心部にある浄土宗の大刹であるが、門前に立ち、近代的なコンクリート造りの寺の構えを前にして、目的が叶わないだろうことを察した。青森は第二次世界大戦の戦災に遭い、市街地の多くが焼失してしまったのだが、正覚寺もその被害を受け、建物はもちろん本尊をはじめとする宝物の一切が焼けてしまったのである。

寺の方のお話によれば、檀家にわずかに残る正覚寺関係の文書が数少ない歴史資料とのことであり、二百年以上前に寺に属したはずの一人の尼について、分かるはずもなかった。お寺が発行した往来手形が三重県の尾鷲に伝わっており、正覚寺に属した尼が尾鷲で客死したことを示す文書もあるとお伝えすると驚かれたが、それ以上なすすべもなく、静かに辞するのみであった。

歴史学の調査で、こうしたことは「よくあること」である。知りたいことを直接伝えてくれる文書が残っているなどというのは、ごく限られた幸運な事例であり、たいていの場合は関連文書や類似の事例で推測していくしかない。故郷を遠く離れた尾鷲で亡くなった妙栄さんには、江戸時代の貧しき旅人について興味関心を喚起してくれたことを感謝し、他の多くの類似史料からこの問題を考えていくことにしよう。

Ⅱ　熊野の道の特質

1、道の経路と分かれ道

〔伊勢路と紀伊路〕

旅人の様相を見る前に、この地域を通る道＝熊野街道の伊勢路について概観しておこう。熊野三山を参詣する経路は、大きく分けて伊勢路と紀伊路の二つがある。摂津国を起点とし和歌山を経て熊野に至る道が紀伊路で、大半は現在の和歌山県域に含まれる。一方、ほぼ現在の三重県域で、伊勢国の田丸から尾鷲や木本を通り熊野三山までの道が伊勢路である。

それぞれ紀伊半島の西端と東端に沿って、南端に至る。だがこの二つの道は、時代によってまったく異なる性格を持った。

熊野古道の説明でよく紹介されるように、一二世紀の院政期に後白河法皇が編さんした『梁塵秘抄（りょうじんひしょう）』には、「熊野へまいるは紀路と伊勢路のどれ近し、どれ遠し。広大慈悲のみちなれば、紀路も伊勢路も遠からず」と謳われ、この時期にはすでに紀路（紀伊路）と伊勢路が共に「参詣道」として成立していた。しかしながら、二つの道が同じように用いられたわけではない。後白河法皇自身が熊野へ三四回もの参詣を繰り返したし、同時期には上皇たちが再三にわたり熊野参詣に訪れ、いわゆる三上皇による百回を超える熊野参詣として知られる。だが、それらの熊野参詣はいずれも紀伊路を利用したもので、伊勢路とは無縁なのである。そして、上方から熊野を参詣した後はそのまま紀伊路を戻る、往復路として用いられた。中世段階までは、熊野参詣路として伊勢路の比重は低く、旅人がここを通った形跡は多くない（伊藤裕偉氏は、中世段階の伊勢路は海路であったと指摘している）。また上皇ら公家や武家など為政者層が中心であり、その荷物持ちなどを除いて、庶民層の参詣はほとんど見られない。

一方、江戸時代に入ると様相は大きく変わる。まず、旅の担い手が庶民層にまで広がった。主人に付き従う形ではなく、庶民が自らの意志で旅に出られるようになったのが、大きな時代の変化である。ただし、身分制社会であるからまったく自由に行動できたわけではなく、基本的に湯治と寺社参詣に限って、旅立ちが認められた。湯治は近場の温泉が選ばれたため、長期の遠隔地への旅は、ほぼ寺社参詣を目的としたものになった。

その中心となったのが、伊勢参宮の旅である。中世から近世へ移行すると共に、旅の中心が熊野から伊勢へ変わった。その担い手は、伊勢神宮の「御師(おんし)」である。彼らは神主としての属性を有しつつ、参宮客を伊勢に迎え、案内するという、いわば旅行業者としての役割も持った。御師たちは全国を檀那場、一種の縄張りとして分割し、毎年土産物や御札を持って檀家を訪れて師檀関係を作り上げ、伊勢講を組織しての参宮を呼びかけた。このシステムは、中世の熊野三山の御師が作ったものを真似したのだともいわれる。江戸時代の旅人はまず伊勢神宮を参拝し、その後に熊野街道の伊勢路を通っていった。

だが伊勢路は、中世の上皇らが利用した紀伊路のように、往復する道ではなかった。そして肝心なことは、伊勢路から紀伊路を経て上方に至る旅人の多くは、熊野三山も参詣したことであろうが、それ自体を主たる目的とはしていないのである。彼らがまず目指したのは熊野那智大社に隣接する青岸渡寺(せいがんとじ)であり、そこを第一番札所とする西国三十三所巡礼の旅に赴いたのであった。彼らは伊勢路を用いて熊野に至り、その後は紀伊路を辿り上方に向かう。つまり、伊勢路は熊野へ向かう道で、紀伊路はそこから上方に至る道、共にほぼ一方通行の道となった。もちろん往復する者も、「逆打ち」といって札所寺院の最後から戻っていく経路を辿る旅人も、いたのではあるが。

熊野街道の後は、畿内を中心に広がる札所寺院を巡り、美濃国の三十三番札所の谷汲山華厳寺で結願となる。江戸時代中期以降には、讃岐の金毘羅山（金刀比羅宮）にも赴くことが一般化し、出雲大社や厳島神社、壇ノ浦まで足を延ばす者もいた。院政期の上皇の熊野参詣や、あるいは唯一絶対の信仰の地を目指す西洋やイスラムの巡礼たちのように、目的地を往復するのではなく、ありとあらゆる神と仏を「巡る」のが、江戸時代の巡礼であった。そして熊野街道伊勢路とは、伊勢参宮後に観音寺院を巡る西国巡礼に向かう道であり、大枠としては神社信仰から寺院信仰へ、神から仏へと転換する道なのであった。

［田丸の地］

桑名から四日市を経て日永の追分で東海道から分岐し、伊勢神宮に向かう参宮街道が南へ延びるが、この道も旅人にとってはほぼ一方通行の道であり、参宮をしたのみでそのまま引き返すことは「伊勢切り」と称される例外的な旅であった。せっかく故郷を遠く離れた旅に出たのだから、伊勢参宮だけで帰るのはもったいない。そこで上方を中心に、多くの神社仏閣の参詣や名所巡りに向かったのだ。

だが彼らの多くは、初瀬街道や和歌山街道を用いて「大和越え」で上方に赴いたのであり、熊野街道を辿り青岸渡寺を目指したのは、参宮客全体の十分の一程度であったと推測している。その要因のひとつは山間を縫う熊野街道の険しさであり、人里離れた寂しい道が続くことであった。三十三の観音寺院をすべて巡り西国巡礼を完結するには、熊野の地に鎮座する青岸渡寺にまず赴かなければならない。熊野街道伊勢路は、観音への強い信仰に支えられ、厳しさを承知で、あえて辿る道であった。

実は、熊野古道が世界遺産に登録されて間もなく、熊野街道の歴史についての市民向けの講演を依頼され、この話をしたのだが、こちらの意図に反して、熊野の方々に大変不興を買ってしまった。熊野信仰が盛んな昔は、熊野街道が大いに賑わっていたという誤った宣伝がされていたためもあろう。過疎高齢化が進む地域で、今後の観光振興を意識しての反発だったかもしれない。だが、今も昔も量、数の多さだけが価値ではないはずだ。同じ上方に向かう道でも、熊野街道は特段の信仰を持って「あえて」辿る道だったのであり、そのことの意義を理解していただきたいものである。

伊勢参宮の後、大和越えと熊野街道との分岐点が田丸の地である（現三重県度会郡玉城町）。紀州藩が伊勢国内に持つ領地、勢州三領のうち田丸領の拠点として田丸城代が管轄していた。今でも街道沿いには切妻造りの建物が残り、当時の風情を残している。嘉永六（一八五三）年に刊行された『西国三十三所名所図会』は、他の名所図会シリーズと同様に名所旧跡を図

2－1　田丸の地（『西国三十三所名所図会』三重県総合博物館所蔵）

入りで紹介する旅の案内書であるが、その田丸の場面を見てみよう（2－1）。旅籠屋の店先に座って休憩する旅人と、その奥で菅笠と笈摺が販売されているのが見える。笈摺とは着物に羽織る袖なしの白い衣で、もともとは笈（供物、経文などを納める木製の箱）を背負うことで衣服がすれるのを防ぐために用いられた。菅笠と共に西国巡礼を象徴するもので、これらに年号と住所、名前に加えて「奉納西国三十三所」などと記して身に纏うのが、西国巡礼を志す旅人の作法であった。伊勢参宮後に熊野街道を選ぶ旅人たちは、田丸の地で笈摺と菅笠を購入し、巡礼装束に着替えて熊野を目指したのである。

〔精進の旅〕

姿恰好が変わるだけでなく、神社信仰から仏教信仰に切り替わることに伴い、旅中の食も一変した。神道では魚食の禁忌はなく、そのため神宮門前町の御師宅では、参宮客に山海の珍味、とりわけ志摩や熊野、伊勢湾で獲れた魚介の数々が供された。これまで見たこともないほどの御馳走の山に、参宮客の多くは感激する。「お伊勢さんのありがたさ」の評判を立てることで、参宮客を招き寄せ続けるための仕掛けでもあった。

だが、意識の程度は様々であったとは思われるものの、観音信仰を掲げて巡礼装束に身を包む旅人は、殺生禁断を意識しなければならない。文化九（一八一二）年に熊野街道を辿った常陸国久慈郡高柴村（現茨城県久慈郡大子町）の庄屋家の息子、益子広三郎教覚は、木本（現三重県熊野市中心部）の手前の二木島村で、サンマやタイ、キスなど魚介がたくさん水揚げされるのを見物するが、「我々精進ゆへ」として、残念ながら食べることはなかった。一方、熊野三山に至る前であるからまだ精進は不要との考えもあったようで、寛政一一（一七九九）年に会津若松から訪れた旅人は、長島（現三重県紀北町長島。伊勢から熊野に向かい、最初に海に臨む地）で、「ここにて精進かためしてよし」と記している。「精進固め」とは、精進に入る前に魚介を「食べだめ」しておくことをいう。

現代でも、食は旅の楽しみの大事な要素であろうが、西国巡礼では魚食をあえて排するという特色があったのだ。これは、伊勢から大和越えで上方に向かう旅人には見られない。西国巡礼の結願所、美濃国谷汲山華厳寺には、それまで纏っていた笈摺と菅笠を納める建物があり、また本堂の前の柱には「精進落としの鯉」と呼ばれる青銅製（江戸時代には木製）の鯉が貼りつけられている。この鯉に触れる（あるいはなめるとも）ことで精進の期間を終え、その後は門前の参道に並ぶ店で、鮎などの魚を食するのである。

江戸時代の伊勢参宮後の西国巡礼は、装束と食の作法の点で仏教信仰に即してはいたが、それは空間と時間を区切って行われるものであった。イスラム教やキリスト教などの一神教を信じる世界では、およそ理解できないことであろう。

西国巡礼者が田丸で購入する物に、菅笠と笈摺以外にもう一つ「飯行李（めしごうり）」、つまり弁当箱がある。賑やかな参宮街道や大和越えでは、東海道などと同様に、旅人向けの昼御飯を提供する道沿いの茶屋などを利用すれば良い。だが、山道を縫って行く間はせいぜい峠の茶屋くらいしかない熊野街道では、そういうわけにはいかない。そのため熊野街道沿いの旅籠屋では、朝晩の食事提供とは別にもう一食分をセットにして、一泊三食の宿泊料金を設定するところが多かった。旅人は昼食を弁当箱に詰めて、宿を立って行ったのである。

2－2　世界遺産熊野古道図（世界遺産登録推進三県協議会編『世界遺産　紀伊山地の霊場と参詣道』付属資料1－bをもとに作成）

［山間地での多様なルート］

2－2は、世界遺産に登録された熊野古道の範囲である。伊勢路について、近代以降の開発により途絶えたところは除かれているため断続的になっているものの、石畳など古い形状を残す道はおおむね指定対象となった。だが、江戸時代の記録を見ると、これよりはるかに多い道が存在していたはずなのである。そして、それらの道は必ずしも安定して存続してはおらず、時代や季節、気候条件などによって生まれたり、また消えたりもした、流動的な経路であった。熊野古道が世界遺産となった時に「千年続く奇跡の道」などというキャッチフレーズが用いられたのだが、歴史実態からかけ離れている。歴史的な道は、特に山間地では決して一本道ではなく、同じ目的地の間でも複数のルートがあり、また時により様々に姿を変えたのである。

何の障害物もない平地では、直線的に最短コースを取るだろうが、山や川に阻まれる地ではそうはいかない。特に徒歩での旅においては、例えば険しい山道で多少危険であっても最短距離を取るか、距離は延びてもなだらかで安全な道を選ぶかは、旅人個人の能力や性格、その日の体調や志向、荷物の重さ、大きさによって異なったであろう。熊野古道の世界遺産登録は、実際には多種多様に広がった街道のうち、特定の道のみが指定されることで不合理な序列化がなされてしまうという弊害もあったのである。

熊野古道のなかでも石畳道の見事さで人気が高い馬越峠（まごせとうげ）は、便石山（びんしやま）と天狗倉山（てんぐらさん）の間を越えて行く道で、もともとは二つの山の間を越えることから「間越峠」と名づけられた峠である。だが峠道は、山が連なる鞍部の一番低いところを通ってはいない。鞍部よりも少し天狗倉山側、山頂に至る間の三分の一くらいの位置を越えており、その分傾斜は多少険しくなるが、直線的なルートで通されているのである。山に詳しい地元の方の話では、最も低い鞍部を経由する古い道があったのだという。なだらかだが、少し距離が長くなる。江戸時代に整備された公式の街道は、駕籠が通る道幅を確保できれば、山越えには最短距離を取るルートが選ばれたようなのだ（2–3参照）。ただし、例えば重荷を背負う場合など、なだらかなルートが生活道として利用されることもあったはずだ。

もう一つ、当時の旅人は可能な限り多くの神仏を詣でる志向があった。街道を少し離れた所へもわざわざ足を伸ばすことがあり、それが様々なルートを増やす要因にもなった。

［岩屋堂への道］

以下の記述では、江戸時代の旅人が残した旅日記、「道中日記」の記載を手がかりにしていこう。道中日記についてはⅢ章で詳しく述べるが、世界遺産を記念した事業の一環で全国各地の道中日記情報を収集し、熊野街道を通ったもの二六〇点を確認した。巻末にその一覧表を掲げたが（**道中日記一覧**）、以下の叙述で道中日記の記載を用いる際には、必要に応じて都府県名と出発年（同じ都府県で年次も同じ場合は、出発月順に①、②…で示す）で特定し、典拠として示すこととする（№は道中日記一覧のもの）。

さて、馬越峠のところで「左手に天狗の岩あり」などと記す道中日記は数多い。峠からそのまま尾鷲の街に下らず、左の方向にそびえる「天狗の岩」＝天狗倉山を登坂し、そこから山の中腹にある岩屋堂を訪ね、さらに下って尾鷲市中で合流する旅人もいた。岩屋堂は弘法大師の作と伝えられた観音像が、三十三体の観音石仏と共に岩窟のなかに安置される場所で、西国巡礼とのつながりも深い。天狗倉山から岩屋堂へ下りる道は「岩山わる道」「是ハまわるべからず、大なん所なり」（栃木一八一九。№94）などと記されるが、間違いなくここを下っていった記録は存在した。

世界遺産登録当時はこの経路は確認されておらず、傾斜の険しさから地元の人たちの間でも存在が疑問視された。私が道中日記類の記載に基づいて指摘しても、学者の机上の空論扱いされたものである。しかし、近年になってこの道が「発掘」され、現在では通ることができるようになった。歴史記録から新たな道が確認された一例である。

2、川渡しと舟

［川渡りの難しさ］

江戸時代には、大きな川であっても安定した橋が架かっているのは当たり前ではなく、むしろ例外に属した。多数の旅人が行き交う参宮街道でも、津や松坂の城下町近くで架かっている橋を、道中日記では特記事項としているほどで、熊野街道では常設の橋はさらに珍しいものであった。行く手を阻む川に臨んだ旅人たちは、渡し舟や「仮橋」を利用し、また人足に背負われたり手引きを受け、あるいは浅瀬を歩くなどの手段で、川を渡っていたのである。

現在の熊野古道歩きについて、とかく峠道の厳しさばかりが強調されるが、当時の旅においては川を渡ることの方が、危険で難しい課題であった。険しい山道でも、道がある限り黙々と忍耐強く足を運べばいつかは越えられる。だが川の流れについては、時に旅人の努力ではいかんともしがたいことがあったし、無理に渡ろうとしたための事故も少なくなかった。

尾鷲では、矢浜村の矢川を渡るところで、元文三（一七三八）年五月に伊勢国東相鹿瀬村の女巡礼が流死しているし（尾鷲組大庄屋文書「御用筋抜書」）、七里御浜沿いを行く浜街道の途中、志原川の河口で波の引き際を見計らって渡ろうとして失敗し、波にさらわれてしまった巡礼の供養碑が今に伝わっている。ここには渡し舟が出ていたのだが、舟賃を払えないための事故だったろう。

文化七（一八一〇）年に刊行された『旅行用心集』という旅のガイドブックは、全部で六一か条にもわたって旅中の注意事項が列挙されるのだが、そのうち約一割の六か条が川渡しについてのものである。とりわけ山に近い川は、急に増水することがあるから気をつけるべし、とある。当時の橋は、板の上に土を盛り、安定した構造を持つ「土橋」は珍しく、川幅に舟を並べて綱で繋いだだけの「舟橋」や、川面に点々と顔を出している岩と岩の間に板を渡す程度の簡便な「仮橋」も少なくなかった。こうした橋は急な増水があれば簡単に流されてしまうため、水量の少ない冬場の間のみ、用いられたものも多かった。

2－3　馬越峠・銚子川周辺図

岸の両岸の村々で維持する橋では、その架橋費や維持費として、行き交う旅人から「橋銭（はしぜに）」を集めることもあったし、もちろん渡し舟も有料だった。力が弱く、急流を恐れ危険を避けたい旅人は、しかたなく金銭を払って橋や舟を利用することになる。

このことは、川の両岸の村々にとっては、小さくない収入の機会ともなる。川ではないが、東海道で唯一の海上交通、七里の渡しの両岸の熱田宮宿と桑名宿が、五十三次のなかで最も多くの旅籠屋を抱えて賑わったのはそのためである。参宮街道でも、渡し舟の株を確保した村々が、その収益の一部として多額の運上金を領主に納めている。

さて、このように川を渡る方法が様々だったために、経路がいくつも展開することになる。

例えば、馬越峠を登る手前には、銚子川というやや大きな川がある。この川の渡り方には、少なくとも三つのルートがあった（2−3）。一つは最短距離を舟渡しで越えるルートであり、当然舟賃がかかる。次に、やや上流の岩場の多いところで、岩と岩との間に板を架けて仮橋とし、そこを渡る。旅人によってはここでの橋銭はなかったとするが、他の同様の地では、舟賃よりも安いものの徴収されることが普通だった。三つ目は、さらに上流へ行き、足を濡らしながら浅瀬を歩いて渡るのである。もちろんこの場合、金銭は必要ない。旅人の懐具合や水量の状況などにより、いずれかの方法が使い分けられた。

［内湾の渡し舟］

尾鷲の街中から八鬼山（やきやま）を越えて三木里浦に着くが、ここから舟に乗り、内湾の対岸の曽根浦に渡る旅人が多く見られる。この内湾と航路との関係は、『西国三十三所名所図会』では「弓と弦のごとし」と、まことに的確な表現で説明している。舟を利用しなければ三木峠、羽後峠という二つの峠を越えていくのだが、「内海一里の舟渡しあり、廻れば二里の難所なり」（茨城一八五二。No.166）と記される通り、この航路は険しい陸路に比べて早く楽であり、内海のため危なくもなかった。天保一二（一八四一）年に武蔵国埼玉郡から訪れた川島巳之助ら一四名の一行は、三木里浦で二手に分かれ、巳之助ら八人は舟で、残りの六人は峠道を歩むが、陸路組が曽根浦に着いたのは航路組に比べ一時（二時間ほど）も遅かった。

［舟賃の規定］

三木里浦から曽根浦までの舟賃は一人当たりおおむね三〇文前後であったが、一艘買い切りにすると安い、とする記述も見られる。乗船記録を集めてみると、時期の違いもあろうが、三、四人用で一人で漕ぐ舟、十数人で水主（かこ）二人が付く舟、三〇人乗りで三人で漕ぐ舟と、三段階の舟があったようだ。一一人乗りで二一二文（静岡一七五三。No.15）、三〇人乗り合いで六〇〇文（埼玉一八四一③。No.133）とあるから、一人当たり二〇文前後で済んだようだ。

桑名への渡し舟（佐屋からの三里の渡し）では、藩の船番所からのお達しにもかかわらず、船上で船頭たちが手練手管を駆使して割増料金をせびったのだが、三木里から曽根への渡しではそうした事例は見出せない。播磨国の大和屋庄兵衛という者が同行者と共に舟を貸し切った際に、「酒手五拾もん」を加えて渡しているのが、割増料金について記す唯一の例である（兵庫一八三六。No.122）。舟賃は「定りなり」と記されることも多く、船頭との交渉で決まるのではなく、何らかの規定があったようだ。

興味深いのは、地元の者が利用する場合と旅人とでは、料金体系が別だったことだ。遠江国から九名でやってきた一行は、一一人乗りの舟を借り切って渡る。一人で借り上げても水主二名付きで一三二文の定めと聞くが、しかし「旅人ゆえ十一人乗りにて弐百拾弐文にてかり」（静岡一七五三。No.15）と道中日記に記している。住民の生活の道としての料金に比べ、旅人が用いる場合には約六割増になっているのである。似た事例は熊野川の渡しでも見られる。熊野川の成川の渡しでは、「此わたし舟賃、往来つねの人に八五文、順礼参詣人ハ弐十五文」という規定で、巡礼の舟賃は常の人＝近隣住民の五倍であった（「西国三十三所道しるべ」、元禄三年、舞鶴市郷土資料館蔵）。参宮街道沿いの祓川の渡しでも、旅人は水かさに応じて一銭から六銭の舟賃を取るが、「常々渡銭取り来たらざるものには自今も取まじき事」（「勢国見聞集」『松阪市史　第八巻』）と、生活道として利用する者は無料としている。

これらはヨソ者からぼったくっていると考えるべきではなく、住民の交通手段を維持するため、外来者が利用する場合には相応の負担を求めたものであるし、旅人もそれを納得して受け入れていた。三木里浦から曽根浦への渡し舟も、船頭の純粋な個別経営ではなく、三木里浦の集落と結びついていた。文字通り、地域の「公共の道」なのであった。

［船頭と旅籠屋］

天保一〇（一八三九）年に陸奥国の渡辺喜代松らは三木里浦で昼食を取るが、「行き当たりの茶屋にて船約束す」としている（岩手一八三九②。No.127）。それ以前、文政元（一八一八）年に播磨国から甥と二人で訪れた妙順という尼は、三木里の藤屋八右衛門という宿屋に泊まるが、翌朝に「乗り合い七人」で舟に乗る。道中日記には「舟人　藤や八右衛門」と、旅籠屋の主人がここでは「舟人」として現れており、おそらく他の宿泊人と共に乗り合わせたのであろう（兵庫一八一八。№92）。三木里浦の船頭は、時に旅籠屋主人と同一人物であるなど、宿屋や茶屋と密な関係にあったのである。

逆方向に曽根浦から三木里浦へ渡る場合も同様で、紀伊国尾呂志の酒造家、東勘兵衛は文化一四（一八一七）年に曽根の藤助方で舟一艘を借り切って三木里へ渡るが（三重一八一七。№91）、この藤助は宿屋を営んでいた佐野屋藤助と同一人物だと思われる。

［長島から二木島への渡し］

内湾に限らず、熊野街道に並行して熊野灘沿岸を行く航路も存在した。藩役人が奥熊野の地を往来する際には陸路ではなく舟がよく使われており、おそらく地域住民の日常生活の道でもあっただろうと思われる。

伊勢から田丸を経て熊野街道を南下し、初めて熊野灘に接する長島の地で、舟に乗れと勧められたという記載は、道中日記に頻出する。ここから木本（熊野市）の手前、二木島浦まで行く舟が出ていたのだ。荒海の熊野灘を行くいささか危険で恐ろしい舟に旅人を乗せることは、紀州藩から厳しく禁じられており、道中日記でも多くの場合、「乗るべからず」という禁止文言と共に記される。

だが、危険を伴い、舟賃がかかっても、峠道を行くよりずっと早く、宿代や食事代を考えれば舟の便は安上がりであった。そのため裕福ではない旅人を中心に、この舟に乗る者は少なくなかったらしい。安政四（一八五七）年四月、尾鷲組の八軒の旅籠屋は連名で、長島の船頭たちが御法度に背いて巡礼を乗船させているとして、改めて厳しく停止することを藩の代官に願い出た。航路の途中で旅人を下ろして困らせる悪徳の船頭もおり、外聞に関わるとするが、より本質的な理由は、陸路を歩く旅人が減少すると宿屋、茶屋から老人子供が携わる草鞋作りに至るまで、熊野街道沿いの稼ぎに支障が出るためであった。旅籠屋たちは、天気が悪く波風が荒い日は街道の通行人も多いが、天気快晴の日は舟に乗ってしまうため至って数が少なく、難渋していると訴えている。なお、二木島浦からの船便もあったが、二木島浦の宿屋と長島の船頭が馴れ合い、巡礼をだましているとも主張する。

船頭と旅籠屋との連携は三木里浦の渡しと同様で、旅籠屋間の旅人の奪い合いも参宮街道や京都・大坂など各地でよく見られることだ。ここでは、陸の道とは別に「海の熊野古道」ともいうべき経路が、実際には結構よく利用されていたことに、注目しておきたい。

3、街道沿いの施設と村々

［集落を縫う道］

山間地における街道のルートは、もう少し広域的に見た場合、集落を縫って設定されるという重要な要因がある。これは江戸時代の道の特質で、近代以降に大きく変容する。尾鷲から木本（現熊野市）に至るルートを見てみよう（2―4）。江戸時代には、この間を八鬼山越えという難所が旅人の前に立ちはだかっていた。だが近代以降は、より山側の矢ノ川峠越えの道が整備され、利用されるようになる。こちらは八鬼山越えに比べて傾斜が緩い道であった。それは何より車を通行させるためであり、遠回りでもなだらかな道であった。馬越峠越えも、海岸近くを遠回りする猪ノ鼻水平道（いはなすいへいどう）という道に代わっていく（2―3参照）。荷車の通行が可能な、文字通り「水平」な道であった。実際には結構傾斜があり、それなりに難儀したことであろうが。

さて、矢ノ川峠越えの道は、近代に入って新たに開削された道ではなく、江戸時代にも生活道としては存在していた。だがこれを巡礼たちが利用しなかったのは、なぜであろうか。もちろん、距離が長くなることもあるのだが、決定的な違いは集落を通らない点である。明治二三（一八九〇）年に福島県から訪れた旅人は、新道（矢ノ川峠越え）と旧道（八鬼山越え）の分岐点で旧道を選ぶのだが、それは「新道行ハ、六里の間人家なし」という理由であった。六里（二四km）もの間に人家がないのを不安に思い、旧道を辿ったのである。双方の道で、所要時間にさほど大きな違いはない。八鬼山越えの道は山道で険しく厳しいが、しかしこのルートはいくつもの集落を通りながら木本へ至る。前近代の旅人たちにとって、集落に乏しく人に出会わない寂しい道は、できるだけ避けたいものだった。

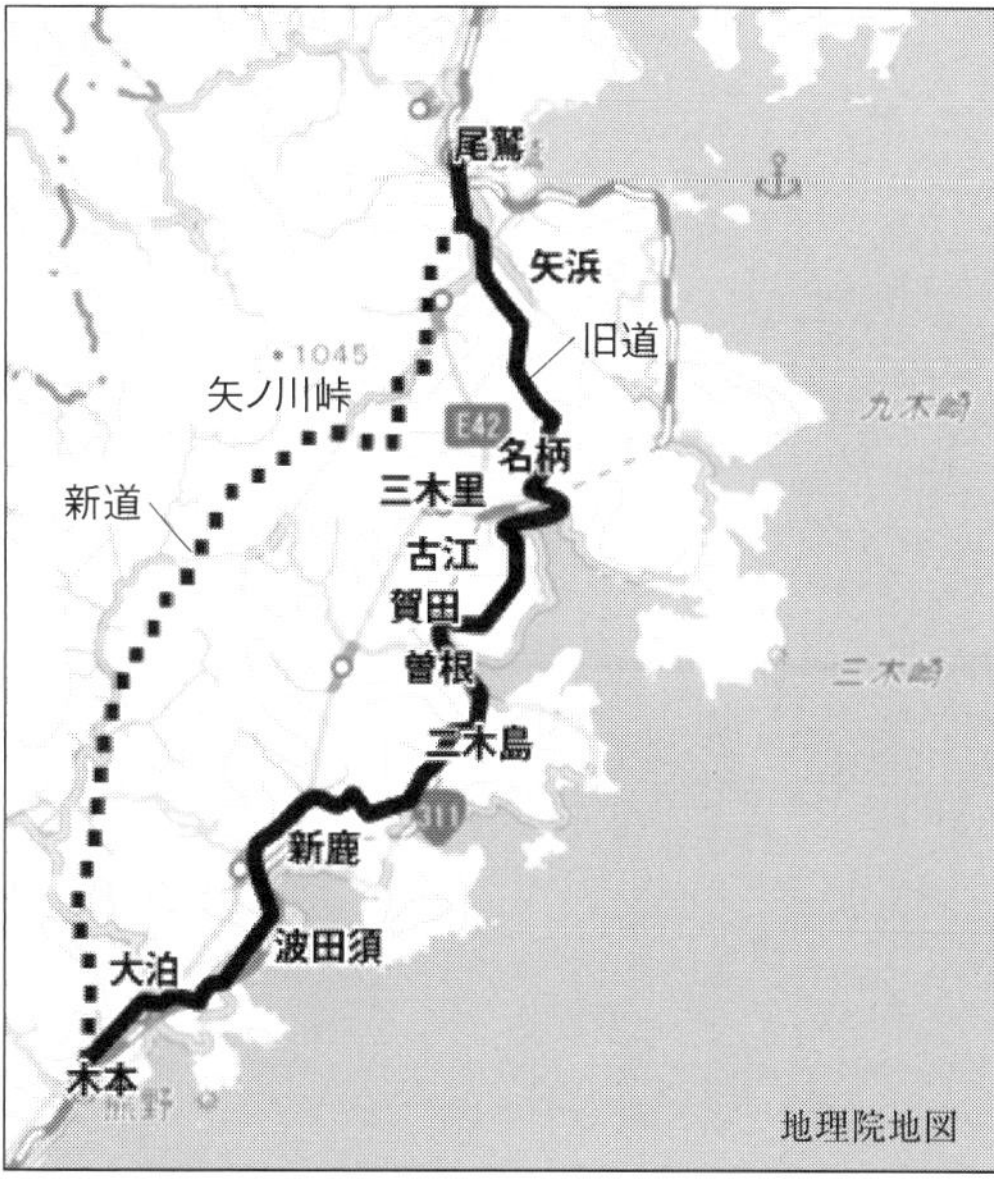

2－4　尾鷲—木本経路図

現代の自動車道は、そうしたことを配慮する必要がなく、とにかく通行の便宜、目的地までの所要時間の短さが優先される。だが、徒歩が主な交通手段である時代では、道沿いの村々の支援なしに旅を続けるのは容易でなかった。江戸時代には、街道を往き来する旅人と道沿いの地域社会との、深い結びつきがあったのである。

〔石畳道の敷設と維持〕

熊野街道の峠道の多くは、石畳が敷かれることで、雨の多い山間部でも天候に関係なく通行できるようになっている。では、誰がいつ、どのような目的を掲げて整備した道なのであろうか。「参詣道」として、まるで巡礼のために道が造られたかのように宣伝されたこともあるが、そんなことはあり得ない。道が多様に展開し、また集落を縫う形でルートが選ばれているのも、何よりそれが、この地域に生きる住民の生活道として成立したからだ。

江戸時代に将軍の代替わりに際して、幕府が全国の情勢を把握するため、諸国に巡見使を派遣する制度があった。選ばれた幕府役人三人が一組となり、従者を含めれば百人ほどの一行で各地を巡り、特に大名の領地支配が適切に行われているか否かを監察した。

宝暦一一（一七六一）年、第一〇代将軍徳川家治の襲職に伴う巡見使一行に備えて、紀州藩では街道の整備を村々に命じる。馬越峠道の尾鷲組側は、中井浦、堀北浦、野地村の三か在の管轄であったが、年々の洪水で道は破損し、往来に支障をきたしていたため、山から石を切り出して葺石に仕立てたいとして人足賃米を願い出た。検分に来た藩役人の嶋田善五郎は、本来は「村役」で仕立てるべきだが、大破の箇所は「格別の料簡」をもって、一二〇人分の人足賃米一石二斗を支給する旨を伝えた。一人一日米一升の計算である。しかしながら前年に尾鷲の村々が出願した際には、「馬越坂往還道」の破損分として、長さ九二〇間（約一七〇〇m）、横一間（一・八m）、一八四坪分の石土を用いた整備のため、一坪当たり三人、計五五二人分の人足賃米を求めていたのであり、検分役人が認めたのはその二割程度に過ぎない。石土一八四坪の「坪」とは面積ではなく立坪（一間立方）であるが、一間当たり〇・二立坪の計算となる。一人が担当する石土の量は約二㎥（二〇〇〇リットル）、重さでいえば、おそらく四、五トンにもなろうか。およそ、一人が一日で担える量ではない。

一人一日米一升という人足賃は、例えば参宮街道を直す時にも同じ基準が適用される。だが、山道で石の敷設を伴う作業は、平地の道ならしとは、労力がまるで異なったであろう。それに、尾鷲では山仕事に雇われる場合に、この数倍の賃金を得ることができた。さらに、本来は「村役」だと検分役人が言っているように、普段の小規模な道普請では藩の援助はなく、村人たちの奉仕でなされていたのである。

なお、尾鷲側が当初に申請した九二〇間という街道の長さは、馬越峠から麓までのほぼすべての道を覆うものであった。破損した道に代えて「新道」を造成したいとの文言もあり、また人足賃米が下付された際の文書には「葺石に仕立てる」旨がわざわざ記される。現代に残る馬越峠の見事な石畳道は、この時に整備されたものが基礎となっているのではなかろうか。

世界遺産として評価された石畳の道は、三重県教育委員会の調査で明らかなように石材自体は近隣で産出されるもので、工法も特別な技術を用いたわけではない。専門的な石工を外部から招くことなく、住民たちの手で営々と築かれ、守られてきた道なのである。

宝暦年間には幕府巡見使に備えて、例外的に藩から人足賃米が支給された。それは、実際に要した労力のほんの一部に過ぎなかっただろう。だが、紀州藩のとらえ方は違った。

巡見使による村々への視察、情報収集を警戒し、紀州藩は村々との間で想定問答集を作成し、巡見使の尋問に備えるのだが、「街道は誰が造り、直しているのか」と問われたら「殿様が直して下さいます」と答えるように命じられているのだ。ずいぶん恩着せがましいことではある。

安永七（一七七八）年のこと、馬越峠を下りてすぐの堀北浦に住む利八という者が、峠道の普請を行った。一人で行う所々の「小直し」であった。しかしこの「小直し」が、道の保全にはとても大事なのである。山中の道は、大水や大風の後は枝折れや倒木が生じ、石や土が崩れ、すぐに歩きにくくなり、放置すれば数年も経たずに通行できなくなる。利八の働きにより、馬越峠の往来はすっかり「よろしく」なった。だが利八は、純粋な奉仕の精神で行ったのではなく、巡礼たちからの「道銭（みちぜに）」を期待しての道普請であった。「道銭」とは聞き慣れぬ言葉であるが、「橋銭」と同様に、往き来する旅人たちに対し、わずかな銭の提供を呼びかけたのであろう。だが、払わなければ通行させない権限などなく、どうも旅人たちは利八に冷淡だったようだ。あてが外れた利八は尾鷲組に泣きつくのだが、尾鷲組では村役人らが相談の上、利八に「唐鍬かけ賃」、つまり道普請に用いる道具の「損料」として三〇〇文だけを与えた。旅籠屋二泊分程度の額である。

［橋掛けの苦労］

修理する必要と担い手の事情は、道だけではなく橋も同様であった。尾鷲の街中から八鬼山に向かう途中に流れる「中川」には、一八世紀中頃以降は板橋が架かっていたのだが、これが傷み壊れた時、代官に費用の下付を申請してもなかなか認められなかった。そのため村々では、独自の負担で修復している。それは、例えば中川の場合、農民の肥料運搬に用いるなど、住民の生活に必要な施設だったからである。

川に橋を架けること自体が、容易なことではなかった。天明八（一七八八）年に幕府巡見使が当地を訪れた際には、大雨続きのため尾鷲組や馬越峠を越えた相賀組（あいがぐみ）では対応に苦慮した様子が記録に残っている。まず、出迎え準備に関する藩からの御用状が、川に止められて届かない。海上を大きな船を仕立てて行こうとしても、風波が強く戻ってきてしまう始末である。尾鷲の街中を出た所にある矢ノ川には、「舟橋」を「至極丈夫」に造ったが、次第に水かさが増して持ちこたえられそうもなく、結局取り崩さざるを得なかった。相賀組の便山川（びんしかわ）（銚子川）でも、増水のため上流で山崩れが発生し、大量の木々が根こそぎ流れてくる状況であり、百人の人足を動員して橋を架けようとしても、とても叶わない。尾鷲組と相賀組の大庄屋は、悲鳴のような訴えを矢継ぎ早に木本代官所に向けて送っている。現代の土木技術をもってしても、大雨による洪水被害と復旧の大変さはたびたび報じられるが、村に対応が任されていた当時の社会では、水害に抗することはなおのこと難しかったのである。

［丁石と一里塚］

道は本来、地域住民の生活の道として生まれ、主要な経路を領主が整備した。その道を、巡礼たちは利用したのである。とはいえ、巡礼の往来が街道沿いの村々に与えた影響は小さくない。この問題は追々述べていくが、村々も領主も、次第に外来者を意識した道の整備を行っていった。馬越峠でほそぼそと石畳道を修復した利八も、その一人であった。

旅する者にとって一番の不安は、道に迷うことである。旅籠屋や茶屋が軒を連ね、人馬が行き交う賑やかな街道ならばともかく、人里離れた山中で道を尋ねる人とていない所では、分岐点に立つ道標はどれほど心強い目印だったことだろうか。山中では川の前で、上流に行けば歩いて渡れる場所がある旨を記す道標もあった。

行けども行けどもなかなか目的地に着かない長い山道で、残りの距離が分かる「丁石（ちょうせき）」は、旅人の大きな励みとなったことだろう。八鬼山越えの道に残る丁石（町石）は地蔵尊を象ったもので、登り五十丁の間に現在三五体分が残っている。一六世紀後期の天正年間に伊勢山田の御師たちが造り、この地へ運んだもので（『三重県石造物調査報告Ⅰ～東紀州地域～』）、三重県の文化財に指定されている。これは少し特別なものだが、距離を示す目印は、江戸時代には他にも存在したと思われる。宝暦四（一七五四）年には、紀州藩から往還筋の松並木整備と共に、熊野道筋の「丁石」を粗末にせず、草で隠れたりしないように、との指示が出されている。その少し前、元文二（一七三七）年には、一里塚に目印となる木を植えつけるようにとの触れが出された。天保七（一八三六）年の調査では、尾鷲組管轄内に一里塚が六か所あったという。江戸時代初頭にはあくまで領主にとっての「御用道」であったものが、一八世紀半ば頃から巡礼にも配慮した道へと徐々に整備されていったことがうかがえる。

［旅籠屋と木賃宿］

街道沿いで旅人が最も頼りにしたのは旅籠屋であろう。宿泊や食事の世話を受けるだけでなく、旅に必要な情報を得られる場でもあった。同時に、領主が治安維持の観点から旅人の把握や連泊を禁じるなどの策が講じられる場合には、旅籠屋仲間を通して統制がなされた。時期によっても異なるが、尾鷲では一〇軒前後、木本（現熊野市）でもほぼ同じくらいの旅籠屋があったようだ。熊野街道沿いでは一日行程以内の各要所に、五軒から一〇軒ほどの旅籠屋が分布していたと思われる。加えて、素泊まり自炊を原則とする木賃宿があった。ただし、旅籠屋と木賃宿の区分は必ずしも明確なものではなく、旅籠屋に泊まって自炊し木賃代を支払う場合や、木賃宿が旅籠屋に転換した事例も見られる。

旅籠屋たちは、村組ごとに仲間組織を形成したと思われるが、二木島浦と尾鷲の旅籠屋間で旅人の舟渡しを巡り訴訟沙汰となったように、時に対立しつつも、村組単位を越えて連携し、ネットワークを築いていた。伊勢の地ともつながりがある。木本には伊勢古市の遊郭、備前屋の出店になった旅籠屋があり、伊勢の遊女が熊野街道沿いの旅籠屋を次々に転売された事例も確認できる。この問題は、別の機会に紹介することとしたい。

［馬越茶屋と岩船地蔵］

施設の規模は小さいが、峠にある茶屋も、旅人が街道を辿っていく上で助けとなる施設であった。尾鷲組の管轄内には、馬越峠の茶屋と八鬼山荒神堂があったが、算用帳簿を見るとこの二つの施設の修復費用や困窮時の補助金などが尾鷲組から支出されており、茶屋とはいっても単なる商業経営ではなく、公的な性格を帯びていたことが分かる。

馬越茶屋では名物の「地蔵餅」や蕎麦が売られ、茶屋の前には地蔵堂に「岩船地蔵」が祀られ、歌碑も立てられており、旅人たちも一種の名所として道中日記に記している。ここの岩船地蔵は、一八世紀初めに下野国（現栃木県）から相撲取りが背負って当地を訪れ、馬越茶屋を営んでいた世古平兵衛の家に婿入りしたという伝承がある。どれほど力持ちであろうと、およそ一人の人間で担げる重さではないのではあるが。地蔵の基壇部分には施主の平兵衛の名と共に享保八（一七二三）年の紀年銘があり、この時には確実に馬越茶屋は存在していたと思われる。岩船地蔵の発祥は下野国下都賀郡の岩船山高勝寺にあり、享保四年以降に関東を中心に大流行し、各地で建立された。馬越峠の岩船地蔵は分布の最も西に当たり、岩船地蔵信仰がこの地まで広がったことを示している（福田アジオ『歴史探索の方法』）。

それから約百年後の文政三（一八二〇）年、地蔵堂が大破して修復の必要が生じた。世古平兵衛の檀那寺で南浦にある念仏寺は、境内に岩船地蔵を「出開帳（でかいちょう）」し、寄付を募ることを計画した。賑わいを図るためか、合わせて軽業（曲芸）の興行も出願している。だが、紀州藩の寺社奉行は、馬越峠の地蔵堂が藩の寺社改帳に登録されていないことを理由に、この申請を却下した。この改帳に記載されていても藩が修復費用を負担するわけではないのだが、

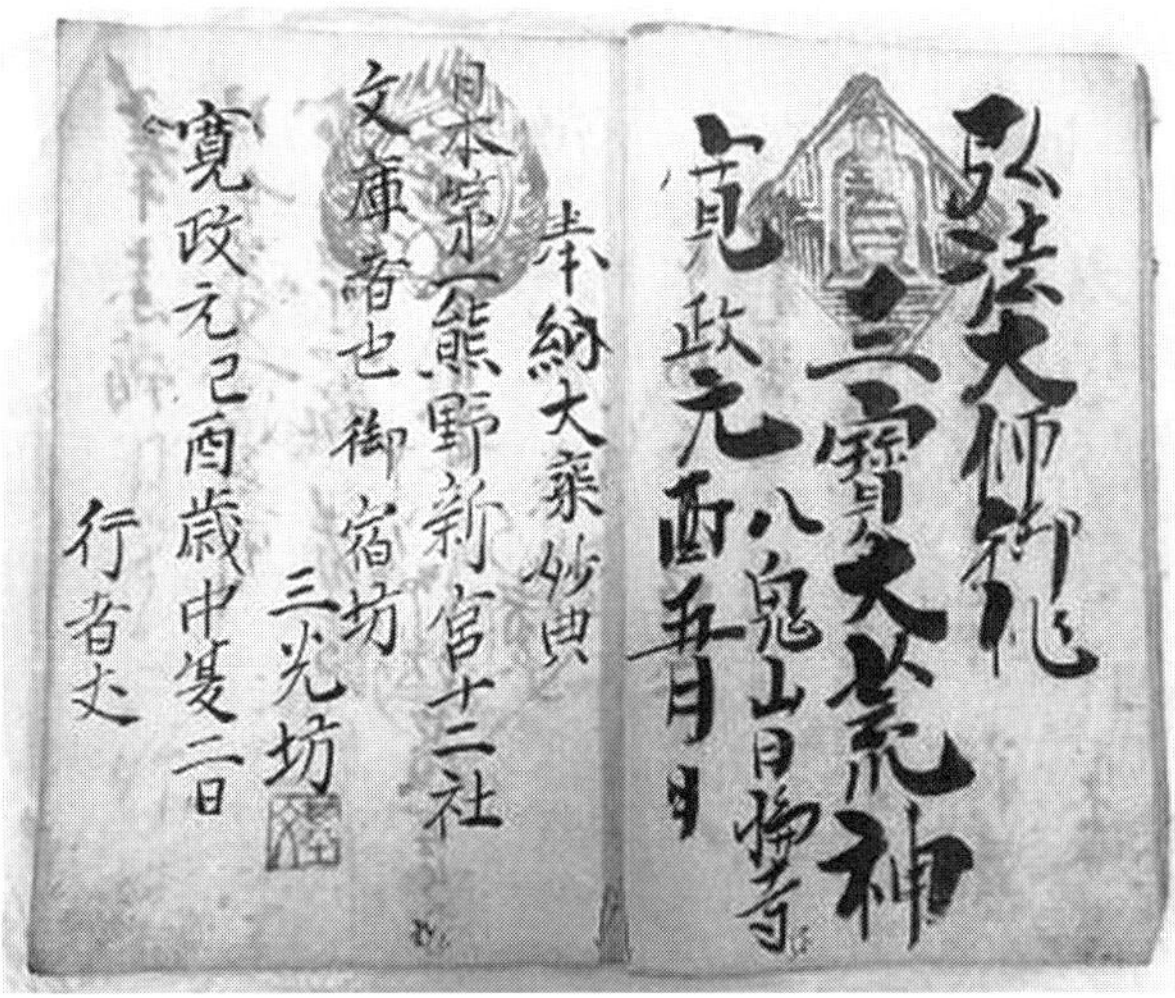

2－5　納経帳に記される八鬼山日輪寺三宝大荒神（右側）

未登録の寺社の勧化や開帳は認めなかったのである。地蔵堂の修復がどうなったのか、おそらくは村々の負担で賄ったのではないかと思われるが、馬越峠から念仏寺までどのように岩船地蔵を運ぶつもりだったのかも気になるところである。

江戸時代には峠にあった岩船地蔵は、現在は麓の福祉施設内に祀られている。これも一種の出開帳なのかもしれないが、峠に戻せないだろうか、などと考えてしまう。

【八鬼山荒神堂】

三宝荒神を祀る八鬼山の日輪寺荒神堂は、西国三十三所札所巡礼の「前札所」として知られ（2-5）、この荒神の守り札を身に付ければ西国道中が安全だとされた。荒神堂に隣接して山伏一家が居住し、茶屋を開いて名物の餅や飲み物を提供していたが、旅人が峠越えの途中で日が暮れたり、怪我や急病に罹った場合には、木賃宿の役割も果たしていた。

ある巳年の一〇月、備後国因島中庄村（現広島県尾道市）の甚太郎という者が「女壱人」を連れて四国遍路をした後、熊野三山を詣でてから八鬼山に差しかかった。甚太郎はもともと持病を抱えていたのだが、八鬼山で症状が悪化し、歩けなくなってしまい、荒神堂で泊まり、薬をもらい養生することになる。甚太郎は十日以上も逗留したものの結局快癒せず、大坂の安芸藩蔵屋敷まで送り届けてもらうことになった。その際に矢浜村役人に宛てた届け書には、路金などの蓄えが一切なく、甚だ難渋していると訴えている。こうした困窮の旅人を救済する機能も、荒神堂は持っていた。安政五（一八五八）年に八鬼山荒神堂は、暴風の被害に遭い尾鷲組だけの力では修復できないとして、奥熊野郡中と伊勢国内の紀州藩領の村々までを対象に勧化を行うことを藩に出願し、認められている。山のなかに一軒だけある堂として「往来旅人の助ニ相成」ことを理由としており、熊野街道沿いの旅人往来により一定の経済的恩恵を受けてきた他地域の村々にも、応分の負担を求めたものであろう。

天保六（一八三五）年に訪れた旅人は、八鬼山で犬が人の死体を掘り出しているところを見たと道中日記に書き留めており（埼玉一八三五。No.120）、ここで行き倒れた旅人もいた。また、追い剥ぎも出没する危険の多い山道であった。幕末の文久元（一八六一）年二月のこと、尾鷲組南浦の浜助という十二歳の少年が、八鬼山を越えた賀田村の親類を訪ねた後、帰路の山道で山賊に襲われ、同行していた下男が大怪我を負う。浜助は荒神堂まで逃げて、助けを求めた。荒神堂の修験一家の息子、万宝院が出刃包丁を持った盗賊に立ち向かい、小脇差であしらいつつ取り押さえる。だが急所に突き当たったのか、盗賊の方が瀕死の状態に陥り、結局死んでしまう。結果として「殺人」となってしまったことから、尾鷲組大庄屋は厳しい措置を警戒しつつ木本代官に報告するが、三か月後に代官所に呼び出された万宝院は、「甲斐甲斐しい」働きを褒め称えられ、金一両の褒美金まで受けた。荒神堂が峠道の治安を担っていることを、代官も認識していたのである。

Ⅲ　道中日記から見る旅

〔道中日記探索の旅〕

熊野古道の世界遺産登録に伴う取り組みのひとつとして、三重県では尾鷲市向井の地に熊野古道センターという文化施設を造ることになった。私は、鳥羽市にある海の博物館の石原義剛館長（当時）らと共に建設構想を考える役割を担い、特に展示内容の検討やその基盤となる研究資料の収集という仕事に従事した。熊野三山が鎮座し、建造物や宝物類が豊富にある和歌山県に比べ、三重県には「道しかない」ことがしばしば嘆き文句となった。展示や情報発信といっても、目ぼしい資料がほとんど何もない状態だったのである。そこで私は、新たなセンターが持つ情報機能の核となるべく、全国に残る道中日記の情報を集めることを提案した。道中日記とは旅人の旅行記であり、訪れた場所や泊まった宿、飲食をはじめ道中で支出した費用などが記される。庶民の旅が一般化した江戸時代に成立するが、それらの多くは当時の旅の中心地たる伊勢参宮や西国巡礼を掲げたものである。つまり、現在の三重県には大変縁の深い資料なのであるが、しかし三重県域にはほとんど伝わってはいない。諸国の旅人が著した道中日記は、当然その故郷に残るからである。

道中日記は、当時の旅の経路や時期的変容、旅にかかる日時や費用などの観点から地理学の研究者を中心に分析が行われ、各地の博物館で旅をテーマとする展示に際して紹介されることもあった。江戸時代の旅研究の基礎資料であり、道中日記の情報、特に熊野街道を通ったものを徹底的に集めれば、昔の旅人たちが熊野で何を見て、どこで泊まり、休み、何を食べ、総じてどのような旅をしたのかが見えてくるのではないか、と考えたのだ。

以後ほぼ二か年の間、大学院生や地元有志と共に、北は青森から南は鹿児島まで道中日記を求めての旅を続けた。県立の図書館、文書館、博物館はもちろん、市町の文化施設や個人宅、史料収蔵家を含めて訪問を重ね、刊行されたものは購入するかコピーを取り、原史料は写真撮影をした。古本屋等で、道中日記の現物を購入することもあった。最終的に、熊野街道を辿った旅人の道中日記を二六〇点、熊野は通らず伊勢参宮後に大和越えした道中日記や道中案内記類を含め、計千点以上の道中日記情報を集めることができた。

巻末に二六〇点の一覧表を付したが（道中日記一覧）、表題のないもの五七点を除く二〇三点のうち「熊野」が記されるのは七点のみ、それも単独の「熊野道中記」といった表記は存在せず、いずれも「伊勢熊野金毘羅山道中記」などと並記される。一方、「西国」を明記し、三十三所巡礼であることを表現するのは九一点にのぼる。伊勢参宮を掲げるものは七六点、そのうち「西国」と並記するのは二七点である。残りは、単に「道中記」「道中日記」などとするものである。熊野街道を行く旅人たちが、その道中を「西国巡礼路」と意識していたこと、また伊勢参宮後の行程であったことの表れといえよう。

なお、一般に「道中記」と呼ばれる資料には、旅人自身が書き著したものと、三都の書店などが刊行・販売し、旅の便宜に供されたものとがある。しばしば両者が混同されることがあるため、私は前者を道中日記、後者を道中案内記と呼び、区別している。

1、道中日記史料の検討

〔記載様式〕

これまでしばしば指摘されてきたように、道中日記の記載は一般にきわめて形式的かつ単調であり、たいていのものは個性的な内容を持たない。現代の感覚で旅行記をイメージして読むと、まず間違いなく失望を覚える。日付と地名、距離、支出金額が基本的な記載であり、これに川渡しや険しい峠道などの難所、それに神社仏閣・名所旧跡の所在が記される程度のものがほとんどである。文人の紀行文であれば、旅人本人の感想や心情、和歌詠草なども書き留められるが、一般庶民の道中日記ではそうしたことは稀である。

これは、ひとつには当時の民衆の文章表現能力に規定されているためだろう。前近代の日本人は、アジアのなかで飛び抜けて高い識字能力を誇り、それが近代化をいち早く成功させた要因であったなどといわれる。だがそれは、兵農分離に伴い、城下町に居住する武士が農村の百姓たちを文書によって統治したという制度に基づく実務的なものであり、深い思索や細やかな感情を表現できるわけではなかった。

単調ではあるのだが、江戸時代の道中日記には、出立地から始まり帰郷するまで日々の記載があり、通過しただけの場所を含めた地名と距離などが、ほぼ同じ形式で記される。

一例を示そう。文化三（一八〇六）年正月初旬に、武蔵国入間郡赤尾村（現埼玉県坂戸市）から信吉という者が、尾鷲を経て八鬼山を越えていった。彼はその間のことについて、「伊勢西国美知の記」と題した道中日記に次のように記している。

六日雨天　山上雪難儀

一、おわしより三鬼江三り　塩屋松兵衛　木銭米代八十五文

> 町の出口ニ川二ツあり、橋弐文、大水ニハ舟渡し、町舟つき木の本迄海上七り、新宮迄陸路廿里、此間を八鬼山越と云、上り五十丁、峠ニ八鬼山日輪寺、本尊三宝荒神、御長二尺五寸弘法大師御作、脇ニあみた観音薬師同御作、下り三拾丁難所、峠寺迄四拾九丁有、壱丁ことに石地蔵有、坂を下りみきの浜江出ル、峠ニハ茶壱軒有

「三鬼」は「三木（里）」のことであるが、ここで塩屋松兵衛という木賃宿を利用している。尾鷲から三木里までは三里の行程で、その間の八鬼山越えの距離や、峠にある日輪寺と、弘法大師作と伝えられた本尊と阿弥陀観音、一丁ごとにある石地蔵（丁石）について記される。尾鷲の街中から出たところの川では橋銭を支払っているが、大水には舟で渡ること、また木本（現三重県熊野市）まで七里の舟が出ていること、陸路で新宮まで二〇里であることも記される。自分で経験していない経路もわざわざ書いているわけだ。

［道中案内記との関係］

だが、これらの情報の大半は、実は刊行された道中案内記をほぼ丸写ししたものであった。信吉が旅に出た一五年前の寛政三（一七九一）年に刊行され、京都や伊勢で販売されていた「西国順礼細見記」には、尾鷲から三木里浦までの部分は次のようになっている。

> ▲おわしよりみきへ　三り

町家なり、町の出口に△川二ツ有、大水にハ舟わたし、町舟つき木の本迄海上七里、新宮まで陸路廿里、此間を八鬼山越といふ、上り五十丁、峠に△八鬼山日輪寺、本尊三宝荒神、御長二尺五寸弘法大師御作、脇にあミた観音薬師同御作、下り卅八丁難所、峠寺迄四十九丁有、壱丁ことに石じぞう有、坂を下れハみきのはまへ出る

距離や地名、自らは用いていない航路や寺の本尊の情報など、すべてこれが情報源であることは明らかだ（八鬼山の下り道の距離は、写し間違えているのだが）。赤尾村の信吉が独自に記載した情報は、尾鷲を出立した時には雨だったが八鬼山で雪に変わり難儀したこと、宿の名前と値段、橋銭、峠に茶屋があること、くらいなのである。

安永八（一七七九）年に上野国碓氷郡下磯部村（現群馬県安中市）から訪れた田村甚右衛門一行は、荷坂峠を越え紀伊国に入った長島の地から、木本の手前の二木島浦まで舟で渡った。航路の危うさから通常は利用が戒められているのだが、山道に狼が出るとの情報に接し、やむなく乗船したようだ。だが甚右衛門が著した道中日記（個人蔵）には、実際には歩いていない三浦、馬瀬、古本、尾鷲、三木里、曽根の各集落と距離、川渡しや峠越えなども、「南（難）所なり」などという注記さえ伴って、記されているのである。

間違って引用してしまった例もある。寛政七（一七九五）年、陸奥国安積郡郡山（現福島県郡山市）の今泉伊左衛門は、尾鷲から先の区間を道中日記に次のように認めた。

一、おはし　壱り半

町家なり、次ニ川三つあり、大水ニハ少し川上ひんの村ニ舟はたし有、次ニまこ坂上

下一り

一、見き　三り

町家なり、町の出口に川二ツ、大水ニ者舟わたし

この記載は、明らかに道中案内記の写し間違いなのである。「おはし」（尾鷲）についての記述は、「まこ坂」（馬越峠）を越える前の「古本」のところで記すべき内容で、次の「見き」（三木里）で書かれた部分を、尾鷲についての記載とするのが正しかった。結局その後、尾鷲から三木里浦の間、八鬼山越えの記事を飛ばすことで、いわば帳尻を合わせ、次の曽根浦、二木島浦からは正しい記述に「復帰」している。

このように道中日記とは、その基礎的な情報を、すでに刊行された道中案内記を転写することで成り立っているのであり、だからオリジナリティーに乏しい記録なのだ。

現代の私たちが同じことをやれば、盗作・剽窃として厳しい非難を浴びるであろうが、当時の旅人たちは決して悪意があってやったわけではなかった。道中日記のこの特徴は、作成目的と関わっている。近代以降の旅行記のように個人の意志で、後々の楽しみのために著されたものではなく、資金を出し、次に旅立ちするだろう故郷の仲間たちへの報告書としての

性格を持っていた。長期間の旅に出るには多額の費用を必要とするが、「伊勢講」などの講組織を結成し、毎年一定額を支出することで、講仲間の代表者を参詣の旅に出すことができた。だからこそ、直接見聞し、実際に経験したことのみでなく、次に旅に出る仲間に提供するべき参考情報も、書き写されているのである。

［帰国後の清書］

道中日記の現物を見ると、大半のものは記載形式だけでなく、筆遣いもほぼ統一されている。旅をしながら日々の宿で記したのであれば、墨の濃淡などで違いが出るものだが、そうした記録は稀である。これは、旅中ではせいぜいメモ書きを残す程度で、帰郷後に整理してまとめたためだと考えられる。文政二（一八一九）年正月に下野国那須郡小船渡村（現栃木県大田原市）から旅に出た花塚兵吾は、伊勢参宮後に熊野から金毘羅山を詣でて同年四月朔日に帰国したのだが、彼の残した道中日記「伊勢熊野金ぴら道中記」の表紙には「卯ノ六月十日書之」と記されている。故郷に戻ってから二か月余をかけて、まとめ直したのである。当然、その際には道中案内記が改めて参考にされたことであろう。ただし、日々の道中で備忘のため書き継いだらしき道中日記や、同じ旅について同じ筆者による二冊の道中日記、下書き本と帰国後の清書本が共に残っていることもある。

〔道中日記の作者たち〕

道中日記を著したのは、当時の社会のなかでどのような人びとだったであろうか。作成目的について触れた通り、彼らの多くは伊勢講など仲間組織を基盤に旅に出ていた。村のなかでは経済的に安定した階層で、村役人の肩書きを持つ者も少なくない。庄屋家の子息などもいるが、基本的には家の長であり、女性が記す道中日記は商家の妻女など例外に属する。比較的裕福な者たちであり、木賃宿しかない辺鄙な地を除き、たいていは旅籠屋を利用しているし、伊勢の地では御師から豪勢な接待を受け、多額の費用が必要な神楽をあげてもいる。

重要な特徴は、地域的な偏りである。二六〇点を集めた熊野街道を経由する道中日記のうち、東北地方のものが九三点、関東地方が九八点と合わせて四分の三近くを占め、中部・甲信越から近畿、中国四国、九州地方をすべて合わせても六九点と、全体の二七％弱に過ぎない。この傾向は、熊野を通らない道中日記でも同様である。ここまではっきり違うと、調査の粗密や残存状況の違いではないことは明らかである。

だが当時、伊勢参宮や西国巡礼に西日本からも大勢の旅人が赴いていたことは、他の史料から確認できる。道中日記とは東国社会に特徴的な史料なのであり、おそらくこれは、講組織のあり方などに規定されていたのであろう。九州からの参宮客は伊勢の御師邸で神楽をあげることがなかった点や、若者組の所属要件が単純な年齢基準だけである西日本に対して東日本では長男に限定されるなど、村内集団と家との関係が東西で大きく異なることの反映だろうと考えている。いずれにしても、経済的階層の面でも地域性においても、道中日記の記述のみで江戸時代の旅文化全体を論じることには、注意が必要なのだ。

2、道中日記の旅の様相

［旅の季節］

庶民の大半が農作業に従事した江戸時代には、旅に出るのは主に農閑期であった。俳句の世界では「伊勢参り」が春の季語となっているように（太陰暦では一月から三月までが「春」である）、稲刈りを終え、年貢を納めた後、一二月から一月頃に出立し、苗代を作る時期までに帰郷するのである。冬から春の時期は比較的雨量が少なく、旅人の行く手を阻む川の渡りにも好都合であった。出立地にもよるが、一月後半から二月頃が、熊野街道を旅人が行き来するピークであった。

だが、小規模ながらもう一つのピークとして、六月半ばに尾鷲や木本を経由している道中日記が二十数点認められる。この傾向は村々も認識しており、尾鷲組大庄屋が代官に対して在地の景況を定期的に報告する「在々模様書上（ざいざいもようかきあげ）」という文書中にも「例年六月十八、九日頃より廿四、五日迄の内、関東筋西国順礼に旅人よほと通り候につき」（宝暦一一年のもの）などと記される。旅人の多寡が地域経済に与える影響が小さくなかったために書かれたのであるが、農繁期で、しかも蒸し暑い六月に、わざわざ熊野街道の厳しい山道を越えていく旅は、どのような目的を持ってのことであったのだろうか。

この謎が解けたのは、道中日記の探索を続けるなか、埼玉県立文書館で武蔵国南埼玉郡蒲生村（現埼玉県越谷市）文書の写真史料中（原文書は慶應義塾大学古文書室蔵）に、天保七（一八三六）年と推定される、村内での寺社参詣に関する取り決めを見た時である。そこには、通常の早春の参詣とは別に「関東筋百姓の悴共、西国三拾三所観音順礼として年齢十五、六才より二拾四才、五才之もの」たちが集団で、六月朔日前後に出発することが問題視されていた。農繁期に若い労働力が不在となる影響もあるが、野宿を続け、酷暑のなかを熊野の「大難所」を越えるため、屈強の若者たちも病に倒れることが多いと憂えている。

彼らがわざわざこの時期に旅立つ理由は、伊勢参宮や西国三十三所巡礼を行いつつも、それは「後生信心」に基づくものではなく「七月十六日、是非是非内裏拝見仕りそうろう日割にて各道中仕」のだとしている。普段は一般民衆は立ち入ることができない京都の御所も、特別に公開される日があった。公家の白川家が対応し、見物客から三六文を徴収して土器（かわらけ）でのお神酒や雷除けのお守りなどを授けていた。内侍所や紫宸殿まで見物した記録もあり、江戸時代における朝廷と民衆との「交流」として興味深い。

ただし、御所では灯籠が飾られる盆行事や節分などにも一般公開をしており、道中日記でも六月以外の時期に御所見物をしている記事が見られる。また、六月二〇日前後に熊野街道を辿った旅人が、御所訪問のみを目的としていたわけでもない。金閣寺や御室御所の開帳に赴いたり、大文字の送り火を見物したりもしていた。尾張の津島神社や紀州田辺の闘鶏神社の祭礼に合わせて行程を組む旅人もいた。いずれにしても、西国巡礼自体ではなく祭礼行事に合わせての旅立ちであり、信仰にとどまらない旅の形態といえよう。

西国三十三所の札所寺院を巡る経路は約三〇〇里（一二〇〇㎞ほど）で、ひと月からひと月半ほどかかる。関東や東北からの場合、これに国元との行き来を含め、三、四か月の旅となった。だが、家業を息子らに譲り隠居した世代や町方の商家の者たちは、農事暦に縛られることはない。夏・秋にも悠然と旅を続け、半年以上も家を空ける旅人もいた。

[熊野街道での食]

旅人の階層や地域性の点で限界はあるものの、道中日記の購入代金の記録などから、当時の旅の様相を垣間見ることはできる。まずは、旅中の食について見てみよう。

現代でも食は旅の魅力の重要な要素であり、それ自体が旅の目的となることすらある。だが、山海の珍味が山ほど並べられる伊勢の御師宅での食事は例外で、街道沿いの旅籠屋では御飯と汁、煮物と香物（漬物）、それに魚が付けば豪勢な部類であった。

東海道や参宮街道に比し、熊野街道、とりわけ山中の宿では食材はさらに乏しかった。延享四（一七四七）年に摂津国川辺郡（現兵庫県伊丹市）の旅人は、熊野三山の那智大社から本宮大社に向かう小雲取越えの宿で、亭主から干蕨（ほしわらび）くらいしかない食事の乏しさについての弁解を聞く。作物を色々植えても、すべて猿と鹿に食べられてしまうのだと言って、わずかに「みょうがたけ」、つまり普通は薬味や漬物にする茗荷の若穂を煮たものを出された。岩茸を取る話も聞いた。なお、この旅人は松畑という地で焼き椎茸を出されているが、熊野では他の地域に比べ茸がよく供されていたようだ。

明治維新後の旅だが、明治一三（一八八〇）年に福島県白川から訪れた一九人の一行は、馬瀬村（現三重県紀北町）で藤屋庄太郎という宿に泊まる。だが、「このところは不便利のところにて、酒はあれども豆腐は二里も行かねばなしという」と、酒はあっても肴に不自由する様を嘆いている。宿屋から出されたのは、ぜんまいと椎茸、大根の切り干しなどの煮染めと味噌のみ、道中日記を記した当時五五歳の宗田伝治右衛門は、同行者の沢力という者が買っていたイワシを塩焼きにして酒を一升呑んだ、助かった、と記している。

前述の通り熊野街道伊勢路では、まだ熊野三山に至る前であることから「精進固め」として魚を積極的に食べる傾向も見られた。西国巡礼路のなかで、伊勢路沿いは最も漁業の盛んな地でもあった。

天保七（一八三六）年に播磨国から訪れ、尾鷲の代表的な旅籠屋の新宮屋（仁右衛門）に泊まった庄兵衛は、早く着いたため尾鷲の町を見物して歩く。魚の安いことを喜び、買って「さい」（菜＝おかず）にしたという。嘉永五（一八五二）年、常陸国茨城郡野曽村（現茨城県茨城町）の溝口耕助一行は二四名で熊野街道を辿るが、長島の地で丸ごとの鮪一本を六一六文で購入し、宿まで交代で持っていった。旅籠屋代に換算して四泊分ほどの代金であるから、相当大きな鮪であっただろうが、食材を持参して宿で調理し（あるいは調理してもらい）、おかずとしたのである。安政四（一八五七）年に武蔵国葛飾郡大島村（現埼玉県北葛飾郡杉戸町）の藤城左仲ら一行一〇人も、八鬼山を下りた三木里浦で一貫匁（三・七五kg）ほどの鯛一匹を五〇〇文で買い、食した。この一行は木本を過ぎた有馬の地でも一尺五寸（四五cm余）ほどの鯛を買って食べている。他にも名吉（ぼら）や鮗（このしろ）、鯖などを買って宿で食べたとの記録も見える。

熊野三山の門前、宿坊などでの食事は、基本的に精進料理であった。先に見た摂津国川辺郡の旅人の道中日記によると、着いてすぐの「落付」（来訪者に出す最初の料理）としてにゅう麺と豆腐の吸い物、飯が出され、その後に一汁五菜の夕飯が出たとする。にゅう麺は熊野の諸所で出されており、一種の名物であったろうか。天保一二（一八四一）年の陸奥国石川郡形見村（現福島県石川郡石川町）の角田藤左衛門（二六歳）は、旅中の食事を詳細に記すが、那智山での食事は、飯、汁、蒟蒻、大根、寒天、里芋、牛蒡、豆腐、揚げ豆腐など、明らかに精進料理である。もっとも、同年に武蔵国埼玉郡下之村（現埼玉県加須市）の川島巳之助は本宮の地で秋刀魚鮨を食しており、精進の原則は絶対的なものではなかったようだ。

朝夕は宿で食事を取っても、昼食を提供する店に乏しいのが熊野街道の特質である。峠の茶店では餅や蕎麦などが売られていたものの、数は限られる。そこで前述の通り、田丸で購入した飯行李（弁当箱）を活用し、宿で昼食をもらって出立したのである。

荷坂峠の手前、まだ伊勢国内の熊野街道沿い柏野にあった旅籠屋では、お櫃の御飯を旅人が自分で盛って弁当としていた。文久二（一八六二）年の武蔵国足立郡羽貫村（現埼玉県北足立郡伊奈町）の須田秀実らの一行は、宿で弁当を自分たちで詰めることを記した後、「尤此辺客人見掛ケ米を搗、湯を煎、至て不自由場所也」とぼやいている。どこまで本当か分からないが、あらかじめ御飯の用意などせず、客が来るのを見かけてから米を研ぎ、湯を沸かしているなどと書くほど、旅人を接待する意識に乏しいとなじっているのだ。

〔道の険しさ〕

熊野街道の山道の険しさは、つとに知られている。名所図会や道中案内記などでは、いささか誇張気味に表現されるのだが、旅人たちは、どのような感想を持っただろうか。

見事な石畳道が続く馬越峠は、土の道に慣れた旅人には負担となったようで、「大き成る平石にて敷ならべ、誠ニ岩山難所なり」（東京一八〇九。No.74）などと、岩山と難所とが組み合わされて表現される。そして西国第一の難所と謳われた八鬼山越えの道では、「熊野路第一の難所」（福島一八五六③。No.182）、「紀伊国之第壱番の大なん所」（埼玉一七六三②。No.19）など、熊野路あるいは紀伊国で一番の難所とするものが目立ち、道中案内記でしばしば記される「西国一番の難所」という表現はさほど多くはない。一方で「日本一大なんじよなり」（栃木一八一九。No.94）、「古今無類ノ大難所也」（福島一八四八①。No.159）、「おとに聞シ八鬼山峠」（栃木一八五二。No.167）などと、いささか過剰な表現も見られる。

八鬼山越えは、尾鷲側から登っていく道に比べて、三木里浦へ下りていく道の方が、険しく、厳しい。「登り五十丁、下り三十八丁」で、下りの方が勾配がきついのである。「又下りなんき（難儀）也、上りより悪し」（埼玉一八二八。No.115）、「登りより下りは難所也、誠にやき山こへとは此事なり」（茨城一七八一。No.33）などは、実体験を表現したものであろう。

内閣文庫に架蔵される「巡礼通考　一名西国名所記」は、下僕を連れた美濃国の僧正の記録で、一般庶民の道中日記とはやや性格を異にするが、現在確認できる限り最も古い延宝八（一六八〇）年の旅の記録である。彼らは四月一七日に尾鷲を発ち、八鬼山を越えていくが、そこで印象的な記載がある。

〇八鬼山　尾鷲ヨリ半道ハカリスギテ坂ニカカル、上下三里アリ、登リハケワシキ所スクナシ、下リハ只嶮難ノ所ノミナリ、岩ヲツタイ木ノ根ヲ便リテ唯マヘノ人ノアタマヲフム心地シテ下ル、又両方ヨリ万木茂リ合テ日影遂ニ不照所多、雨中ニハヒルヲツル、折節雨中ニテヲビタ、シクヒルトリツク、峠ニ茶屋アリ、山伏夫婦住ス

登りはさほど険しいところもないが、下りはただ険難の所ばかりで、岩を伝い木の根を頼りに、前を歩く人の頭を踏む心地で下っていくのだという。道の両側から木々が茂るため日陰で薄暗く、また折しも雨天だったために夥しいヒルに取りつかれ、悩まされた、と。当時の峠越えの厳しさを、臨場感を持って伝えてくれる。ただし、道の狭さと木々が生い茂る様子は他の道中日記には見られぬ内容であり、あるいは紀州藩が公道として整備する前の状況であったろうか。

季節や天候次第では、さらに過酷な道となった。愛媛県立歴史文化博物館が所蔵する文化六（一八〇九）年の「四国西国順拝記」は、残念ながら作者についての情報がまったくないのだが、六月朔日に八鬼山を越えており「大暑なれはたへがたく、夜は登せられ日のあつさ

命を限りに歩み」と、暑気と闘いながらの峠越えの厳しさを伝える。六月下旬にこの峠道を越えた常陸国信太郡実穀村名主家の者は、八鬼山越えについて「洪水の節は、山川の間数所の水勢はやくそうろうて通りがたくそうろう間、危き処そうろう間、随分御気を付けなさるべく」と、出水時には通れない箇所が数か所あると注意を喚起している。

［名所見物］

難所の多い熊野街道では、楽しみを期待することは少なかっただろう。だが、整然と植林された杉林の様子を記し、山道からの景観を称えた記述もある。そして木本の手前、現在でも観光名所となっている鬼ケ城では、旅人相手の遊覧船が出ていた。文久二（一八六二）年に武蔵国から訪れた旅人は、木本峠（現在の松本峠か）から鬼ケ城の案内があるが、ここではよく見えないとして、旅籠屋に頼み舟を出してもらい見物するのが良い、としている。「およそ百畳敷ばかりの場所」と記しており、自身でも利用したようだ。

［旅は道連れ］

「旅は道連れ、世は情け」という言葉があるが、道連れがいると心強いし、旅中での出会いは旅の楽しみのひとつでもあったろう。もっとも『旅行用心集』では、何日か道連れになり、信用できるように見えても、決して同宿したり荷物を預けたり、食べ物や薬をやり取りしてはならない、と警告している。だまされ、金銭を盗まれることを怖れてのことである。

だが、道連れの情報や判断が有効なことも少なくなかった。文政三（一八二〇）年に豊後国から女性一人を含む七人連れの一行は、八鬼山を越える途中で紀伊国の巡礼集団、男一人、女一四人、計一五人と道連れになる。八鬼山を下り、三木里浦に着いたところで七つ時（夕方四時過ぎ頃）を過ぎており、まだ歩を進めるか否かを迷う。村人に尋ねると、以後二里ほどは宿がなく、難所が二つあるとのことで、道連れとなった者たちと話し合った結果、ここで宿を取り、翌朝舟を利用することに決めた。天気は良かったのだが、この日は七里の行程で済ませることとなり、皆で喜んだという。まだ日も明るいうちに宿を取るのは少し後ろめたく、自分たちだけでは躊躇したかもしれない。

何とも楽しげな道連れを記録した道中日記もある。文政一一年正月に武蔵国播羅郡の原之郷玉井庄中奈良村（現埼玉県熊谷市）から、名主の野中彦兵衛以下三三名が伊勢参宮の旅に出た。参宮後は二手に分かれ、野中彦兵衛ら六名のみが熊野街道伊勢路を辿る。年齢は不明だが、村役人の仲間であるから壮年のおじさんたちのグループであっただろう。彼らは荷坂峠を越えて紀伊国に入り、二月八日に長島の二郷村で、若い女性たち一〇名と道連れになる。大雨のためここで一緒の宿に泊まり、相談の結果、以後は男女一六人で同行することとなった。女性たちは、伊賀国伊賀郡阿保町（現三重県伊賀市）の六名と、その近く寺脇村の四名であった。町方の三二歳小きん、二七歳のおくな、村方の小秀とおくま（共に二六歳）は既婚者で、他は一八歳が二名（おぎん、むめゑ）、一七歳（ますゑ）、一九歳（おふじ）、二〇歳（おさめ）、二一歳（はるゑ）が一名ずつという構成である。町方の女性の夫や父親はいずれも屋号を持ち、寺脇村のむめゑの父は庄屋を務め、苗字御免の特権を得ていた。男女とも村の上層の住民であったといってよかろう。阿保という地は、伊勢参宮街道の六軒という分岐から初瀬街道を経て奈良へ赴く街道沿いにあった。

一〇人の団体とはいえ、女性のみの旅に比べ男六人が同行するのは心強いことだったに違いない。おじさんグループは彼女たちからよほどの信頼を得たのか、同行して一一日目には多額の路用金を預けられる。この道連れは二月八日から二か月近く経った四月朔日に西国巡礼結願の地、美濃国谷汲山華厳寺に至るまで続き、ここで残金は返却され、それぞれの故郷に帰っていった。旅中ではすべて旅籠屋泊まりだったようだが、宿に着くと女性陣に針仕事を頼むこともあった。加えておじさんたちは、既婚のやや年増の女性と共に、若い女の子をからかい、戯れる楽しみもあったようだ。西国巡礼の詠歌を指南したり、歌を詠むこともあったが、「大笑」として次のような歌（?）が書き留められている。

コレオマス　イオニキンカンヒトツガハイリマセンカイ　ハタシラナンドハダイダイク

ネンボウガイクツモハイリマス　此類品々出来申候事

「オマス」は阿保町のますゑ一七歳のことであろう。ダイダイ（橙）、クネンボウ（九年母）は共に柑橘類であるが、キンカン（金柑）よりもずっと大きい。「イオ」とは女性の秘部のことである。おじさんのセクハラではなく、既婚女性が若いますゑをからかったものだが、関東から西国巡礼に訪れた名主の野中彦兵衛らも同じ場所に居合わせ、おそらくニヤニヤしながらそのやり取りを見ていたのであろう。

この一行が尾鷲から三木里浦に至り、曽根次郎坂太郎坂を越える途次、阿保町のおさめ二〇歳が足を痛めてしまった。武蔵国の男グループは、六名のうち二名が峠越えをせず航路を用いたため、この時は四名となっていたが、そのうちの一人、喜兵衛という者が浴衣一枚になり、おそらく彼女を背負って、二木島浦まで連れていった。他の同行者も少しずつは手伝った。おさめは帰郷後、この時のことを親に詳しく話したらしい。父親の鍋屋弥蔵から武蔵国中奈良村に礼状が送られ、その末尾には次のような歌が添えられていた。

曽根太郎でお世話ニ成りし其御おん　守りにかけて　いつやわすれん

歌自体は何の工夫もないそのままの意だが、娘の危機を救ってくれたことに感謝する父親の心情は表れている。なお、こうした記載が道中日記のなかに見られることからも、先にも述べた通り、帰郷後に編集し直されたことが分かる。

結局一六人は、部分的な舟の利用など多少の別行動はあったものの、西国巡礼路のほぼすべてを同行することとなった。地域も世代、性も異なる珍しい道連れの事例だが、とりわけおじさんグループにとっては、いささか足取りがゆっくりになったとしても、さぞ楽しい二か月の旅であっただろう。

［宿屋親父との歌の交換］

街道沿いの人々との間で、面白いやり取りもあった。文化六（一八〇九）年、武蔵国葛飾郡の牧野という旅人は、荷物持ちを雇い、駕籠で山中の峠道を越える優雅な旅をしていたが、どのような事情か播磨国赤穂郡の山本荘（庄）右衛門という者と道連れとなった。二人は、曽根浦まで来たところで雨天が続き、六日間もの逗留を余儀なくされる。その間、泊まった宿で朝夕とも空豆、エンドウ豆、干大根の煮物が続いたため、うんざりしたのか赤穂の山本荘右衛門は次のような歌を送る。

又しても　ゑんどうそら豆干大根　楽ミもなきまめなお料理

豆ばかりが出るのを「まめなお料理」と皮肉ったのだが、宿の亭主は、ただちに歌を返す。

明暮に豆大根をふるまふハ　身をまめにしてあゆむ二俣

いやいや、身をまめにして旅を続けてもらうために、朝夕わざわざ豆料理を振る舞ったのだと。「二俣」は、道の分岐と二俣大根をかけているのだろう。この対戦は、曽根の亭主に軍配をあげたい。文化果つると思しき山中の、たかが宿のあるじとなめてかかり、からかい混じりの歌を送った都会の旅人は、思わぬ反撃に面食らったのではなかろうか。

二人は歩を進め、二木島浦から逢神坂に差しかかり、駕籠を雇って越える。駕籠舁きは仕事に不慣れで、その辛さを旅人相手に愚痴ったようだ。そこで次のような歌が詠まれる。

金はほし　骨折ハ憂しむつかしや　女房にだかれて喰す貧楽

「貧楽」とは、なかなか素敵な言葉である。旅人側が詠ったものだが、こうしたやり取りが駕籠舁きとの間でなされていることは、地域の文化程度を考える上でも興味深い。

3、道中日記に記される地名

［旅人の地名表記］

旅の実態とは関係がないのだが、今後、道中日記の活用の仕方として有効と思われるものに、地名の表記と変遷の検討がある。地名は時代と共に移り変わることがあり、当初の由来から離れて複数の表記を伴うことが少なくない。旅人の道中日記では、地名情報は基本的に道中案内記から転載しているのであるが、山中の峠の名称などは表記にばらつきが大きく、地元の人間からの情報が反映している可能性がある。また、道中案内記では平仮名で表記されたものを、旅人はイメージされる漢字を当てはめて記すこともあったようだ。

［馬越峠の地名］

一例として、馬越峠（まごせとうげ）を見てみよう。前述のようにこの峠は、山側の便石山と海側の天狗倉山の間を越えていく峠であり、「間越峠」が本来の名称だった。宝暦一一（一七六一）年に幕府巡見使を迎えた尾鷲組役人は、この峠の名前の「文字之儀」を尋ねられた際、「あいだ越」と書く旨を答えており、「間越峠」が公式表記であったことは間違いない。だが、馬で越えるのが困難な峠道という連想からか、「馬越峠」など「馬」の字を使用した例が一八世紀末には見られる。「馬」が「こま（駒）」に転化し、「こま峠」（神奈川一八一〇。No.75）「こまや坂」（栃木一八一九。No.94）「こまごせ峠」（栃木一八四六。No.151）といった表記も生まれた。

「孫」の字を当てる事例も少なくない。むしろ漢字で表記する場合には「間」や「馬」を使うよりもずっと多く、「孫瀬」「孫背」などとしている。「孫」を背負っていくというイメージであろうか。なお、音韻のみの連想で、原義とはまったく異なる表記としては、尾鷲の先の「三木（浦）」を「酒造」と記すような例もあった。

ところで、「孫瀬」「孫背」は明らかに「まごせ」と読める。本来「間越」も「馬越」も

「まごし」が自然であるし、平仮名を用いる場合はそのように表記される。そもそも「尾鷲」という地名自体、通常の読み方からすれば「おわし」であり、「おわせ」とは読めないし、古くから公式には「おわし」と表記されてもいた。実はこれは地元の方言、音韻の特質に因っている。この地域では、しばしば母音のＩとＥが転訛するのだ。「ＪＲ」は「ぜーあーる」と呼ばれるし、「先生」は「しぇんしぇえ」と聞こえる。おそらく、地元での音声では「おわせ」、また「まごせ」と発音されたのであろう。ちなみに尾鷲町が昭和二九（一九五四）年に市制施行された際に、「おわせ」と読むことが正式に決められ、「馬越峠」も「まごせとうげ」として一般に認知されている。

〔曽根次郎坂太郎坂の地名〕

尾鷲から八鬼山を越えて三木里浦に至り、そこから多くは内湾を舟で曽根浦に渡るのだが、曽根浦から二木島浦に至る間にある峠が曽根次郎坂太郎坂である。この峠は江戸時代には尾鷲組と木本組の境界であり、「次郎・太郎」は「自領・他領」がなまったものとされている。だから坂が二つあるわけではないのだが、「峠二つ有」（東京一七一七。№6）、「両坂大なん所也」（埼玉一七六三②。№19）、「弐ツつゞきの坂也」（福島一七八六①。№39）などという、名称に基づく先入観による誤解も多かったようだ。あるいは、登り坂と下り坂の二つという解釈もあった。『紀伊続風土記』には「曽根の方よりの登りを曽根次郎と云ひ、此方（二木島―筆者注）よりの登りを曽根太郎といふ、峠を以て村境とす」とある。曽根浦から二木島浦へと越えていった旅人で、登りを次郎坂、下りを太郎坂と記す者も少なからずあった。「自領・他領」の原義からいえばこれで正しいのだが、「太郎・次郎」の順番からか、先に登る坂を太郎坂、次に下る坂を次郎坂とする旅人も、同じくらいあった。

一方で、二つの峠という誤解を念頭に「名者弐ツ有レ共坂者壱ツ也」（福島一七九五。No.52）、「尤一坂ナリ」（埼玉一八四一④。No.134）などと説明を加えるものも見られる。

［逢神峠の地名］

木本（現三重県熊野市中心部）手前の「逢神峠（おうかみとうげ）」は、今では伊勢の神と熊野の神がここで出会ったという伝説から「逢神」の字が当てられている。だが江戸時代には、山中に狼が出没するイメージからか「狼峠」の表記も用いられた。『西国三十三所名所図会』で記されるように、「逢神」は後世の付会の説である可能性が高い。神話・伝承に関心を寄せる旅人や道中案内記の作者らが、伊勢参宮から熊野に至る道沿いであることに影響され、本来は何の関係もない地名に「逢神」の字を当てたのではないか。

しかしこの峠で特に狼が多く出没したという事実は確認できず、「狼峠」がもともとの表記であったことも疑わしい。道中日記には、早い時期のものを中心に「大亀」の表記が少なからずある。山の形状か、目立つ巨岩などによるものか原義は不明だが、「大亀峠」であったものが、平仮名表記に漢字を当てることで「狼峠」、さらに「逢神峠」へと、ゆらぎながら地名が変遷していった可能性が想定できるだろう。

地名は、本来の語義よりも実際にどのように用いられるかによって、定着していく。特に街道沿いにおいては、地域社会とは別に峠道の「利用者」である外来者の解釈と、彼ら同士の情報伝播により、地名表記が影響されるという面もあったのではなかろうか。

Ⅳ　善根宿と納札

1、善根宿納札の「発見」と調査

［紙札の束の「発見」］

二〇〇七年一二月のこと、熊野市大泊町在住の向井弘晏さんから、巡礼が善根宿（ぜんこんやど）に納めた紙の札が、地元で大量に見つかったとの電話があった。向井さんは熊野古道の松本峠や観音道で語り部を務める方で、熊野での歴史講演などを通して知己を得ていた。すぐに出張の手続きを取り、向井さんのご案内で江戸時代に善根宿をしていたという若山家を訪ねた。ご当主の若山正亘さんが見せて下さった木箱には、確かに和紙の札の束がぎっしりと収められていた。天井裏に置かれた木箱のなかで、以前にネズミが営巣していたらしく、一部は食い散らかされて保存状態は必ずしも良くはなかったのだが、試しに紙札を何枚か開いてみると、江戸時代の年号と全国各地の地名、巡礼の名前や願文が記されている。それが、ざっと数千枚はあると思われた。熊野街道を辿った旅人の姿を知る上で、第一級の史料であることは明白である。一枚ごとの情報は限られるものの、階層や地域性という点で、道中日記とは異なる旅人の世界を知ることができるのでは、との期待を抱かせた。

小さな紙札を一枚一枚広げて調書を取るのは、相当な手間暇がかかると予想された。だが、六年をかけた尾鷲組大庄屋文書の整理作業がほぼ終了した頃で、また私の研究室の大学院修了生・西濱広亮氏が、熊野市域の中学校教員に採用されたことも、好都合であった。兵庫県出身の西濱氏は、古文書を研究する市民グループを作るのだと張り切って赴任し、向井さんに加え、大逆事件新宮組や津波災害など熊野を題材とする魅力的な小説を執筆している中田重顕さん、それに教職や行政職にいた方などを中心に、熊野古文書同好会が結成されていた。この会員諸氏と私の研究室と共同での調査を行うことにした。

[善根宿とは何か]

善根宿とは、街道沿いの有力者が貧しき巡礼を無料で受け容れる宿泊施設のことである。巡礼たちは泊めてもらった御礼に、札所寺院に納めるために持参していた札を宿主に渡す。宿側では、これを集めることで功徳を積むといわれた。四国八十八所では「遍路宿」の存在が知られ、やはり巡礼たちから納札（のうさつ）を受け取っており、これらを戸口に貼ったり天井裏に置き、火難を避けたと伝えられる。江戸時代には、全国の巡礼が通る街道沿いの各所に、善根宿が営まれていたと思われる。

〔尾鷲組大庄屋文書中に見える善根宿〕

尾鷲組の算用帳簿には貧しい旅人を救済した記録が豊富に含まれ、後に詳しく紹介するが、そのなかに善根宿に言及した記事が三例ある。いずれも弘化三（一八四六）年閏五月のことであるが、これは記録者の違いに起因するもので、この時期に限られた問題ではない。

まず閏五月五日に、江戸から伊勢・熊野参詣を心願とする土御門家配下の佐藤権守夫婦が尾鷲組に至り、妻が発病し「路用」を使い切り難渋しているとして、米一升の合力を願い出てきた。そして宿は「相対せんご宿（善根宿）」を頼むという。この夫婦は多門院から身元を保証する「切手」を持参しており、尾鷲組では依頼を受け入れ、一〇〇文を遣わした。紀州根来の多門院は、世儀の般若院と共に熊野の虚無僧を統括した寺院である。

次に閏五月二二日には、但馬国の余部村から西国巡拝を目指して旅を続けてきた母とよ八〇歳、娘六四歳の親子が、「鳴物停止」中ゆえに家々からの救済を受けられないとし、宿は善根宿を利用するからと、今晩、明朝食べるほどの米の施しを求め、米代として一〇〇文の施しを受けた。「鳴物停止」とは将軍、大名や天皇などが死去した際、全国あるいは領国内に一定期間の慎みを求めた法令で、門戸の閉鎖や歌舞音曲の制限などが命じられた。巡礼が戸口に立ってお経を唱え、米銭を乞う行為も禁じられたのであろう。

三例目は、豊後国速水郡南石垣村（現大分県別府市）から訪れたふじ五八歳、悴の才吉二〇歳親子で、五月一七日に尾鷲の「善根伝左衛門」に一宿したところ、才吉が病気になってしまった。逗留養生するうちに母も熱病に罹り、善根宿から以後の逗留を拒否されたため、尾鷲組の計らいで小屋掛けをして養生することとなった。二人の療養は八月二〇日までにも及び、小屋掛け費用に加え飯料と薬代、出立時の小遣いも含め、計七七匁六分七厘が支出されている。なお、この母子は尾鷲組に対し、帰国後の金銭返済を約した。

これら三例の旅人たちは、いずれも病気養生などの事情により尾鷲組に歎願したものである。土御門家配下の修験夫婦はもちろん、帰国後に費用の返済を約束した豊後国の母子も、いわゆる乞食巡礼とは異なるようだ。善根宿は、泊まる場所は無料で提供されるものの、そこで食事が出されるわけではない。食い扶持程度は持っているが、旅籠屋を利用するほどの財力はない階層が利用する施設なのであった。

［平八洲史ノート］

実は若山家の善根宿納札は、今まで全く知られずに突然発見されたものではない。一九五七年頃から二十数年の間、熊野地域の歴史資料の調査を精力的に行った平八洲史という方がいる。和歌山県新宮市で学校教員を勤め、退職後に熊野の文化財や伝承などを調査して歩き、古文書を含めありとあらゆる文化財を記録・筆写してまわった。全部で一万頁を超える大学ノートは熊野市歴史民俗資料館に架蔵されているが、これ自体が熊野地域の貴重な文化財である。その平八洲史ノートのなかに、若山家の納札が登場するのだ。

ある古老が若山家について、善根宿を営み草鞋や草履を旅人に贈っていたこと、若山家の親戚の話として「毎日へんろにゾウリ五足宛作って布施した。その礼にお札くれた…それが箱に一杯もある。これがあれば火事に絶対あわぬと云った」などと記される。若山正亘さんはこの言い伝えを受けて、防火のために納札箱を天井裏に置いていたのだという。平八洲史ノートにはサンプル的に納札の記載も筆写されているのだが、向井さんはこれらを見てその所在を探し、近所に住む若山さんに尋ねると、まさに善根宿を務めていたその家であり、ご自身の家のそうした歴史をご存じで、しかも納札の整理を始めたところだ、と仰ったのである。私へ連絡いただいたのは、その直後のことであった。

〔大学、市民、博物館の連携〕

研究室に所属する学生・院生を連れ、二〇〇八年から翌年にかけて、春と秋に計三度、熊野での合宿調査を、熊野古文書同好会の皆さんと一緒に行った。一部の学生には、ネズミがかじった残骸のような紙片の山から、「一文字でも判読できるものは史料として扱う」のを原則に、仕分ける作業をしてもらった。たとえ一字であっても、地名や年次、性別等を特定できる可能性があり、貴重な一データとなり得るからである。実は、向井さんたちがこうした紙片類をゴミ袋にまとめ、私に「これは捨てても良いよな」と尋ねられたものであった。それらはネズミの糞やゴキブリの卵などにまみれて汚れており、ゼミに入ったばかりの女子学生など、驚いて辞めてしまうのではないかと少し恐れたのだが、江戸時代の現物史料を扱う作業は新鮮だったのか、喜々として取り組んでくれたことはうれしかった。

ただ、大半の納札の調査とデータ入力は、向井さんをはじめとする熊野古文書同好会の皆さんの地道な努力によって行われた。月に四度の調査日が組まれ、計五八回にもなったという。大学との共同調査は、調査方針の策定や点検などの意味合いが大きかった。

大学と地元の方々と行った三回の共同調査のうち、特に二〇〇九年秋には、三重県立博物館（当時）にも御協力いただき、学芸員三人のお働きにより、丸三日をかけて全納札の点検と撮影を行うことができた。地元の方々にとっては、学芸員のプロ意識に基づく緻密な作業、文化財の慎重な取り扱い方はほとんど衝撃的なものであったし、それは学生たちも同様だったかもしれない。教室で文化財の意義や価値を教えることの百倍も効果はあっただろう。大学、市民、行政（博物館）が連携した、非常に意義深いことであった。

［県立博物館と移動展示］

そして、実は博物館側にとっての意義も、小さくなかったのである。当時の三重県立博物館は、津駅前の古く小さな建物で細々と展示をしており、県立の名に見合った新博物館を建設することは、三重県内の文化財に関わる者にとって長年の悲願であった。野呂昭彦知事（当時）の英断で新県博構想が具体化していたものの、財政難のなか、県議会を中心に反対の声も強かった。県民の間で博物館が必要とされているという証明や、博物館を基盤とする住民の文化活動の実績を示すことが求められもした。そうした状況下、県議会での質疑応答のなかで、熊野での善根宿納札の調査事業が紹介され、博物館建設反対派への説得材料として用いられるという、思いがけぬ事態にもなったのである。

県立博物館との連携は、調査・保全事業だけではなく、調査終了後に県立博物館の移動展示という形で、善根宿納札を公開することにもつながった。新設間もない熊野市文化交流会館を会場に、善根宿納札をふんだんに使った「巡礼の道〜伊勢参宮と熊野詣」という展示が開催されたのである。これに合わせて納札調査の報告書を刊行し、展示期間中の二〇一〇年二月六日に同会場で調査報告会を行った。調査の様子は地元新聞などで報道されていたこともあり、一六九名もの市民が集まって下さった。二万人を切る熊野市の人口規模からすれば、驚くべき数字である。その時の熱気と感動を、忘れることができない。人口が十倍以上の津市や四日市市で文化講演会を企画しても、百名を集めるのは容易なことではないのだ。博物館不要論を唱える人びとは、経済の立ち遅れた地方、過疎が進む地では、文化にお金をさく余裕などないと考えるが、むしろ存続を危ぶまれる地域に生きる人びとこそが、その拠り所となる歴史文化を欲しているのだ、と確信することができた。

［報告書と文化財指定］

報告会に間に合わせるために、報告書（『三重県熊野市大泊町　若山家所蔵　熊野街道善根宿納札調査報告書』）の編集では、かなり無理をした。幸い、私の研究室出身で、当時は熊野古道センターにコーディネーターとして働いていた縣拓也氏が調査事業に関与してくれており、氏と共にデータの点検と分析作業を進めた。編集の最終段階では、深夜早朝を問わず縣氏とメールでのデータのやり取りを続けたことを覚えている。

口絵に紹介する納札写真の解説文は、古文書同好会の方々全員と、調査に参加した学生にも、最低一点ずつは執筆してもらった。皆で作った報告書にしたい、との思いからのことである。何とかぎりぎりで間に合った報告書は大変好評で、あっという間になくなってしまった。県外で巡礼や旅文化に関心を持つ方々の間では「幻の報告書」になったとも聞き、もっと印刷しておけば良かったと悔やんだものである。

そしてこの納札群は、熊野市の文化財指定を経て、二〇一二年三月には「若山家蔵『熊野街道善根宿納札』附御札盒」として、納札五四四七枚が、それらを収めた木箱と共に、三重県の有形民俗文化財に指定された。指定にあたって、「報告書」が基礎資料となったことは言うまでもない。五千枚余のうちには、女子学生らが「一文字でも判読できるもの」という基準で選別した「断片」も含まれている。御当主の若山正亘さんによれば、平八洲史氏の調査の後にもこの納札を調べた学者はいたが、大した価値を認めずゴミ扱いした由であった。ネズミが食い散らかし、ゴミと見まがう古文書が、きちんと学術的な調査と整理を施し価値づけることで文化財として評価されたというのは、実に愉快なことであった。そして、この取り組みは地元の方が主導し、それに大学や博物館が学術面で協力して行った点に、大きな意義があった。文化財というのは、外部から評価づけすることも必要だが、地域に基盤を置き、徐々にその価値が共有され、積み上がっていく形の方が望ましい。若山家の善根宿納札の調査から文化財指定に至る過程は、その点で理想的な形であった。

2、若山家善根宿納札の特徴

［大泊村と若山家］

善根宿を営んだ若山家がある大泊の集落は、江戸時代には紀州藩領木本組に属し、江戸時代後期に村高一八五石、家数四〇軒余、明治中頃の記録で六〇戸、三一六人という、こじんまりとした村である。村の南側で海に接し、現在はきれいな海水浴場となっているものの、漁業は行われず、わずかな田畑の耕作と後背の山地での林業で生計を立てていた。廻船業を営む者も若干いたらしい。この地域の熊野街道は、尾鷲方面から大吹峠を下り、大泊村内を通って松本峠（木本峠）を越えて木本町（現三重県熊野市街）に至る。街道を往き来した旅人相手の商売も、村を潤しただろう。大泊は内湾の奥に位置するが、東南方向の海岸沿いに小泊村（古泊村。現磯崎町）があり、密な関係にあった。一方、松本峠を挟む木本の町とは生活圏も異なり、意識も大きく違っていたという。松本峠は四〇分も歩けば越えられる峠だが、地域住民の往き来は必ずしも活発ではなかったようだ。

大泊村内には、街道沿いに角屋孫左衛門という旅籠屋があった。この旅籠屋を利用した記載のある道中日記が、確認できる限り六点ある。角屋は若山家とは数軒を隔てた場所にあったが、この旅籠屋を利用できない貧しい旅人が、善根宿を頼ったのであろう。

大泊で江戸時代後期に善根宿を営んだ重蔵は、長兵衛とも名乗り、天保一一（一八四〇）年から明治一二（一八七九）年まで、若山家の当主を務めた。その四代後が現当主の正亘氏である。なお、重蔵（長兵衛）の父・三助時代の納札も八枚確認されており、善根宿の開設は少なくとも一九世紀前期に遡る。明治期の記録では若山家の住居は「大泊村三十三番屋敷」とあるが、明治四四年頃に村内の「浜地」と称される地に引っ越され、昭和四五（一九七〇）年に国道三一一号線に接する現在の地に家屋を新築し、納札を持って移住された（若山正亘氏談）。若山家に残された若干の証文類を見ると、江戸後期から明治初期にかけて、山林地主経営や海上を通じた商業取り引きを行っていたことがうかがえる。当時の若山家当主は、大泊村の庄屋や戸長ではないが地域の有力者であり、経済的な富を基盤に善根宿を営んだものと思われる。

「大泊町若山長兵衛様」と記す納札があるなど、大量の納札が若山家に納められたことは間違いないのだが、「善根宿」を営んだ事実が直接的に表されているわけではない。ただ、若山家文書中には、江戸の柳我という町人が書き留めた次のような書付がある。

ぜんごんは　日ごとの目には見へずとも　つもり〳〵て子孫繁昌　江戸　柳我

古歌ニ　世の中は、賤が孤あむ糸鎚よ　あちへやらねバこちへとられぬ

江戸町人が善根宿のお世話になった時に、若山家に渡した言祝(ことほ)ぎの歌であろう。

［納札の書式］

前置きが長くなったが、そろそろ納札に何が書かれるかを紹介していこう。本来納札とは、参拝したことの印に札所寺院に納めるものであり、納経帳や装束としての笈摺と菅笠などと共に、巡礼に必携の品であった。そのため、江戸時代中に刊行された西国巡礼の道中案内記類にも旅に持参すべきものとして納札が挙げられ、その書式も示されている。

『西国順礼細見大全』から見てみよう（4–1）。笈摺と共に、「札かきやう之事」として納札の記し方が示されている。表には中央に「奉納西国三十三所　為二世安楽」と、目的とする巡礼地と祈願とする「二世安楽」が記され、両横に年号月日と旅人の出身地、そして下部に旅人の氏名を記すことになっている。裏側には「南無大慈大悲観世音菩薩」と記す。これが基本の記載要素であり、若山家の善根宿納札の多くも、ほぼこれに対応している。ただし裏書があるものは十数枚に過ぎず、一方で中央横等に「二世安楽」のほか「天下太平」「日月清明」「五穀豊饒」などの祈願文を持つものが少なくない。

本来の納札は木製であり、札所寺院に打ちつけられた大量の木製納札から巡礼の地域分布等を分析した、社会学的研究も知られている。だが江戸時代中期には、庶民の巡礼には簡便な紙製のものが一般的になり、若山家納札群でも木製は一点のみである。それも厚さわずか三㎜の薄い杉板製であり、紙製納札の代用として持参されたものと思われる。

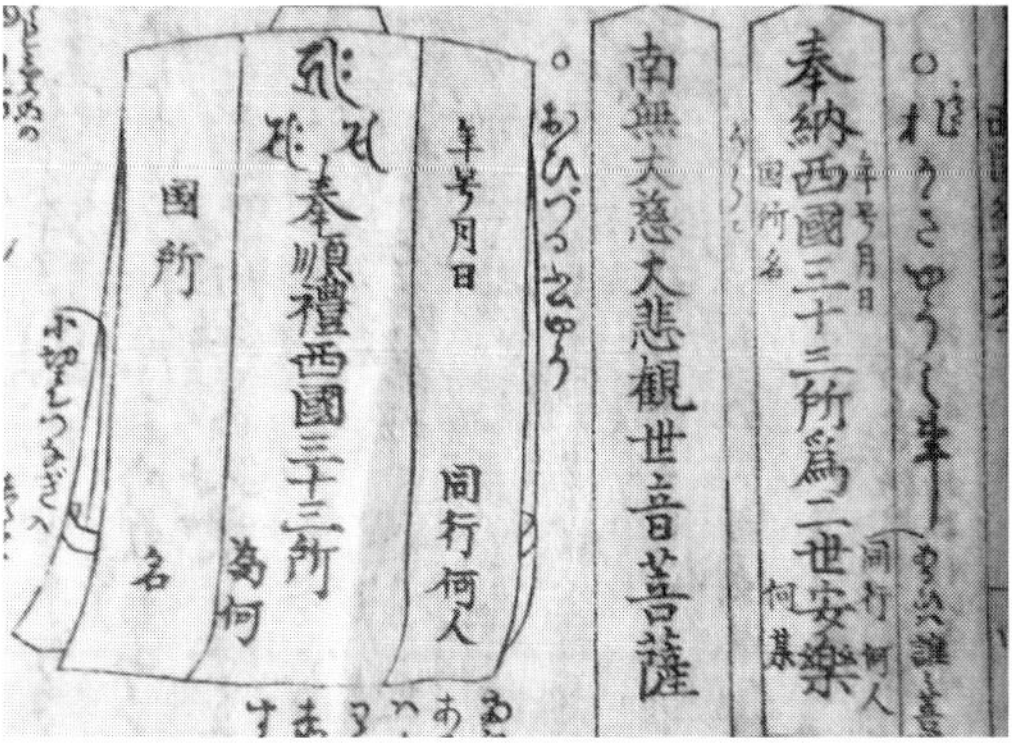

4－1　「札かきやう之事」（『西国順礼細見大全』）

一枚ごとの納札の情報量は多くないが、数千枚をデータ化し分析すれば、旅人の属性と祈願の内容、年次変化などを知ることができる。以下、これらのデータを数量的に分析し、報告書に収載した縣拓也氏の論考「若山家納札から見る巡礼の様相」を参考に、まずは全体の傾向を見て、その後に個性的で面白い納札の数々を紹介していくことにしよう。

［全体の傾向］

若山家の納札群は目録上は計五三〇九点であるが、こよりで括られたり、複数が折り畳まれたものなどを含むため、県の文化財指定時には五四四七枚とカウントされた。だが点検の度に数が合わず、こうした史料の管理の難しさを改めて感じることになった。

なお、札所寺院へ納める書式のもの以外に、全国各地の寺社が発行した札も数十枚含まれる。これも善根宿を利用した旅人の謝意として、同様に納められたのであろう。

納札群のうち年代が記されるものは半分弱であるが、最も古いものは文政元（一八一八）年で、天保年間から明治一〇年代までの重蔵（長兵衛）当主時代が大半を占め、大正年間のものが二点、そして昭和七（一九三二）年の納札が最も新しいものである。

一年単位で最多は明治九（一八七六）年の一一三枚であり、幕末明治期には毎年ほぼ一〇〇枚近い納札が確認できる。年末記載の分を含めると、およそ年平均二〇〇枚程度となる。

単独行もあるが、複数名で訪れた場合は代表者が一枚を納めることが多かった。四国遍路の場合など、弘法大師と共に歩くとして単独行でも「同行二人」と記す風習があり、これは西国巡礼でも踏襲されたようだ。そのため正確な人数の把握は難しいのだが、縣氏は納札一枚当たり同行者三・六名という数字を算出している。若山家は善根宿として年間で少なくとも七〇〇人程度、一日平均二人ほどの巡礼を受け容れていたこととなろうか。

［墨書と版刷り］

若山家に伝わった納札群の一つの特徴に、墨書されたものだけでなく、版刷りのものが一定度含まれる点がある。全体の七割強、三八〇〇点余は墨書のみだが、すべて版刷りのものが千点余あり、版刷りの札に墨書で加筆されたものが四〇〇点余り見られる。納札がどのように準備されたのかを知り、また当時の出版文化を考える上でも興味深い問題である。一定地域で共通する版刷りや、同じ版刷りの納札が異なる地域の旅人から納められていることも確認でき、広い範囲で共有されたり、都市などで販売されていたことをうかがわせる。この問題は、個別の納札を紹介するなかで改めて検討を加えよう。

［巡礼の目的地］

全納札のうち四千点近くには、「奉納西国三十三所」などと赴く巡礼地が表面中央に大きく記される。そのうち八割は「西国」を含むものであるが、これは熊野街道の特質から考えて当然のことである。だが「西国」と併記して、あるいは単独で、四国八十八所巡礼をはじめとする他の巡礼地も、少なからず見られるのである。若山家善根宿納札の分析から驚かされた点のひとつが、この巡礼目的地の多様性であった。

四国八十八所巡礼を掲げる納札は、西国巡礼との併記を含めると千点余あり、巡礼目的地を記す納札中四分の一を超え、しかも四国巡礼のみを記す納札が四〇〇点余りを数える。九州や中国地方からの旅人など、願文通り四国八十八所巡礼のみに赴いていたのであれば熊野街道を通るはずがないものを含む。旅の実態の反映ではなく、弘法大師像の刷り物の多さと合わせ、西国巡礼と四国巡礼とを結びつける認識が濃厚にあったことの表れであろう。

旅文化の全国化に伴い、関東地方を中心に行われていた巡礼も次第に広まっていく。坂東三十三所、秩父三十四所を掲げる納札も、一五〇枚ほど見られる。西国三十三所と合わせて「百観音」巡りを祈願するものが六〇点余、そしてザ・巡礼とでもいうべきか、四国八十八所も合わせて「百八十八所」巡礼を掲げるものが、一〇七点も確認できる。

遠くの巡礼地に赴くことができない人びとのため、江戸後期には「写し霊場」が各地に開かれるが、その一つ知多新四国八十八所を掲げるものも八枚ある。「児島八十八所」「淡州霊場」、武蔵入間郡の者による「当郡八十八所」、場所は不明だが「当国三十三番、五十薬師」なども現れる。法然上人ゆかりの寺院を巡る「円光大師二十五霊場」も二枚あった。「川筋遍路」「川筋巡礼」とするもの、「四国霊場拾弐返」「四国廿一度」と何度も巡礼地を廻ることを掲げたもの、そして具体的な目標なのか、単に多数を巡るという意味なのか分からないが「千神社順拝」「万ケ所」と記されるものもあった。西国巡礼、四国巡礼を核としつつも、江戸時代の巡礼文化がいかに多様で、広域化していたのかを見てとれよう。特に関東にまで及ぶ「百八十八所」巡礼の存在に注目しておきたい。

「大乗妙典日本廻国」などとする六十六部廻国聖の納札は、二六五枚ある。六十六部とは全国六十六か国を巡り法華経を一部ずつ納める宗教者で、阿弥陀像を納めた長方形の木箱を背負い、白衣に手甲（てこう）、脚絆（きゃはん）をまとうなど、一般の巡礼とは区別される独特の姿恰好を取った。鉦や鈴を鳴らしながら米銭を請いつつ全国を旅した彼らの納札は独特で、鮮やかな朱印が捺された立派なものが多い。年月日が記されないのも、六十六部納札の特徴である。

〔願文〕

次に旅人の祈願内容を見よう。「天下泰平」「日月清明」などの祈願文言が記される納札は、墨書・版刷り共に一六三〇点にのぼる。「天下泰平（太平、和順）」など平穏を願うものが一一〇〇点余、「日月清明（晴明、清光）」など天候の安定を求めるものが九〇〇点余で、この二つは並列されることが多い。現世と来世の安定を願う「二世安楽（安泰）」が五〇〇点弱で、これは単独で記される傾向にある。「国家安穏（安全）」「国土安全」などは二〇〇点余、「家内安全」（一〇〇点余）、「五穀成就（豊穣）」（五〇点弱）が続く。

これらは、江戸の町人の納札に「五穀豊穣」と記されることがあるように、巡礼個々の切実な祈願に基づくものとはいえず、定型文言に近いものであろう。ただ、父母や祖先、夭折した子供らの菩提を弔い、また病気平癒を祈願する文言も確認できる。

［木製納札との地域分布の違い］

巡礼の出身地域が全国に広がる点も、この納札群の史料的な価値を高めている。国名（県名）が記される納札は三七九二点あるが、最も多いのが美濃国で三〇二点、尾張国二四五点、讃岐国と伊予国が二〇〇点前後、以下豊後、備中、但馬、紀伊、三河、阿波、伊勢、信濃、備後、武蔵、ここまでが一〇〇点を超える。隠岐、大隅、薩摩の三か国のものは確認できないが、残りの諸国からは、なにがしかの納札が熊野街道の若山家に伝わっている。実はこの点が、木製納札を分析した社会学者の研究成果と、大きく異なるのである。

巡礼納札はもともと木製で、札所寺院の天井や柱に打ちつけるのが作法であった。ゆえに札所巡りを「札打ち」とも称するのだが、西国札所寺院のなかには大量の木製納札を残すところもある。社会学者の前田卓氏は、三番札所の粉河寺、二十番善峰寺、二十一番穴太寺、二十六番一乗寺の計一万点を超える納札を調査し、統計的に分析した成果を『巡礼の社会学』としてまとめ、巡礼研究の基本文献として評価されている。巡礼の地域的分布については、美濃、尾張、三河、伊勢等の東海圏や武蔵が多いなど、善根宿納札と共通する面もあるが、長門、肥前が江戸後期に大幅に増加することや四国の少なさなど、顕著な違いも目立つ。前田氏は、肥前については長崎貿易の発展、長門は良港である萩を通した物流の活発化、製紙産業の発達という地域経済の伸張を理由として掲げるが、歴史学の立場からは首肯できるものではない。四国の少なさについては、耕作地が狭小で豊かではなく、そして四国八十八所巡礼路の存在を要因としているが、これも説得的なものとはいえない。

札所寺院での木製納札が、なぜ地域的に妙に偏った分布を示すのか、私にも分からない。ただ、縣拓也氏が指摘する通り、山門や本堂の天井に木札を打つのは容易な作業ではなく、大量の木製納札を作成し、持ち運ぶ行為からも、特殊な宗教者の世界ではないかと思う。

これに対して紙製納札の分布は、地理的に近い東海圏の多さは共通するとして、全国まんべんなく広がるのは、札所寺院の木製納札とは異なる特徴といえよう。長門、肥前が特段に目立つことはなく、四国のうち讃岐、伊予、阿波の三か国は比較的多い部類に属する。善根宿納札の方が一般的な巡礼の地域分布を考える上で、有効であることをうかがわせる。

〔同行人数と性別〕

同行人数を記す納札は二千枚弱であるが、そのうち「同行二名」とするものが九〇〇枚近く、半分弱に上る。一名とするのはわずか五枚であることを考えると、弘法大師と同行するという意味での単独行であった可能性が高い。縣氏によれば、享保一一（一七二六）年の道中案内記を基に作られた『西国三十三所観音霊場記図会』という資料に笈摺の書き方が示され、そこには同行者が五人であれば六人と、笈摺を観音とも先達ともみなして一人ずつ増して書くものだ、としている。それにならえば実際には二名と思われる「同行三名」が五〇〇枚弱あり、そして「同行四名」が二六二枚、「同行五名」が一六二枚などで、一方一〇名以上のものは二一例と多くはない。最大では二七名の団体もあるが、講を組んで訪れることが一般的な道中日記を著す旅人たちに比べ、比較的少人数である。

同行者の名前が列挙されることも多い。特筆すべきは、女性の名前の多さである。名前が記される納札三三四一枚のうち女性名のみの納札が八八一枚、男女の名前があるものが四八四枚、計一三六五枚と半数近くに上るのである。道中日記の筆者の大半は男であり、札所寺院の木製納札でも女性の名前はわずか一％にも満たないという。江戸時代に女性がどの程度旅に出ていたのかを知る上で、他の資料群にはない重要な特質であるといえよう。

若山家善根宿を利用した旅人は、どの季節に訪れていたのであろうか。納札に月日が記される二千枚強のうち、三月の日付を持つものが最多で四〇〇枚強、次に二月が三五〇枚余、そして四月が二〇〇枚ほどで、他は大雑把に言えば一〇〇枚前後である。一部は若山家に納めた日付らしいが、大半は出立時と考えて良い。田植え前の農閑期が多いのは当然といえるが、道中日記を著す旅人たちに比べればその傾向は緩やかで、かつ少し遅めであり、そしておおむね年間を通して分布している。善根宿納札から見える旅人は、旅籠屋に泊まり道中日記を著す旅人ほど金銭的な余裕を持たず、後に詳しく検討する乞食巡礼よりは経済的階層が上で、しかし農事暦の規定はさほど強く受けない人たち、といえようか。

3、納札の諸相

［様々な旅人］

では、個々の納札を具体的に見ていこう。まずは多様な旅人の姿を検討したい。

4－2は、若山家の納札中で最も古い文政八（一八二五）年の年紀を持つ、伊豆国賀茂郡の巡礼のものである。中央に西国三十三所巡礼を志すことが明示され、上部の左右に年月日、下部右側に住所、左側には「南無観世音菩薩」と記される。「天下泰平」「日月清明」などの願文は見られず、道中案内記類で示される納札のあり方に近いようだ。文政八年は、若山重蔵（長兵衛）の先代、三助が当主の時代である。

この納札を持参した網代雄という旅人は、略押を用いていることや名前から、あるいは宗教者だったかもしれないが、一人での旅のようだ。納札に見る旅の形態は、個人か夫婦・親子など少人数のことが多い。だが、天保一五（一八四四）年二月に丹後縮緬の中心的産地である丹後国岩滝村（現京都府与謝郡与謝野町）の幾右衛門が納めた札には、「同

4－2

4−3

行廿七人」とある。上層農民が伊勢講などを組んで旅立つ場合は十数名の集団であることも珍しくないが、善根宿納札中では異例の多さである。同行者全員が泊まったであろうから、当時の若山家は少なくともこれだけの人数を収容できる規模の善根宿であったことが推測される。

夫婦連れの場合、夫が代表するか、連名の納札を渡すことが一般的であるが、それぞれ一枚ずつ出すこともあった。明治七（一八七四）年二月の日付を持つ二枚の納札は、折り重ねられて伝来し、年記も播磨国明石郡という地名も同じであり、巡礼地、願文も「為」の有無というわずかな違いがあるだけである。名前が記されてはいないのだが、それぞれ「辰年五十五才男」、「戌年四十九才女」とあり、年齢から見ても夫婦であったと思われる。二つの納札で字の崩し方は異なっており、妻も自ら墨書して納めた可能性がある。

やはり明治初年の納札だが、西国三十三所と四国八十八所の巡礼を志す4-3の納め主三人は、美濃国金山村（現岐阜県下呂市）、丹後国加佐郡千原村（現京都府福知山市）、尾張国犬山（現愛知県犬山市）と出身地が異なる。もともと知人であった可能性もあるが、旅の途中で出会い、道連れとなったものではなかろうか。しかも「同行六人」とあることから、三名とも妻と同行した夫婦三組であったようだ。

女性のみの旅もあった。慶応四（一八六八）年春、美濃国の山間にある小那比村（現岐阜県郡上市）の女性四人が若山家善根宿を利用している。四人連れなのに「同行五人」とするのは、前述の通り観音や先達と同行するという意識の反映であろう。この同行者数の判断はとても悩ましく、三人の名前を列挙しながら「同行二人」と記す納札すらある。

年齢が記されることはあまり多くないが、八〇歳の老人が善根宿に渡したと思われる納札は、通常のものとは異なり赤い色紙に「八十かけて　九十九も越ば百の春　限りぞなけれ数の寿」という和歌が認められている。峠道が続く長い旅を、「百歳の春」を目指す人生の旅になぞらえているのであろうか。洒脱な納札である。

善根宿の利用者は、基本的に貧しき農民や町人だが、五千枚余りの納札群のなかには、武士身分の者の納札もある。嘉永二（一八四九）年正月、讃岐丸亀藩（藩主京極氏）の家中を名乗る西山為右衛門と半治郎が、西国三十三所巡礼を目指し若山家に泊まった際の納札には、一般的な願文は用いず、いかにも武士らしく、「武運長久」としている。

［表記と図柄］

多くの納札のなかには、独特の表記や工夫を凝らした図柄も少なからず見られる。安政四（一八五七）年一二月に美濃国山県郡円原村（現岐阜県山県市）から来た紋三郎の納札（4－4）

4－4

は、西国巡礼と四国巡礼を掲げたものだが、出身地の国名を左端上部に奇妙な表記で示している。ひらがなの「の」を三つ書いて、三つの「の」＝「みの（美濃）」と読ませているのである。同様の表記は紋三郎のもの以外に二点見られ、江戸後期にある程度流行していた表記なのであろう。

4－5は、下の方の左右に「武州江戸」「願主兼吉」と小さく墨書されるが、残りは版刷りである。仏が座る台座、蓮台の上に、仏像ではなく「南無阿弥陀仏」の六字名号が記される。問題はその四字目で、文字ではなく弓と矢が描かれている。弦を張った弓と矢羽根で弓偏を、四本の矢で旁の「尓」をかたどった、謎解きのような表記なのである。江戸者の兼吉が洒落っ気を出して作ったものであろうか。

次の4－6は、墨書はまったくなく、いつ、どこの、誰が渡したものなのか皆目分からない。一見位牌と灯籠の絵だけが刷られているように見えるが、目を凝らしてみると「南無阿弥陀仏」の六文字が浮かび上がってくる。

4－5

中国古代の公式書体である篆書体は、現代では主に印鑑の刻字などに用いられ

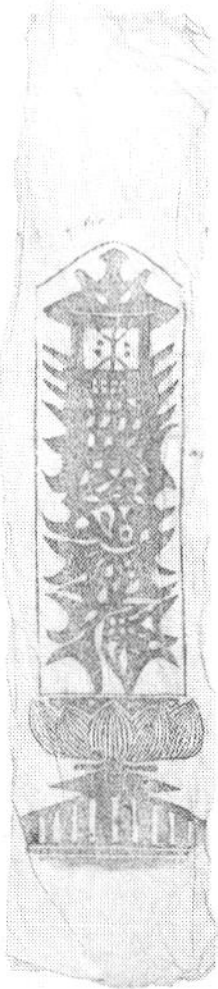
4-6

る程度だが、4-7に見るような納札もあった。厳密には正式な篆書体ではなく、それを模したものらしい。上部に阿弥陀如来の座像が描かれ、下部左右に小さく願主の名前と居住国名が墨書で付け加えられている。伊予国の四郎二郎、才三郎の二名が納めたものだが、実はほぼ同じ版刷りの納札を、丹後加佐郡の、つやという女性も若山家に渡している。版木から納札を刷ったのは同じ所だと思われ、旅立ち時に国元で用意された納札ではなく、参詣地や都市社会などで販売されていたものが、旅人を通して別々に若山家に伝わったのであろう。

独特の字体を持つものでは、江戸時代後期の浄土宗僧侶、徳本上人の六字名号もある。紀伊国日高郡出身で、江戸に活動の拠点を置きつつ全国各地で帰依する者を集めた徳本上人の特徴ある六字名号は、紙媒体のみならず石碑なども各地で見られる。納札群中には徳本上人の書体で描かれたものが六枚あり、三枚は地名が不明だが、残りは但馬国、和泉国、そして奥羽国仙台のものである。全国各地で徳本上人の書体が模されて納札が作られたのであろう。

4-7

4-8の納札はその一例だが、下部にはやはり蓮台が描かれ、地名と願主の名も版刷りされており、出立前にまとめて作成され

4－8

4－9

4－10

たものと思われる。なお若山家には、徳本上人の字体で「南無阿弥陀仏」と彫られた版木が納札群と共に残され、伝えられている。

六十六部が持つ納札は、興味深い版刷りのものが少なくない。4-9は、豊後国大分郡のさと、文治郎の納札だが、地名、名前に願文の「天下太平」「日月清明」、そして光背部分の「大乗妙典」が墨書されている。空白部分を設けた図柄を版刷りし、宗教者の信仰次第で加筆するようになっていたのである。刷り物部分でも、上部には阿弥陀三尊が梵字で表現され、蓮台の下には経筒のようなものが置かれ、余白に地名が書かれてもいる。

4-10は丹後国の太七という六十六部の納札だが、結び紐で括られた経典の巻本が描かれ、全国に経典を納めて廻国する六十六部としての営為が表現されている。

納札は参詣の印として作られるものであるから、本人が書くのが本来の形であろう。ゆえに、当時の人々の識字能力が表れるともいえる。4-11は元治元（一八六四）年に作られた備後国庄原村（現広島県庄原市）の者の納札だが、村名と数字以外はほぼ平仮名で、たどたどしい筆致で書かれている。名前は記されないが、おそらく女性ではなかっただろうか。庄原村は中国山地の中ほど、商業が発展して町場化していた地である。

若山家の納札群のなかで、最も不思議な図柄を持つのが4-12で、「鬼」という字が散りばめられているのが目を引く。「日」「月」の字と共に、当時の民間の陰陽師が用いた呪符によく見られるものである。中央の建物のような形の図に「男」「女」と書かれるのは、子孫繁栄を願っているのであろうか。納めた旅人の情報は「年三十七才」としか記されず、謎の多い札である。なお呪符納札としては、悪魔払いに陰陽師らが用いる「急々如律令」の文言や、志摩の海女たちに馴染みの深い「ドーマン・セーマン」のドーマンを記したものも確認できる。

［作製・流通と利用］

納札は本来、札所寺院に納めるものであるから、同じ札を多数作成していたはずである。4-13は、河内国の清助という者が用いた西国・四国巡礼を祈願する納札だが、同文言の一

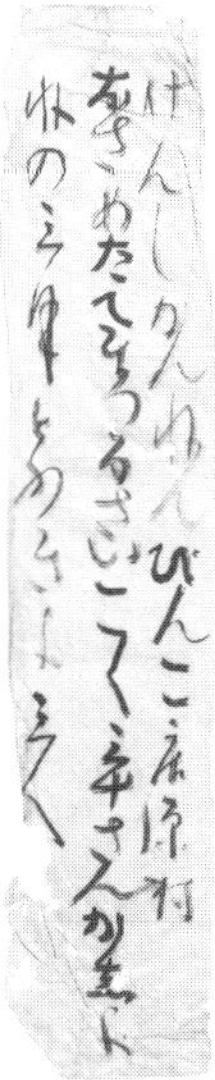

4-11

4-12

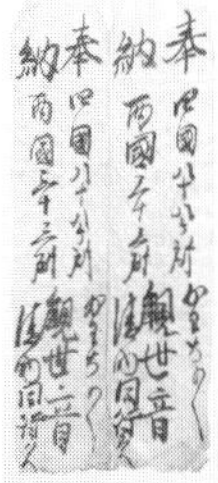
4-13

4-14

枚分が記されている。あらかじめまとめて書いておき、使用時に切り離したのであろう。他にも上下に分けて書かれたり、四枚分が記されて切り離されないまま若山家に渡されたものも見られる。こよりで綴られたままの納札もあるが、札所寺院に着くと、その都度ちぎって納めたのだろう。

一定範囲の地域で共通する形で版刷りされることがあった。4-14は願文等が陰刻されたものだが、空欄部分に出身地の釈迦堂村（現富山県黒部市）と姓名の源右衛門が墨書されている。願文部分でも中央に空欄があり、そこには「西国」と記された。同じ版刷りのものが計九点確認できるのだが、八枚は「西国」と記されるものの、一枚は空欄のままである。西国巡礼と同じ三十三所の坂東巡礼はともかく、四国八十八所や秩父三十四所巡礼には転用できず、あまり汎用性はないと思われるのではあるが。

さて九枚の同刷りのものを比較検討すると、うち六枚は同じ釈迦堂村、一枚は隣接する長引野村、二枚が釈迦堂村から南南西に山を隔てて約一五kmほどの東福寺村の地名を持つ。いずれも立山連峰の山裾に広がる、越中国新川郡の村々である。釈迦堂村の納札一枚と東福寺村のもの一枚には弘化五（一八四八）年、長引野村の納札には安政四（一八五七）年の年記が見られる。これら九枚の元の持ち主同士で交流があったためとは考えにくく、おそらくは一九世紀の半ば頃、越中国新川郡域で刷られ、流通したのであろう。

同じ越中国では、高岡（現富山県高岡市）とその近在の「講中」で、先祖供養を祈願する西国巡礼の文言が刷られたものも確認できる。広域的な講が組まれてまとめて納札が作られ、講員が個々に用いたものであったろう。

納札は出立前に準備しておくほか、旅先で書いたり、購入したと思われるものもあるが、それ以外の入手法もあったようだ。4-15は、版刷りで中央には西国三十三所巡礼の祈願文が、そして右下に「尾州知多郡」とあるのだが、左側には墨書で肥後国菊池郡和伊符村（隈府村、現熊本県菊池郡大津町）の地名が記される。若山家善根宿を利用したのは尾張の者ではなく、間違いなく肥後国から来た巡礼なのである。肥後国で流通していたはずもなく、旅先で入手した知多郡の札を活用したのであろう。

先に見た篆刻の納札のように、都市社会で売られていた可能性もある。だがそれだけでは

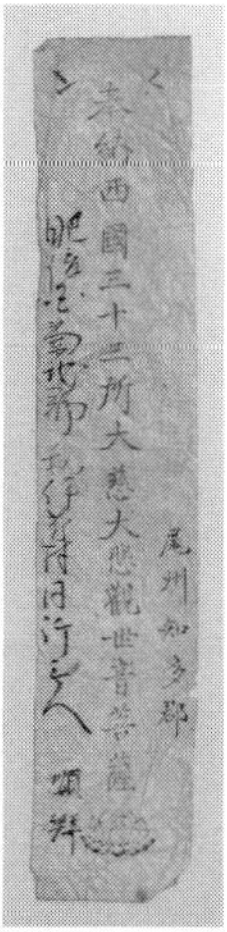

4-15

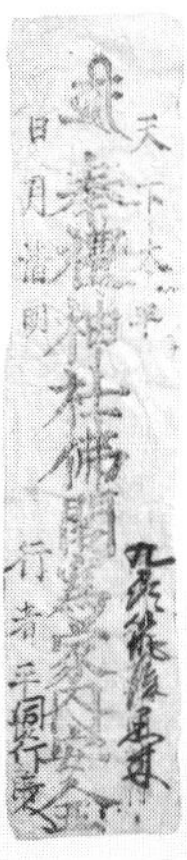

4-16

4－17

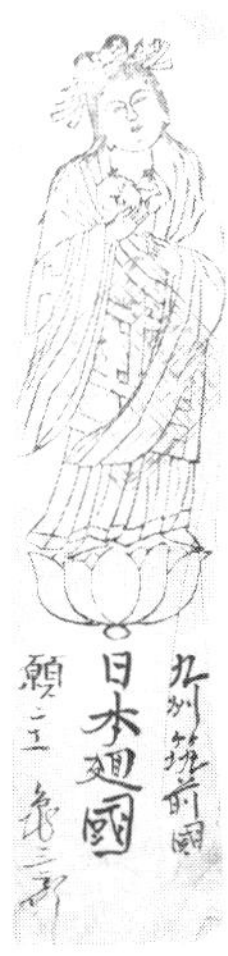

4－18

なさそうだ。4-16は、右下に「筑後国黒木」（現福岡県八女市）の地名が墨書されているが、その下には「阿州［　　］明神村」（現徳島県徳島市明神）と刷られた形跡がある。阿波国の行者の平次郎という者がもともとの納札の持ち主であり、作成者であった。当時、旅の途中で巡礼同士が手持ちの納札を交換する風習があったようで、平次郎から札をもらった筑後国の者がこれに手を加え、書き直して納めたものと思われる。

六十六部や行者を名乗る者の納札には、様々な仏像が登場する。西国三十三所巡礼が観音霊場巡りであることから、観音菩薩像を描く納札が五七枚と多いのは当然であろうが、地蔵菩薩も四九枚を数える。他に阿弥陀如来一〇枚、不動明王七枚などもある。

4-17の美濃国の「ゆう」という女性の納札のように、子供を抱いた子安観音像も四枚認められる。妊娠や安産、そして子育ての順調なることを願ったものであろう。地蔵菩薩像でも子供を連れているものがある。また4-18の納札では、鬼子母神（訶梨帝母）が幼児を抱いている。鬼子母神はもとは他人の子供を奪って食べてしまうという鬼神だったが、釈迦の導きにより仏教に帰依し、安産と子供の守り神となった。いずれも、子孫に対する巡礼たちの思いが反映したものであろう。

だが、納札に刷られた絵柄で最も多いのは弘法大師像であり、一三五枚に及ぶ。言うまでもなく四国八十八所巡礼は弘法大師ゆかりの寺院を巡るのであり、四国巡礼を志す納札に大師像が刷られるのは自然なことである。だが、六十六部の納札や、四国だけでなく西国、秩父、坂東を巡る際の納札にもしばしば登場し、そして西国三十三所のみが祈願される納札のなかにも、弘法大師が刷られたものが少なくとも四例見出されるのである。巡礼という行為と弘法大師とが、いかに密接に結びついていたかを示しているだろう。

［弘法大師の図像］

弘法大師の図像の構図は、ほぼ共通している。牀座（しょうざ）という椅子に座り、右手には密教道具である五鈷杵（ごこしょ）を、左手には数珠を持ち、牀座の下には水瓶（すいびょう）と木履（ぼくり）が配置される。高野山御影堂にある真如親王が描いた空海像がもととなり、流布したという。だが、善根宿納札に見える弘法大師像は、一番肝心な大師の尊顔の描き方に、ずいぶんバリエーションがあるのだ。実は学生たちと一緒に納札調査をしていた時、一部の女子学生たちが弘法大師の顔の描き方が納札によってかなり違うことを面白がり、休憩時の話題にしていた。その時には「くだらないことを…」と苦笑いしていたのだが、全点の撮影作業を終え、データを種類別に整

4-19　様々な弘法大師の描かれ方

理するなかでふとこの話を思い出し、弘法大師図像を画面上に集めてみた。確かに、顔かたちは同じ「人物」とは思えないほど、違うのである。高野山のお札に描かれる「公式」の弘法大師像は、厳かでやや険しい顔つきであるのだが、柔和な笑みを浮かべた顔、逆に「公式」以上に険しい顔、また「異形」とでもいおうか、いささかコミカルとも見える顔まで、千差万別なのである（4-19）。

遊び半分の作業ではあったのだが、構図がまったく同一であるのに、これだけ顔の描き方が異なるというのは、小規模な版刷り納札を作るところが、全国のあちこちに散らばっていたことの反映と言っても良いのではなかろうか。

［全国の寺社札］

若山家の納札群五千数百枚のうちには、寺社の御札（護符）が数十枚含まれる。厳密には「納札」ではないのだが、泊めてもらった御礼に旅人が全国各地で入手した御札を善根宿当主に渡したものであろうから、共通する性格がある。西国札所寺院としては三番・粉河寺、十三番・石山寺、十四番・園城寺（三井寺）、十六番・清水寺、十七番・六波羅蜜寺、二十九番・松尾寺、結願の三十三番・谷汲山華厳寺があり、四国札所寺院には八番・熊谷寺、十九番・立江寺、三十九番・延光寺、四十八番・西林寺がある。出入り制限が加えられた土佐国の延光寺の御札は貴重であろう。坂東三十三所では十二番・慈恩寺、十三番・浅草寺、二十番・西明寺がある。札所寺院ではないが、弘法大師入定信仰の山である高野山金剛峯寺の御札は多数残り、奥の院の護摩符や、大正期の高野山全図なども含まれる。

これ以外にも、全国的に知られ、信仰を集めた寺だけでも比叡山延暦寺、成田山新勝寺、臨済宗大本山の天龍寺、鳳来寺、大峯山などがある。

神仏習合の時代であるから、神社の神札も納められた。寺社参詣を掲げて諸国を巡る旅人たちは、寺院も神社もさほど区別なく詣でている。若山家の納札群中には、伊勢神宮（内宮）の御札と讃岐国金毘羅山（金刀比羅宮）のものが目立つ。金毘羅山関係のものは目録点数で三〇点近くにのぼり、御札以外に全景図、由緒書、一ノ坂成功堂の引札、動物の象を描いたものなど多様である。このほか京都祇園の八坂神社、伏見稲荷大社、日光東照宮、出雲大社、多度大社、榛名神社、戸隠神社、秋葉神社、多賀大社などの御札が確認できる。

これだけの全国各地の寺社札を現地に赴いて集めるには、相当な労力と時間を必要とするだろう。若山家は善根宿を務めたがゆえに、熊野の地にいながら多くの寺社札を入手することができた。巡礼の救済により功徳を積むこと、納札を集めて防火になる期待のほか、旅人を通した御札の収集も、善根宿を営んだ理由のひとつだったのではなかろうか。

若山家善根宿納札の資料的価値は、江戸時代に熊野街道を辿った旅人たちの一類型が明らかになったというだけでなく、その全国的な広がりが判明した点にある。道中日記でも遠隔地からの広域的な旅は見られるが、基本的には伊勢参宮から上方周辺、西国三十三所巡礼、せいぜいが金毘羅山などに足を延ばし、帰路に善光寺や日光東照宮に立ち寄るという旅の経路であった。だが善根宿納札の世界からは、実態はともかく巡礼という行為における弘法大師の影響の強さ、それゆえに西国三十三所・四国八十八所とセットになった巡礼の祈願、さらには坂東・秩父を含めた百八十八所巡礼という、全国規模の巡礼経路の存在などが見えてきた。旅人の出身地も、道中日記や札所寺院の木製納札、また後述する尾鷲組の救済記録とも異なる分布を示し、熊野街道の旅人の総体をとらえる上で貴重なデータとなった。

V　村々による旅人の救済

Ⅰ章で青森から参詣の旅に出て、尾鷲で病死した盲目の尼、妙栄に関する文書を紹介した。彼女たちを泊めた宿主の権六も看病にあたったが、高価な薬を与え、宿料や飯米代、そして死体を葬る費用を賄ったのは、尾鷲組であった。村々の連合体である尾鷲組は、なぜそこまでの手当てをしたのであろうか。障害者であり、同行の母・妹を含め女性のみであったことが多少は影響したかもしれないが、尾鷲組は彼女たちだけに救いの手を差し伸べたわけではなかった。妙栄尼の治療費や葬儀費用が記された算用帳には、全国各地から訪れた貧しき旅人に金銭を支出した記事が、多数見られるのである。

以下、この算用帳の分析から、街道沿いの村々の施しを受けながら諸国を巡った旅人たちの世界を見ていこう。まず本章では尾鷲組の立場から旅人たちを救済する制度と実態を検討し、次章で旅人自体に焦点を当てることにしたい。

1、尾鷲組の救済制度

〔尾鷲組の構成〕

江戸時代に武家領主は、城下町に居住しつつ領内の村々を統治するために、文書を通した意思伝達を行った。だが、多数の村々へ個々に連絡するのは煩雑であり、村側の意向を上申させるにも不便である。そのため十数か村ごとに「村組」を作り、村ごとの庄屋たちの上位に村組を代表する大庄屋を置き、これを通して支配する仕組みが生まれた。紀州藩領でもこの村組制度が発達し、特に若山（和歌山）城下から遠く離れた奥熊野の地では、村組、大庄屋の果たす役割が大きかった。

尾鷲組は十四か村から構成され、現在の尾鷲市の大半を占める。一九五四年の尾鷲市市制施行時に、江戸時代には隣接する木本組に属した輪内地区の村々が加わるのだが、尾鷲組大庄屋の管轄規模を地元の方々に説明する時、「大庄屋というのは、今でいえば尾鷲市長のような立場です」と言うことがある。もちろん封建社会の時代と現代の市民社会とでは事情がまったく異なるのだが、財政難から独自の手腕を振るう余地が限られる今の尾鷲市長に比べ、驚くほど広い領域で判断が委ねられていた江戸時代の尾鷲組大庄屋の方が、もしかしたら権限は大きかったのではないか、などと感じることがある。

さて尾鷲組は、地理的には尾鷲湾沿岸の十一か村（北から南西方向の湾奥へ、水地浦、天満浦、野地村、堀北浦、中井浦、南浦、林浦、そして南東方向へと矢浜村、向井村、大曽根浦、行野浦）と、そこから山を隔ててやや地理的に離れた南方の九木浦と早田浦、そして尾鷲湾から北東方向に海上交通のみで結ばれた須賀利浦と、計十四か村から構成される（5-1）。野地村は海に面していないが、矢浜村と向井村は海岸に接する。名称として表れる「村」と「浦」は、領主への水主役負担と、それに伴う漁業権の有無で区分されていたのだが、便宜上、以下の叙述では「村」「村々」、あるいは村・浦の区別なく「在」とも表記することとしたい。

個々の村は住民の最も基礎的な共同体であり、独自の算用帳も存在するが、それらは「小入用帳」と表記されるように村内部の経費が記されるもので、組の算用帳簿の方が規模も大きく、費目も多様である。個別の村財政とは独立した尾鷲組としての財政、算用帳簿の存在は、この地域の村組が行政的な枠組みにとどまらず、地域共同体としての実質を持つ機能団体であったことを示している。ただし、尾鷲組で支出される費用のすべてが十四か村に均等に割り振られたのではなく、費目によって負担する浦村の数が異なった。紀州藩が在地を支

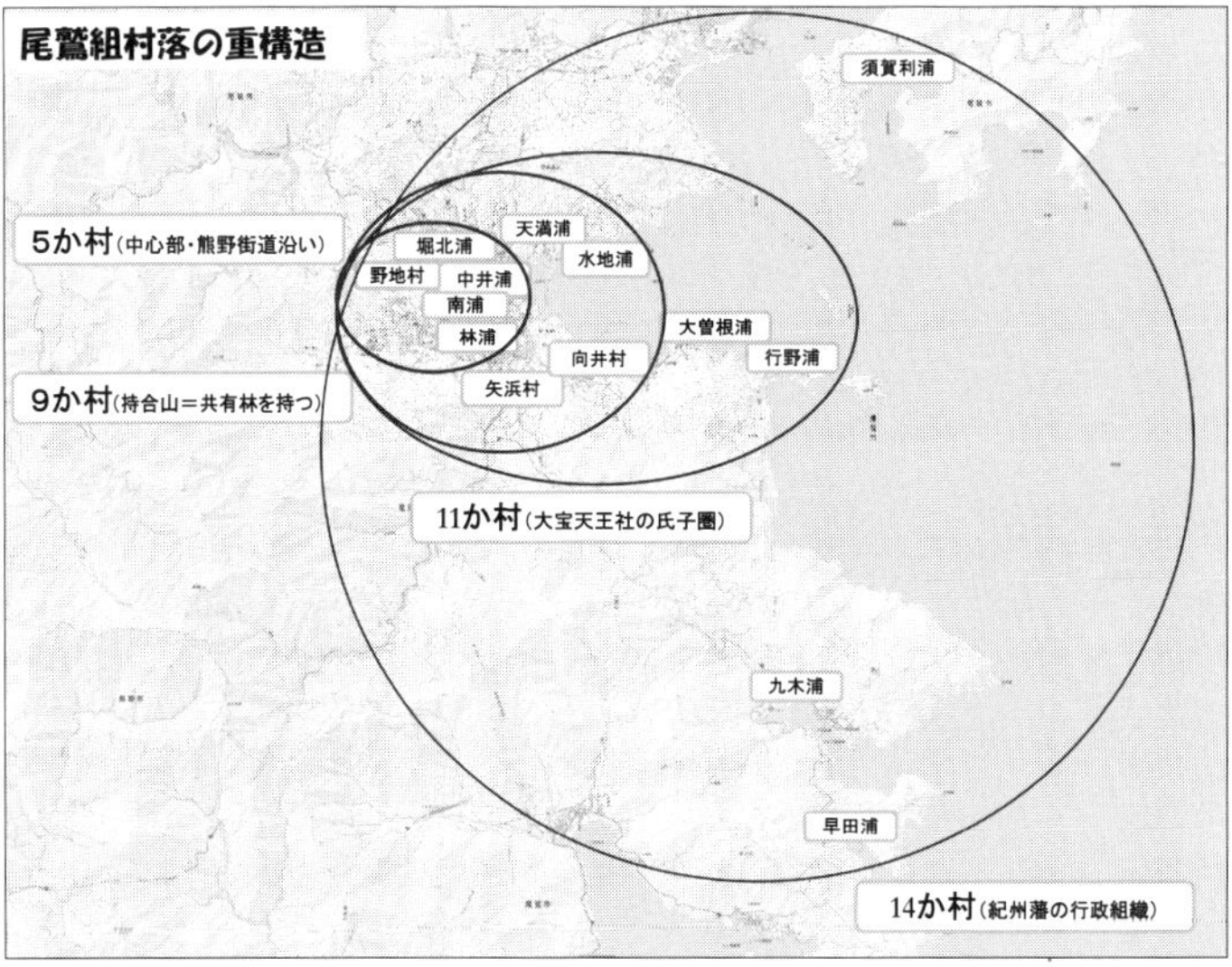

5－1　尾鷲組構成図

配する行政的な単位は十四か村だが、組内部ではこれとは別に十一か村、九か村、五か村のまとまりがあり、それぞれに特有の権利と役割を持っていた。

十四か村全体に賦課されるのは、年貢米の若山への輸送費、代官ら藩役人の巡在や村役人らが木本代官所へ赴く際の費用、囲い米の経費、大庄屋機構の維持に関わる諸雑費など、総じて紀州藩の支配に関わる行政的経費である。

次に、尾鷲湾沿岸に位置する十一か村（地理的に離れた九木浦、早田浦、須賀利浦が除かれる）は、大宝天王社（たいほうてんのうしゃ）（現在の尾鷲神社）の氏子圏の村々であり、神社の禰宜に関する費用のほか、伊勢神宮や熊野大社、高野山、祇園社の初穂料など、遠く離れた神社への支出もこの単位で負担している。中井浦にあり山伏が住む正楽院は、尾鷲組の要請で豊漁や好天の祈祷を行うことがあったが、その費用も十一か村のみに割り振られた。

尾鷲組は、大和国境に接する広大な後背山地に加え、尾鷲湾内の佐波留島、桃頭島を含む一四万㎡にも及ぶ山林を持っていたのだが、ここに権利を有するのは右の十一か村から大曽根浦、行野浦を除いた九か村で、この共有山は「九か在持合山」とも称される。山林の雑木が薪炭に用いられたほか、紀州藩の政策も相まって、江戸中期以降には杉と桧の植林に基づく林業経営が盛んに行われ、その収益は尾鷲組の財政を大いに潤した。この山林保持にかかる山の見回り費や下草苅り代、猪など害獣の駆除費用は、この単位で負担することになる。理由は不明だが芝居興行に関する費用も、九か村で賄われた。

尾鷲組の中核をなすのが、野地村、堀北浦、中井浦、南浦、林浦の五か村である。熊野街道沿いにあって旅籠屋や木賃宿、商店が建ち並び、尾鷲港に接し商業取り引きも活発な村々であった。堀北浦にある八幡神社の氏子圏であり、八幡祭礼や神社普請の費用は五か村で支出する。そして、ここで何より重要なのは、道橋の普請や堀の浚渫(しゅんせつ)費用、そして旅人の救済など、熊野街道に関わる問題は基本的にこの五か村で負担したということである。先に見た妙栄尼の病死時の支出記録も、これから検討する諸国から訪れた貧しき旅人の救済記録も、この五か村の負担を記載する部分に出てくるのである。

〔算用帳簿の構造〕

算用帳簿は江戸時代の通例として半年ごとに作成され、尾鷲組大庄屋文書中には宝暦一四（一七六四）年から明治初期に至るまで、約一〇〇年の間に合計約二〇〇冊が確認でき、これで七五年分の支出を知ることができる。現在は散逸して遺されていない分もあるが、七五年分で二〇〇冊にもなるのは、同時期に二種類の算用帳簿が作成されたからである。

一つは「組内諸入用払番日記」「組内諸入用払月番帳」などの表題を持つ「払番帳」の系統で、日付を追って金銭の支出記事が列挙されている。月ごとの記載の冒頭には「正月払番　中井浦」などと記載されるが、これは尾鷲組の中心部をなす五か村が月単位に交代で（＝「月番」）、支出費用を立て替えていたことを示している。そして記事の各々には「十四ケ」「十一ケ」「九ケ」「五ケ」といった注記が施される。

これとは別に、もう一つの帳簿が作成された。「組割勘定帳」「組割付込帳」等の表題を持つ「組割帳」の系統で、「十四か村」「十一か村」「九か村」「五か村」の四種類の区分ごとに記事が整理され、それぞれの記載の末尾に一か村ごとの負担額が算出される。つまり、日付を追って記された「払番帳」をもとにして、年に二度、正月と七月の期末決算時に、中心部五か村がひと月ごとに立て替えていた分と、ここには出ないが五か村以外の九か村それぞれと、大庄屋機構等の立て替え分も合わせ、支出項目の内容別に四種類の村組算用に組み替え、各村の負担額を算出し、精算したものが「組割帳」なのである。一冊のなかに十四か村、十一か村、九か村、五か村ごとの区分がなされ、それぞれの末尾に属する村役人全員が署名捺印している。決算の時はさぞ大変だったことであろう。これ以外に、期末時に作成されたと思われる浦村ごとの算用帳簿も、一部遺されている。

同時期に二系統の算用帳簿が共に遺っている場合は、当然のことながら同一の旅人の救済記事が双方に見られることになる。なお、大半の支出は実際には銭でのやり取りであったが、算用帳簿には銭高と共にその時の相場で銀に換算し、記録されている。

このように複雑で、かつ膨大な量の算用帳簿と格闘したのは、二〇〇八年とその翌年の夏休みだった。大学内外での雑用が年々増加し、長期休暇中ぐらいしかまともに研究活動に従事する余裕がなくなるなか、貴重な夏休みを二年分費やし、朝から晩までこの作業に没頭したのは、それだけ算用帳簿の記載に可能性を感じたからである。登場する旅人が全国的に分布していること、江戸中期以降明治初年に至るまで、ほぼ連続して記録が見られることから、熊野街道を経由した旅人のある類型を抽出できるとの手応えを得ていた。半世紀ほど前に

『尾鷲市史』の編纂を担当し、大部分を自ら執筆した中田四朗氏は、膨大な尾鷲組大庄屋文書を徹底して解読し内容を紹介しているのだが、その中田氏にしても算用帳簿には手をつけておらず、まったく未知の史料だという点も意欲を駆り立ててくれた。残存状況の良い「組割帳」をもとにしつつ「払番帳」で補いながら、データ化を進めていった。結果として約七千件、計九千人を超える旅人の記録を集めることができた。

［旅人救済の手続き］

貧しい旅人が尾鷲の街中に入り、村人に困窮と救済を訴えると、「五か在」の共同施設である会合所で事情を聴取され、対応が決められる。会合所の運営の詳細は不明だが、五か村の役人が毎月交代で詰めていたようだ。「会合所詰にて五ケ役人中相談の上」などと記されることもあり、各村の役人が常住していた可能性もある。

典型的な事例を見てみよう。寛政一〇（一七九八）年三月一八日に丹波国から来た巡礼の五兵衛は、道中で患い難儀しているとして、旅籠屋が建ち並ぶ中井浦で一宿を願い出た。月番の中井浦では「相糺し、一銭の路用これなき難渋者、相談の上、伝九郎方へ泊め遣わす」としている。ここで、「相糺し」、「相談」する場所と主体が会合所であり、そこに詰めていた役人たちであった。まれに、会合所へ直接に救済を求めた者もいる。

会合所では旅人の素性と困窮の度合い、切迫の程度を調べるが、その際、まず時刻が問題となる。まだ日が高ければ、峠を越えて次の集落に行くべきなのである。文政五（一八二二）年に江戸から紀伊国新宮に戻る途中の浦木徳左衛門は一宿の救済を願い出るが、尾鷲組はまだ時刻が早いことを理由に、わずかな合力銭を与えた上で出立を申し付けた。享和四（一八〇四）年四月にやってきた甲斐国の浪人にも、同様の対応を取っている。旅人が「暮に及び入り込み」というのは頻出する表現で、すでに宵闇が迫る時刻で旅を続けられないことは、お救いを受ける必須要件であった。

例外的な事例もある。文化七（一八一〇）年に豊後国臼杵から伊勢参宮に訪れた浜野屋徳蔵の悴、惣吉（一一歳）は、同行者にはぐれ、かつ足を痛めて難渋を訴え出る。実はその時はまだ日が高かったのだが、尾鷲組では幼少のことでもあり同情したようで、一宿の手配をした。おまけに雨も降っていたため、笠を一つ恵んでやってもいる。

〔救済と往来手形〕

天保九（一八三八）年二月に会合所の月番を務めた中井浦の役人は、救済を施した二四件二九人について、すべて「往来一札等見改の上、合力取り斗らい遣す」とした。文久二（一八六二）年正月に堀北浦の役人は、この月の二〇件（三四人）について一括して「往来持参、難渋の者ども行き暮れ一宿願い出そうろう者」と算用帳に記した。この二度の事例以外には、往来手形を確認の上で救済したとする記載は多くない。この両月にのみ特別な対応が取られたわけではなく、手続きとして当然のことだったとも考えられる。

だが、救済に往来手形の所持が必須であったわけではなかった。安政四（一八五七）年六月に土佐国香美郡赤岡村（現高知県香南市）の船乗り馬五郎は、鳴門で船が難破してしまうが、命は助かった。助命祈願が叶ったとして、御礼参りに熊野三山と伊勢神宮を詣でるところだという。同月二九日に尾鷲に着いた大坂の役者・尾上松蔵は、身延山参詣を志して旅に出たが、帰路に池鯉鮒（ちりゅう）（現愛知県知立市）で盗賊に遭い、難渋していた。この二件については「往来一札これなくそうらえども」とわざわざ注記した上で、数十文の銭を施している。

実態としては、往来手形の確認はほとんど行われていなかったと思われる。というのも、多くの場合、旅人の名や出身地を往来手形の文言から記録してはいないのである。

算用帳に記された郡名以下の地名には、その比定に苦労するほど極端な当て字が多い。信濃国（長野県）の郡名を事例に取れば、竹間郡、竹馬郡、智熊郡、津鎌郡（いずれも正しくは筑摩郡）、釋郡（佐久郡）、稲郡（伊那郡）、羽に品郡（埴科郡）、阿津ミ郡（安曇郡）、といった具合である。出身地で作成された往来手形に、このような表記がなされていたはずがない。「釋郡」の表記など、旅人が発した「佐久郡」（さくぐん）を「しゃくぐん」と聞き取って書いたものであろう。

口頭での聞き取りのみで身元や事情調べがなされていたことが明らかな記事もある。寛政一三（一八〇一）年三月に和歌山粉川から浪人が訪れるが、姓名を尋ねたところ「帰参の害」、つまり浪人身分を脱して仕官するのに支障となることを理由に、返答を拒絶した。文政一二（一八二九）年一二月の尾張国の浪人三人連れもやはり名乗りを拒否したため、尾鷲組では「承り申さず」としつつ施しを与えている。天保一五（一八四四）年一一月、同じ奥熊野で近隣の長島組赤場谷（赤羽谷）から訪れた者には「右のもの耳遠くゆへ、名は記し申さず」として、三二文の合力銭を支出している。いずれも往来手形を改めれば、このような記載はあり得ない。当時、往来手形など持たずに故郷を後にする貧しい旅人は少なくなかったが、彼らも一晩をしのぐためのお救いは受けていたのである。

［救済金額の傾向］

救済を求める旅人に対する会合所での取り調べは、まず出身地と名前、旅の目的、障害の有無、そして肝心の困窮の程度、病気や怪我などの事情、米・銭所持の有無であり、それに基づいて救済額が決定された。記録にはほとんど出てこないが、救済を訴えても村側の基準を充たさず、拒絶された旅人は少なからずいたものと思われる。

旅人に支出された金額は、銭高が記される六六二一例のうち最少が六文、最多が二八八六・五文であるが、二〇〇文以上の四一五例は病気養生を伴ったり、後述する村送り、あるいは病死して埋葬するなど特殊な要因が含まれるものである。

施された金額を一人当たりに直して整理すると、三二文という事例が一六五六例とほぼ四分の一を占め、三人で百文など「省百」の慣行による数値で本来は同額と思われる事例一三一例を含めると一七八七例になる。次いで一人二四文の事例が一三一三例と集中し、二四文と三二文の二つで全体の約半数を占める。一方、例えば三〇文など、その間の額は二一〇例に過ぎない。他には一〇〇文が八二二例と三つ目のピークを示し、四八文が四三〇例、五〇文二〇九例、一六文一八七例、一二文一三一例などである。

［木賃宿代と米代の支給］

救済金額が三二文、二四文に集中しているのは、木賃宿の宿賃と関係していると思われる。例えば、文化五（一八〇八）年に伊勢国四日市の岩吉という者に対して「米少々持ち合わせこれありそうろうにつき、木賃として宿賃余内遣わす」として三二文を与えている。一般に木賃宿とは、利用時に炊飯に用いる燃料代（＝「木代」）と米代とを支払う宿泊施設であると説明されるが、米を持参する場合は木代のみ支払い、これが事実上の宿代となった。尾鷲組は岩吉に対し、その分を「余内」（補助）したわけである。

なお道中日記にも、旅籠屋に泊まった時に朝夕の食事提供を受けず、「木代」「米代」が記される場合が見られるが、その場合の木代は三二文であることが多い。道中日記を著す人びとも時に利用したような旅籠屋も兼ねる木賃宿と、より貧しく施設も貧弱な木賃宿とがあり、それが三二文と二四文の二つのランクとなっているのかもしれない。ただし、算用帳の救済記録に見る木賃宿の名は、道中日記にはまったく登場しない。

二〇文以下の給付、例えば一二文や一六文という場合は、「わらじ銭」「足銭」と記されることが多い。また、天保四（一八三三）年一一月までは三二文の給付が多数見られるのだが、これ以後は十文台の数字が目立つようになる。同月の救済記録に「時節柄ゆえ、壱人前十弐文づつ取り斗らい遣わす」とあるように、飢饉・疫病流行等で貧しき旅人が増加し、一方で財政が窮乏するなか「標準額」が引き下げられ、木賃宿代の一部補助程度の額に削減されたためであろうか。

さて、貧しき旅人への救済として最も多いのは木賃代給付という形態であり、それは原則として宿賃のみで米代は含まれない。だが、米・銭共に持ち合わせぬ、真に困窮した旅人には、米代も合わせて支給していた。

米の支給高は一人五合という数字が多いが、親子で六合、親子三人で一升、五人で二升、二人で八合、一人六合などと、必ずしも一定しない。なお、寛政八（一七九六）年七月に熊野北山組神上村の親子三人が、妻が病気となったため二、三日滞在した際には「白米三升買い入れ遣わす代」とある。米代として記載されるものは、金銭ではなく米を現物で支給し、その代金を算用帳に記載したのではないかと思われる。

以上のような宿賃や米代の実費という形とは別に、百文という定額で支給する場合もあった。寛政四年に江戸の浪人に対して「相談の上、百文打ち切りにて差し遣わす」とあり、天保七（一八三六）年には四人の座頭へ「平生百文づつ遣わしそうろうところ、米高直ゆえ四十文余内の由、堀北庄屋元より付け来る」とある。二つ目の記事は、この時月番を担当した堀北浦庄屋の判断で、普段は百文だが昨今の米高値を理由に四〇文に減額して渡した旨が伝えられ、会合所で精算したのである。浪人や虚無僧らは一般の巡礼とは区別され、百文を給付するという基準があったと推測される。

［木賃宿と非人番小屋］

往来手形中に「もし行き暮れそうろう節は一宿お計らい下さるべく」などという常套の依頼文言があるが、夕暮れになって宿に不自由する困窮の旅人を保護することは、街道沿いの村々の慣習となっていた。ゆえに単に宿代を与えるのではなく、「差宿（さしやど）」と表記されるように具体的に木賃宿を紹介し、泊めてやっている。算用帳には旅人への施しとして記される代金も、実際には村組から木賃宿に直接支払われた可能性が高い。

木賃宿は特定のものではなく、様々な名前の宿が登場する。寛政八（一七九六）年から文政二（一八一九）年にかけて八五例も現れる堀北浦の木賃宿・新五郎は例外的な存在で、他は多くとも二〇例前後、数例しか出ないものも多い。女性の名前（後家、「ばば」と表記されるものを含む）も目立ち、それらはおおむね短期間しか出てこない。あまり安定しない、零細な木賃宿が多かったのであろう。尾鷲の旅籠屋は中井浦に集中していたが、木賃宿は比較的分散し、堀北浦に多く所在していた。寛政末年以降は、同時期に少なくとも五軒前後の木賃宿が営まれていたと推定される。

だが、貧しき旅人を泊める宿として圧倒的に多いのは、木賃宿を専業としている施設ではなく、非人番小屋であった。江戸時代の村社会では、治安維持や共同体の雑用を担わせる目的で、番人を非人身分集団のなかから雇用していた。尾鷲組の場合、馬越峠を下りて街中の入り口となる堀北浦と、次の峠の八鬼山にかかる手前の矢浜村に非人番がいた。堀北浦の非人番は五か村の費用で雇用され、居住村域を越える広域的な業務を担っていた。

非人番が領主の警察機能の末端に連なることは江戸時代に広く見られるが、堀北浦の非人番も同様である。紀州藩では在地の治安維持を担当する胡乱者改役（うろんものあらためやく）という藩役人のもと、その補佐として大庄屋格の人間が胡乱者改助役という肩書きで、当該地であれば奥熊野一帯を管轄したが、その指揮下に犯罪人の探索や捕縛、処罰などに従事した「惣廻（そうまわり）」という役職が存在し、尾鷲組では堀北浦にいた非人番が、この役に就いていたのである。

「惣廻小屋」（非人番小屋）は、熊野街道沿いの馬越峠を下りて尾鷲の街中に入る手前、金剛寺の裏側にあった。堀北浦の非人番は、多くの期間は惣廻の役職を務めつつここで居住し、しばしば貧しき旅人を泊めてやっていたのである。

天明元（一七八一）年から文政五（一八二二）年までの間、弥助という者が長期にわたり非人番を務めたが（あるいは二代にわたるかもしれない）、その間に困窮した旅人を泊めた記録が二七七例ある。寛政一三（一八〇一）年には、尾鷲組で救済を施した九六例のうち五六例が弥助の居住する小屋に泊まっており、享和二（一八〇二）年にも八六例中四六例と、ほとんど常態化した業務であった。病気や怪我で旅を続けられない者への介護や、死んでしまった旅人を葬るなどの仕事も、非人番の役割であった。

2、行路病者への対応

［病気療養］

青森の妙栄尼は権六という者の宿に泊まりつつ、尾鷲組の負担で治療を受けた。当時、治安統制の観点から、街道沿いではよほどの悪天候でない限り二日以上連続して泊まることは認められなかったが、病気や怪我で歩けない場合は別であった。

享和二（一八〇二）年五月、病気で出立できないと訴えた紀伊国宇田村の権兵衛に対して、尾鷲組では宿を紹介した上、五月一二日から一四日までの宿賃と「病気世話料」として二四八文を支出している。困窮した旅人に通常行われる宿の手配に加えて、介護費用も負担しているのである。療養中の食料が支給されるのも妙栄尼の例と同様である。その量も一日七合五勺とか、親子二人で一日二升など、総じて多めである。体力を回復させるための手立てであろうが、あるいは看病人の食事を含んでいるのかもしれない。

旅人側の訴えがなくとも、野外で病気の旅人を見つけた場合に、村組が積極的に保護することがある。天明五（一七八五）年四月二六日に身元不明の男の巡礼が、尾鷲の街中を木本方面に出るところに流れる中川の橋の下で「煩い居」るのが見つかった。だが折り悪しく非人番も病気に罹っており「世話いたしそうろうものこれなきにつき」との理由で、木賃宿と思しき北村利八のところで五月朔日まで療養させ、その間の費用として三〇〇文が利八に支払われている。先の権兵衛の事例を含め、木賃宿で療養した者も少なくはないのだが、基本的には患った旅人の世話をすることは、組が雇った非人番の業務であった。

なお、流行病として恐れられただけでなく、厳しい差別の対象にもなった「癩病（らいびょう）」（ハンセン病）を患う巡礼を、江戸時代の尾鷲組は少なくとも二度迎えている。寛政一〇（一七九八）年三月に備中国片浜村の庄七という「白癩」の病人について、尾鷲組五か在は相談の上、非人番弥助の小屋に泊めてやり、飯代として一二〇文を支出した。文政一三（一八三〇）年にも、歩くことができず難渋していると合力を求めてきた越後国の「癩病」患者に、四八文を与えている。二例だけではあるが、この算用帳簿の記録については他の巡礼、病人と同様の対応であり、特段の区別は見られない。

［長期療養用の木屋］

外来の病人を手厚く扱ったのは、旅人の保護を命じた領主政策の影響に加えて、死んでしまった場合の処理費用が大きかったこともある。療養費用がかさんでも、快復させて次の村へ向かわせることが、旅人のためならず地域社会にとっても望ましいことであった。

もっとも、すぐ快方に向かえば良いが、長患いとなる場合もある。天保三（一八三二）年四月に信濃国木曽福島の四人連れ巡礼一行のうち栄蔵という者が尾鷲で病に臥し、療養に入る。同行の三人が看病するものの、窮乏を訴える彼らに、尾鷲組では一人一日五合ずつの飯米を遣わした。二六日間の療養の末、結局栄蔵は死んでしまう。こうした場合、費用は千文を優に超える額になる。

疱瘡や熱病など伝染性の強い病気の場合、木賃宿では営業に支障が生じ、惣廻小屋でも、いつまでも置いておけはしない。そこで馬越峠の坂沿いや野宿地としても用いられた馬越大石近くなどに仮小屋を建て、病人を収容して養生させることがあった。

文政一三（一八三〇）年一二月に信濃国下伊那郡遠山（現長野県飯田市）から訪れた嘉平と雛松は、堀北浦の権助方に宿を取る。しかし病気療養が必要となり、路用もなくなり難渋していた。加えて「悪病」だったため近所から出願があり、結局馬越峠の坂に「木屋」を建て、ここで一二月一八日から大晦日まで療養することになった。「木屋」の建造費は、丸太、杉皮、俵、縄の建材費に二人分の人足賃を含めて合計一〇〇五文となっている。この時の人足は「大石ニ住居候非人共」と記され、馬越大石近くに常住する非人を雇用したようだ。なお、木屋を建てて療養させる際には、当番の浦村の判断ではなく、大庄屋の許可が必要とされていた。このように病人を隔離して療養させる事例は、馬越の無縁堂、北村の空き家、中川木場の木屋などを用いる場合を含めて、少なくとも一五例確認できる。

［薬用養生の酒］

病気療養中の看病について、ちょっと面白い話を記しておこう。安永八（一七七九）年一二月、妻と息子を連れて西国巡礼に赴いた信州波合村（現長野県下伊那郡阿智村）の平吉は旅の途中で病に罹り、尾鷲組堀北浦の木賃宿、はなの所で療養生活に入る。だが、養生叶わず一〇日後に死んでしまった。平吉は尾鷲の名刹、金剛寺に埋葬されるのだが、療養期間中の三人の食費（米一斗五升分）に、寺への布施料一〇〇文をはじめ葬儀代はすべて尾鷲組が負担している。貧しき旅人が病死した場合、尾鷲の中心部から離れた坂場という地にある墓地に埋葬するのが通常の扱いであり、寺で葬式を出しているのは珍しい。おまけに、葬儀用に諸々の品を購入して残った金銭を、平吉女房に遣わしてもいる。このような手厚い対応は、貧しき旅人がまださほど多くない一八世紀中の時期ゆえのことではないかと思われる。

さて、合計五五三文になった費用のなかで、酒五合の代金五〇文が計上されているのだが、「是は平吉病気のうち、肝煎弁之右衛門立ち会いの節、病人へ遣わす」との注記がある。なんと肝煎役（村役人）立ち会いの上で、病人に酒を呑ませているのである。「百薬の長」の言葉があるが、薬用に酒を購入したという記録は尾鷲組大庄屋文書の他の文書にも見られ、一種の気付け薬でもあったろうか。平吉が望んだことなのかどうかは分からないが、気付け薬に五合は少し多すぎるのでは、という気もしてしまう。

［病死旅人の埋葬費用］

療養の甲斐なく死んでしまった時、遺体を処理するのも非人番の仕事である。妙栄尼の死去時に見たように、棺桶代などの実費のほか酒や米、豆腐代という形で報酬が支払われた。簡素ではあったが、こうした埋葬の費用も基本的に尾鷲組が負担していた。

ただし、死亡した旅人にそれなりの所持品があった場合、売却代金が費用の一部に充てられたこともある。算用帳簿から少し離れ、尾鷲組大庄屋文書の一件記録「遠州浜松御領分作次郎卜申者病死一件」から見てみよう。

享和三（一八〇三）年の四月四日、遠江国浜松の作次郎という六〇歳くらいの者が、西国巡礼に旅立った。旅の途中で病気を患い、五月四日には尾鷲組の堀北浦で宿を取ったが、翌日八鬼山の坂に差しかかったところで足が痛み、病気も重くなり、後へも先へも進めなくなってしまう。結局作次郎は、坂の途中で一夜を明かす。

翌朝作次郎は村人によって発見され、人足の手で麓の矢浜村まで運ばれた。村では医者にかけ、薬を与えて養生させる。医者の診断では作次郎は中風に罹っており、歩いて旅を続けるのは無理だと言う。矢浜村の村役人らは、道筋村々を国元まで継ぎ送りする「村送り」を勧める。だが作次郎は、せっかく巡礼に出てきたことでもあり、しばらく養生してから是非とも願いを遂げたい、と訴えた。やむを得ず村にとどめて世話をしていたところ、五月二三日の夕方頃、さほど苦しむこともなく病死してしまった。

矢浜村庄屋から大庄屋に提出した届書によると、作次郎には袷や羽織等の衣類と郡内織りの財布、風呂敷、印籠、手拭いなど、合計一四点の所持品があった。大庄屋の指示でこれらは入札にかけられることになる。袷が四五〇文、単物が二つで三五〇文など、合計一四一六文で売れた。現在のお金に換算して三～五万円ほどといったところであろうか。なお、白い襦袢一つには富士山浅間神社の印判が捺されており、作次郎の末期の遺言により、これだけは入札されずに残され、一緒に埋葬されたようだ。

作次郎は矢浜村内に土葬されたが、死体を入れる桶代として六〇〇文、村内の曹洞宗・高声寺に布施料として四〇〇文が支払われた。残る四一六文は、回向料として寺に渡される。結局、作次郎の病気療養中の薬代や宿代等は、矢浜村が負担することになった。作次郎は往来手形を所持し、在所も明らかなため、国元に連絡する、ともしている。

［同行者への対応］

村にとって、外来者の病死は迷惑なことではあった。だから、同行者がいても葬儀が済めばさっさと出立することが望ましい。天保一〇（一八三九）年正月一五日、出羽国村山郡長崎村（現岩手県東村山郡中山村）の伊三郎、良介、嘉右衛門の親子三人が、金毘羅山参詣の帰路に八鬼山を越えて尾鷲に入る。道中で患い難渋していると救済を求めたため、尾鷲組では惣廻に命じて泊めてやったところ、翌朝に病気が重くなり出立できないと訴える。療養させたものの、結局父親は病死してしまう。名前から見て、嘉右衛門が死んだ父親だったのだろうか。惣廻は埋葬を取り計らうが、悴たち二人に対しては、いわば厄介払いのように「小遣」として一〇〇文を遣わした上で、「其日の内に」出立させたという。二人の息子は、父親の死をしみじみと悼む間もなく、馬越峠を越えていったようだ。

だが、同様に親が死んだ場合でも、連れの子供を故郷まで送り届けた事例もある。天明元（一七八一）年の五月三日、信州伊那郡の小野飯沼村（現長野県上伊那郡中川村）から、喜三郎という者の妻と、子の次郎蔵の母子二人連れが尾鷲に着いた。往来手形を所持し、当主の喜三郎を国元に残しており、西国巡礼を終えた後は村に戻る旅だったはずだ。しかしここで母は病に倒れる。翌閏五月八日まで惣廻小屋で養生したものの、ついに病死してしまった。ひと月を越える療養は、算用帳簿で確認できる限り最長の事例である。母親の死体は「往来の趣をもって取り置き」、つまり、尾鷲の作法で埋葬された。

さて、残された息子の次郎蔵は、一五歳になっていた。江戸時代には成人儀礼を迎え、独り立ちする年齢である。だが次郎蔵は「壱人国本へ帰在、覚束なし」、つまり一人で国元へ帰るのは心細い、と月番であった堀北浦の村役人に泣きついた。母子二人の旅という少し珍しい形態は、女一人では心配なために荷物持ち兼ボディーガードとして息子が付いていったと考えるのが普通だが、どうもそのような母子関係ではなかったようだ。

堀北浦は、次郎蔵を突き放すどころか、庄屋の補佐役である肝煎の喜之右衛門を付き添わせ、信州伊那まで送り届けた。何とも親切なことだが、葬式費用などを支払ってもらおうとの算段もあった。だが天竜川上流の山間部にある小野飯沼村は極小の村で難渋しており、とても費用を払うどころではないという。次郎蔵の父喜三郎も、死んだ妻を弔い、息子をわざわざ尾鷲から送り届けてもらったのに、謝礼を一銭も渡せないほど貧しい暮らしであった。そうした厳しい環境で、気弱な次郎蔵がその後どのように暮らしていったのか、心配にもなる。ともあれ、肝煎の喜之右衛門は、むなしく尾鷲へ戻ってきた。

病人の療養、看護と埋葬、それに信州への往復で、堀北浦は銀一二〇匁（金二両）を支出していた。米ならば約二石が買える額である。堀北浦では、熊野街道沿いで発生した事件を共同で管轄する他の四か在（野地村、中井浦、南浦、林浦）に、五か在としてこの費用を精算してほしいと申し入れた。だが四か在では相談の上、半額の六〇匁のみの分割負担とし、以後の先例にはしないこと、今後同様のことがあったならば、あらかじめ相談した上で対応するべきことを申し合わせた。在所で葬儀費用をもらおうという堀北浦の算段が外れたことに同情しつつも、半ばはその判断ミスの責任を認定したということであろう。

［療養費と故郷の村］

旅人の療養費用を出身の村に求めるのは、尾鷲組として救済した場合に限らなかった。天保三（一八三二）年のこと、播磨国赤穂郡野桑村（現兵庫県赤穂郡上郡町）の百姓夫婦が、善光寺や日光など諸国の大社を巡拝した末、閏一一月二六日に尾鷲に至る。中井浦の旅籠屋、富士屋平七のところに泊まるが、夫の藤五郎が病気に倒れたため、そのまま逗留して快復を待つことになる。薬を服用し、針治療を受けるものの、快方に向かわないまま一二月半ばに至り、ついに息絶えてしまう。妻のりせは、付き添いの者と共に帰国することになった。

この間の二人の旅籠代計三九泊分、医師の薬代と針治療代、それに付き添いの飛脚代を含めて合計銀五六匁八分、金一両に近い額がかかった。しかしこの旅人の所持金は、わずか金一朱（銀で三匁七分五厘）に過ぎなかったのである。およそ、諸国を自力で巡るだけの金額ではない。この夫婦は、宿代を支払うあてもないまま、逗留していたのであろう。

旅籠屋の主人はさぞ困惑しただろうが、国元で代金を請求しようと考え、帰郷する妻りせに飛脚を付き添わせたのである。尾鷲組大庄屋に対しては、野桑村の庄屋宛に取り計らいを依頼する添え状の作成を求めた。りせ自身では村に帰っても支払う見込みはないと見て、村役人に肩代わりしてもらおうと考えたのであろう。その結末は不明だが、信州伊那郡まで赴いた堀北浦の肝煎と同様に、飛脚はむなしく尾鷲に戻ってきたのではなかろうか。

たいていの往来手形には、旅中に死去した場合にはその地の作法で葬り、国元に知らせる必要はないと記されるが、実際には出身地が判明すれば連絡を取っていることが多い。そして往来手形を持たず、国元が不明な巡礼の死についても、探索する努力がなされている。特に幼い子供が残された場合には、故郷に帰すべく取り計らわれていた。

［子連れ死亡巡礼の身元探索］

尾鷲組大庄屋機構で作成される公務日誌には、天保八（一八三七）年一一月に、熊野街道紀伊路が通る日高郡荻原村（現和歌山県日高町）で死んでしまった巡礼の身元を照会する触れが書き留められている。巡礼は四〇歳くらいの男で四歳ほどの男子を連れていたが、幼児はまだ詳しい事情を話すことができず、往来手形も持たないため身元が分からない。荻原村では男の死体を村内で仮埋めにし、男子は村内の吉蔵という者に預けた上で届け出た。当地を管轄する日高郡代は、人相書（男の身体や顔、衣服の特徴等を箇条書きしたもの）を付して、心当たりを尋ねる触れを発した。これが木本代官を通して奥熊野まで廻達されたのである。尾鷲組では与り知らない旨の返答をしたようだが、おそらく病死巡礼の身元が判明することはなく、男の子はそのまま荻原村の吉蔵家で育てられたことであろう。

文化一三（一八一六）年三月に若山城下に近い紀伊国岩橋村で病死した乞食巡礼にも、同様の対応が取られた。この巡礼は七歳ほどの女子を連れており、しかもどうやら鳥羽での奉公期間中に連れ出したようで話が複雑なのだが、持参していた証文や女子の説明から、出身地が熊野の「流れ谷」（現三重県熊野市五郷町周辺）か尾鷲組の矢浜村かだろうと判断された。代官の指示の下、関係する地域の大庄屋間で情報交換が繰り返されている。

村を捨ててきた貧しい旅人であっても、村も領主もその死を放置することはない。特に子連れの場合には、身元を明らかにし、出身地と連絡を取る努力をしていたのである。

［尾鷲の旅人の客死と遺品送付］

よそから尾鷲へ来た旅人ではなく、尾鷲組の者が旅中で死亡した事例も、紹介しておこう。尾鷲組大庄屋の土井徳蔵に宛てた、一九世紀前半頃と推定される一通の書状がある。差出人の岩崎仲右衛門がいかなる人物なのか判明しないのだが、土井徳蔵と同格の、近隣の大庄屋クラスの者だろうと思われる。岩崎は備前国の村から送られた書状を同封しているのだが、それには次のような経緯があった。三年前に尾鷲組向井村の者が旅中の備前国で病気になり、その地で療養するものの結局病死してしまう。所持品を国元へ送り届けてほしいとの遺言を残していたが、尾鷲までは遠いこともあり、村役人たちは「思うに任せず」、そのまま月日を過ごしていた。二年を経て、岩崎の管轄下にある者が「守札」の配賦を行うため、備前国の当該の村まで巡回してきた。熊野三山に関係する宗教者であっただろうか。村では向井村の病死旅人のことを思い出し、これを幸いと遺品を言づけた。遠隔地間の書状や品物の送り方として、興味深い事例である。

遺品は「旧冬」、つまり昨年末に向井村まで届けられた。ところが「その後、その品受け取りそうろうとの儀も申し越さず、勿論一礼の書面も差し越さず」、つまり向井村からは、受け取ったとの連絡も礼状も届かない。これはさぞかし備前で世話をした内容に「不足の儀」があるのだろう、としている。婉曲な表現だが、備前国の村では、せっかく遺品を返してやったのに何の礼もない、と不平不満をぶちまけた書状を送ったのである。

尾鷲組向井村の立場としては、遺言を数年間ほったらかしておいて、たまたま紀伊国からやってきた者に手渡しただけではないか、ともいえよう。遠方を理由に放置していたのに、苦情の手紙をわざわざ送りつけてきたのも、あまり良い感じはしない。あるいは、やはり何らかの謝金を期待してのことだったろうか。

〔村送り〕

江戸時代には、自力での歩行が困難な旅人を、街道沿いの村々の負担で簡略な駕籠に乗せて国元まで継ぎ送る、「村送り」という制度が存在した。元禄初年には上方を中心に慣行として成立しており、明和四（一七六七）年に全国的に制度化が図られたとされる。

尾鷲組の算用帳には旅人を村送りした記録が、宝暦一四（一七六四）年を初出として幕末までに二四八例確認できる。このうち五二例が尾鷲組から送り出したもので、残りの二〇〇例弱が、隣村から次の村へ引き継いだ例である。

近隣の村から送られた者を受け取り、次の村に継ぎ送るだけならば、それほどの負担ではない。駕籠舁人足賃とせいぜい駕籠の修復料などで事足り、一〇〇文から二、三〇〇文程度で済む。だが尾鷲組が起点となると、駕籠を作る費用のみでも五〇〇文ほどがかかる。文政一三（一八三〇）年五月、京都新間町いせ屋十郎という者の村送りのために作った駕籠は、板一間に二匁、竹・丸太で一〇〇文、筵代に一五四文、釘三把一一八文、当時の銀相場で換算して総計およそ六〇〇文ほどが計上されている。この材料から見ても簡便な山駕籠であることは間違いないが、決して小さくはない負担であった。

天明四（一七八四）年二月、疱瘡を患った紀伊国新宮領大山村（現和歌山県新宮市）の二人連れが、長島組の二郷村から村送りされる。尾鷲組には便山村から人足六人で馬越峠を越えて運ばれてくるが、「病人の義、一刻も早く送り出したく」として村役人中で相談し、便山村の人足を頼んでそのまま次の矢浜村まで送り届けた。人足六人分の賃銭と餅代（一四個で一四文）と合わせ、二一四文が支出されている。ここで次の村への送り出しを急いだのは、疱瘡という流行病の伝染を怖れたこと、そして尾鷲で死んでしまうことを避けるためであった。

尾鷲組五か村との間で村送りを行う村は、馬越峠を挟んだ相賀組の便山村と、もう一方は同じ尾鷲組の矢浜村であった。矢浜村は八鬼山を管轄しており、五か村から旅人を受け取れば、この難所を越えて木本組の三木里浦に送り届けることになる。

送り届ける先は隣村との境界ではなく、あくまで集落のはずである。文化一五（一八一八）年四月晦日のこと、村送りされてきた信州の病気の巡礼を、便山村の人足が、尾鷲組との地理的境界である馬越峠の茶屋の下へ駕籠ごと「捨て置」き、帰ってしまうという事件が起こった。同行者が尾鷲組まで下りて窮状を訴えたのだが、便山村としては、道連れがいるため尾鷲組集落までの輸送は不要との認識だったのかもしれない。だが尾鷲組では、夜中に惣廻（非人番）の源二に馬越峠を越えさせ、便山村へ抗議に赴かせている。

〔不正の村送り〕

村送りを行うには、往来手形を所持していることが求められた。そしてこの措置には大庄屋の承認が必要で、出発地となった場合、大庄屋は国元に至るまでの道沿いの村々に宛てた「送状」を作成した。天保一〇（一八三九）年九月、京都室町の亀甲屋清兵衛という男が便山村から馬越峠を越えて尾鷲組まで駕籠で送られてくるが、尾鷲組では「右病人送状ならびに証文とも紛らわしき儀これあり」と、「送状」も「証文」（往来手形）も疑わしいとして、便山村へ送り戻している。寛政一〇（一七九八）年一一月、志摩国鳥羽湊の者が、熊野本宮社中の「送状」を持って村送りされた。だが鳥羽へ着いたところ、「右の者、鳥羽浦の者にてこれなき」ことが判明し、村送りの起点となった熊野本宮まで送り返されることとなった。

書類不備で戻されることは、珍しい事例ではなかった。文化一一（一八一四）年一一月、紀伊国三里組桐原村（現三重県南牟婁郡紀宝町）の者は、尾鷲組から三木里浦まで村送りされたが、その先の古江浦で継ぎ送りを拒否されて戻ってきた。天保一〇（一八三九）年六月にも、紀伊国新宮領成川村（現三重県南牟婁郡紀宝町）より送られ、馬越峠を越えて便山村へ継ぎ送った上総国市原郡の夫婦が、事情は不明ながら「送戻り来」ている。文政四（一八二一）年九月、摂津国八部郡兵庫津の半兵衛、宇之吉の二人が、駿河国蒲原宿（現静岡県静岡市）より村送りされ尾鷲に来た。だが尾鷲組では「道違い故、送り戻しそうろう様」という対応を取った。確かに駿河国から摂津国へ戻るのであれば、東海道で京都から摂津に向かえばよく、熊野街道を通る必然性はない。ただし尾鷲組では、病気難渋を訴える二人に、薬代と宿賃として六〇〇文を支給している。そのまま村送りしてやった方が確実に安上がりだが、不正を容認できなかったのだろうか。

村送りされてくる場合、起点となる地は、紀伊国内や伊勢国からが多い。だが前述のように駿河国や京都からのほか、美濃国、丹後国、美作国、阿波国などの事例がある。

一方、送り届ける先、すなわち旅人の国元は全国に広がる。紀伊国内が八〇例、伊勢国三二例、尾張一〇例、美濃九例など近隣が多いが、陸奥国四例、出羽一例、関東地方では武蔵国八例をはじめ一六例、四国が一二例、九州五例などとなっている。

〔蔵屋敷への村送り〕

送り届ける先が国元ではないこともあった。文化一二（一八一五）年五月、豊後国の巡礼は、「大坂安治川まで」送られていった。安治川河口の港は、中国地方や九州からの船が寄港する地であり、ここから船で帰国しようとしたのであろう。

尾鷲組大庄屋文書の一紙文書中にも、年次は特定できないが巳年の一〇月に大坂までの村送りを求めた巡礼の記録がある。備後国因島中庄村（現広島県尾道市）の甚太郎が、女性一人を連れて八鬼山荒神堂まで来たところで発病し、歩行が困難になった。荒神堂で薬用養生するが全快しないため、「大坂表芸州御蔵屋敷まで、村継を以て御送り付」を願い出ている。大坂の蔵屋敷、そして江戸藩邸も、こうした領民を受け容れ、保護する機能を有したのである。

3、行き倒れと野宿

〔行き倒れ人〕

行き倒れの旅人が発見された事例は一六四例だが、天保八（一八三七）年と翌九年のみで九二例にのぼり、天保飢饉の影響を受け、困窮者が当地へ流れ込んできたことを推測させる。行き倒れ人の処理は病死の場合に準じるが、たいていは身元が分からない。例えば天保一四年一二月二九日、坂場道で行き倒れ死人が見つかったが、惣廻が調べたところ「往来手形これなく、何国の者とも相分かり申さず」とのことで、無宿者の取り扱いの先例にならい、村墓に葬られたと思われる。一六四例中、国名も含めまったく個人情報が記されない一一六例の大半は「無宿」「非人」「乞食」などの肩書きで記されており、同様の措置が取られたのであろう。身元が判明する四八例中では、二一例が紀伊国内の「無宿」「非人」であり、当時は帳外となっていたものの見知った者がいた場合である。遠国者の行き倒れで身元について詳しい情報が記されるのは、一〇例ほどに過ぎない。

文久元（一八六二）年二月、隣組の相賀組船津村の巳之助が、馬越峠の坂道で行き倒れているのが見つかった。船津村の庄屋へ飛脚が派遣されたが、巳之助はすでに「帳外者」であるとの返答を受け、惣廻に仮埋葬の措置を取らせている。安政四（一八五七）年九月、北山組池之原の為右衛門の場合でも、「先方聞合の上、当坂はへ葬り遣わす」とある。素性が分かれば国元へ問い合わせた上で、尾鷲組の墓所「坂場」へ葬ったようだ。

天保九（一八三八）年には、もとは木本組三木里浦の者だが、当時は無宿者となっていた〝ふじ〟が尾鷲組内で行き倒れていた。同行していたのか否かは不明だが、悴の出願により死体は引き渡され、人足賃として二〇〇文が遣わされた。だが〝ふじ〟の悴は、こともあろうに途中で母の死体を捨てて行方をくらましたため、改めて惣廻の次助に一五〇文で片付けさせている。故郷に埋葬するつもりで担いで行ったものの途中で断念したのか、あるいは最初から人足賃目当ての不孝者であったのだろうか。

死者に女子供などの同行者がいた場合、療養後の病死の時と同様の配慮がなされた。天保八年四月、紀伊国牟婁郡塩崎村の文左衛門という者が、同行の妻子を残して中川橋の下で病死してしまうが、尾鷲組では文左衛門を埋葬すると共に、妻子に合力銭二二〇文を給付している。文政二（一八一九）年九月、京都下賀茂村の伊兵衛・とう夫婦の事例は、同行者の形成という点でも興味深い。伊兵衛は中川橋の往還で急死してしまうのだが、妻は心労もあってか非人番の源次のところで七日間、病に臥す。その間に参り合わせた「同国西国順礼者」に、伊兵衛の妻は引き渡された。算用帳には、七四〇文の支出総額と共に、「召し連れ参るべく申すに付」と、旅人からの申し出のように記されるが、おそらく尾鷲組からいくばくかの金銭を付けて、故郷までの送り届けを依頼したものではなかろうか。

［野宿者］

貧しさゆえ雨露をしのぐ建物に寝泊まりすることが叶わず、野宿をしながら旅を続ける者も少なくなかった。野宿する場所に注目してみよう。

文政七（一八二四）年に遠江国から西国巡礼を志した親子六人連れは、路銀を使い切り、乞食をしながら旅を続けていた。閏八月三日に尾鷲に差しかかるが、尾鷲組では「雨模様」のなか「前浜ニ野宿いたしそうろう体」の彼らを見つけ、一〇〇文の木賃代を与えている。

行き倒れ死体を処理した一六四例の記録のうち、「浜」で見つかっているのが二九例にのぼる。遠江国の親子六人と同様に、浜で困っている旅人を収容したことも、他に一例見られる。寝泊まりする場所として、浜辺の納屋や網小屋、舟の陰などが重宝されたようだ。市街地を流れる北川、中川の「橋下」が一三例、そのうち患っている者を収容した事例が七例あった。

先述の仮小屋が建てられる「馬越大石」近くで、九例の行き倒れが見られる。馬越峠を下り、町に入る手前（現在の馬越公園の下あたり）にある巨大な岩の陰は、多少の雨露をしのぐことが可能な、野宿に適した場所である。惣廻小屋に近いこともあり、ここで病気の旅人を保護することもあった。他には堀北浦の八幡神社の下が三例、稲荷社一例などとなっている。人目につかず誰のものでもないような場所で、多くの旅人が野宿をしていた。そのうち幸運な者は尾鷲組の巡回の目に止まり、木賃宿に収容されることもあったのだ。

[対応の時期的変化]

貧しき旅人の往来や尾鷲組が与える施しが、算用帳が残る時期の間にどのように変動しているのかを見ておきたい。一八世紀中には年間一〇人からせいぜい二、三〇人の規模に留まる。そして救済を受けた旅人は浪人や宗教者、障害を持つ者などがほとんどで、一般の困窮者ではない。だが一八世紀末頃から徐々に救済人数が増えていく。旅人自体の増加に加え、尾鷲組として一般の貧しき旅人を救済対象にするようになったことが原因であろう。これが地域社会の対応の変化なのか、領主の政策に基づくものか、今は答える用意がない。

ただ、寺社が行う勧化について、尾鷲組では家々を廻る軒別勧化を拒絶し、村組としてまとめて一定額を拠出するという対応を取っている。貧しき巡礼が行き交う熊野街道沿いの地域で、家ごとに喜捨を乞う旅人の問題が遅くとも一八世紀半ば以前には顕在化し、尾鷲の場合は村組として対応するようになったのではないか。

救済人数は、その後天保元（一八三〇）年頃から急増し、年間で三〇〇人から最大五〇〇人くらいにのぼる。天保期には行き倒れ、病死の事例が目立つが、飢饉の状況下、流浪してきた者が多かったと思われる。しかし天保期を過ぎると百数十人程度に落ち着く。

尾鷲組の財政のなかで、旅人への救済費用はどれほどの比重を占めるのだろうか。算用帳簿全体の分析を要するため、きちんと答える準備がないが、天保年間以降の分をサンプル的に統計を取ったところ、中心部五か村の入用のなかでは六％程度、十四か村、十一か村、九か村入用を含めた全入用に比すれば一％未満である。尾鷲組財政の規模の大きさゆえのことであるが、五か村入用のなかでは決して小さくはない比重を占めた。

紀州藩に限らないが、旅人に関する領主の政策は、困窮者の救済を命じ、安全な旅を続けさせる保護策と、金銭をねだり、あるいは小盗みを働くなど治安を乱す外来者を警戒し、排除するという、一見相反する政策が並行して取られた。一般の旅人は地域の経済を潤す者であり、村々が代官に対して、巡礼の数の減少を困窮の原因として訴えることもある。巡礼が多く訪れる冬の季節には、毎年のように紀州藩から渡し舟の賃銭を貪らないようにとの触れが出され、旅人の保護を命じる触書きも再三にわたり伝達された。だが一方で、近世中期以降の社会の流動化に伴い、増加する貧しき旅人や胡乱者の徘徊は、街道沿いの村々で、容易ならぬ課題として意識されるようになっていった。

訪れる旅人は、保護の対象にも排除される存在にもなり得た。藩の政策に一貫性があったとは思われず、実質的に対応を委ねられた村々の、悩ましい課題となっていたのである。

Ⅵ　貧しき旅人たちの諸相

1、旅人の属性

尾鷲組大庄屋文書の算用帳簿約二〇〇冊には、確認できた限り計六九九〇件、一度に複数の旅人相手のこともあるため計九五九四人の救済記録がある。私の見落としもあるだろうし、記載自体の間違いもあるので正確な数字とはいえないが、冊子が残る一八世紀半ば以降の期間についていえば、年間で平均約九〇件、一三〇人ほどの貧しき旅人が、尾鷲組から金銭的援助を受けていたことになる。本章では、このように道沿いの村々から救済を得なければ旅を続けられなかった旅人たちに焦点を当て、見ていこう。

［出身地の全国分布］

まず出身地について、国別の件数と人数をまとめた（6－1）。なお、救済記録では一つの記事であっても出身国の異なる同行者を持つ場合が一六三件あり（三か国、四か国に分かれることもある）、ここではそれぞれ出身地別に分けて数値を出した。そのため、この一覧表における件数（データ数）は、記事の件数とは一致しない。また、「越州」や「九州」「四国」など、国を特定できない分は「不明（特定できず）」としている。

全国的な分布状況を見るためブロック別に救済を受けた人数を集計すれば、東北（蝦夷、陸奥、出羽）三二五人、関東（下野、上野、常陸、下総、上総、安房、武蔵、相模）一一三五人、中部・甲信越（甲斐、越後、佐渡、越中、加賀、能登、越前、若狭、飛驒、美濃、信濃、伊豆、駿河、遠江、三河、尾張、伊勢、志摩、伊賀）三三〇五人、近畿（近江、紀伊、山城、摂津、河内、和泉、大和、丹後、丹波、但馬、淡路、播磨）三一三四人、中国（因幡、伯耆、出雲、石見、隠岐、美作、備前、備中、備後、安芸、周防、長門）五〇二人、四国三〇九人、九州三〇五人である。

北は蝦夷地から南は薩摩まで、全国的に分布していることに驚かされる。佐渡や壱岐、対馬からも訪れており、国単位で空白なのは隠岐と大隅のみである。ブロックごとの傾向を見

6－1　尾鷲でお救いを受けた旅人の分布

ブロック	国名	件数	人数	小計	ブロック	国名	件数	人数	小計	ブロック	国名	件数	人数	小計
東北	蝦夷	9	10	325	近畿	近江	93	136	3134	九州	筑前	14	23	305
	陸奥	174	221			紀伊	1321	1742			筑後	8	9	
	出羽	75	94			山城	204	259			豊前	17	22	
関東	下野	59	74	1135		摂津	192	243			豊後	37	74	
	上野	66	81			河内	25	33			肥前	48	81	
	常陸	73	83			和泉	52	74			肥後	36	75	
	下総	47	54			大和	299	398			日向	6	9	
	上総	13	14			丹後	26	34			大隅	0	0	
	安房	22	23			丹波	35	45			薩摩	6	8	
	武蔵	621	748			但馬	30	44			対馬	2	3	
	相模	49	58			淡路	17	19			壱岐	1	1	
中部・甲信越	甲斐	51	61	3305		播磨	81	107		小計				9015
	越後	137	216		中国	因幡	18	30	502					
	佐渡	6	6			伯耆	18	26						
	越中	44	55			出雲	26	42		＊	不明（特定できず）	33	50	
	加賀	80	111			石見	19	30						
	能登	15	17			隠岐	0	0		＊	無宿等	414	508	
	越前	46	53			美作	22	41						
	若狭	14	19			備前	39	50			総計	6663	9040	
	飛騨	19	34			備中	44	58						
	美濃	140	205			備後	26	43						
	信濃	205	293			安芸	58	94						
	伊豆	42	53			周防	23	30						
	駿河	33	46			長門	43	58						
	遠江	140	203		四国	讃岐	58	88	309					
	三河	120	189			伊予	88	106						
	尾張	289	391			阿波	74	109						
	伊勢	946	1253			土佐	6	6						
	志摩	59	79											
	伊賀	17	21											

（1764～1868年中の75年分。「尾鷲組大庄屋文書」より）

る時、まず注目すべきは、道中日記を残した出身者別地域分布との大きな相違である。熊野街道を経由する道中日記で収集した二六〇点は、前述の通り東北と関東がほぼ同数で、この二地域で全体の四分の三近くを占めた。だが貧しき旅人の地域分布は、東北地域に匹敵するほどに中国地方や四国、九州からも来ているのである。また当然のことだが紀伊国と隣国伊勢国が圧倒的に多く、中部、近畿が高い比重を占めてもいる。

江戸時代後期には西日本からの旅が増加するといわれるが、一八世紀後半以降の算用帳のデータから見る限り有意な傾向は見出せず、地域別の時期の変動は確認できない。

地域別に少し細かく見よう。関東地域では武蔵国が突出して多いが、これは大都市江戸を含むゆえのことで、六二一件七四八人のうち「江戸」者であることが明記されたのは四六五件五五九人にのぼり、武蔵国の者の大半が江戸の町人であったことを思わせる。同じ都市住民でも、地理的に尾鷲により近い京都の町人が一五七件二〇二人、大坂一二七件一六六人、名古屋六八件八四人に比べても目立つ数字である。

中部・甲信越では、越後国の多さが目を引く。四国の各国は総じて多めで、四国八十八所巡礼と西国三十三所巡礼とのつながりを考えさせられる。ただし讃岐、伊予、阿波の三か国がそれぞれ一〇〇人前後であるのに対して土佐は六人と、極端に少ない。この点は、西国三十三所の札所寺院の納札群や若山家の善根宿納札でも確認される傾向で、従来指摘されるように土佐藩の閉鎖的な対外政策の影響であっただろう。

九州では肥前、肥後、豊後の三か国が七四～八一人と比較的多く、一方で大隅は一人もおらず、日向、薩摩の二か国も一〇人に満たない。

〔蝦夷地からの旅人〕

現在の北海道、北限の蝦夷地からも事例が見られる。寛政一二（一八〇〇）年三月二七日に熊野参詣を目的にした「松前今沼糀地町四丁目」の万屋次兵衛悴佐吉をはじめとして、天保一四（一八四三）年九月の諸国順拝を掲げた「箱館津山上町」の本六まで（なお、いずれの地名も、現在地に比定することはできなかった）、九件一〇人が尾鷲を訪れている。文政一三（一八三〇）年九月に訪れた者は浪人、また天保一〇年一一月二六日に救済を受けた者は「船乗」とするが、他は西国順拝（巡礼）とする者が二例あるものの、それ以上の特記事項はない。箱館（函館）の者が三件四人確認できるが、いずれも出身地を蝦夷地とは記さず、「松前」と表記されている。

もともと蝦夷地はアイヌ民族の生活空間であり、彼らは独自の優れた文化を保持して狩猟採集に基づく生活を営んでいた。江戸時代にこの地は幕藩体制の外、「異域」として扱われ、幕府は松前（蠣崎）氏にアイヌ民族との交易独占権を付与して、支配させた。箱館は松前藩の有力な港であり、諸国の商人らが集まってくる場として栄え、安政二（一八五五）年に下田と共に開港した後は外交や貿易の拠点ともなった。この箱館と、そこから西南方面へ百キロ弱ほど、渡島半島南端の松前の地が「和人」の集落の広がる地域であった。

このような地へも、江戸時代後期には伊勢神宮外宮の有力御師、三日市太夫次郎の手代が「布教」に赴いており、江戸時代の蝦夷地において伊勢信仰が一定度広がっていたことが分かっている（平成23年度市立函館博物館「伊勢神宮と北海道」等で紹介された）。

幕末期に江戸幕府は、アイヌ民族に対して和風名前に改めさせるなど、日本の風習を強制していき、伊勢信仰も日本教化の手段として利用された。神宮の御祓いを受けたアイヌの人たちのなかには伊勢参宮に訪れた者がいたことも伝えられている。だが、「和人」だったとは思われるものの、蝦夷地から（伊勢参宮を経て）熊野街道を通り西国巡礼に赴いた者の存在を確実に示す史料として、この算用帳簿の記載は貴重なものではなかろうか。

［宗教者］

次に旅人の身分属性などに注目してみよう。寺院や神社に属する者や「僧」と表記される宗教者は一一〇五件一三五九人と、全体の一五％ほどを占める。うち「神主」「社人」など神社に属する者は四九件五九人で、目的が記されたものでは勧化のほか熊野参詣や大社巡拝が掲げられ、さすがに西国巡礼を目指した者はいない。

大半が仏道にある者だが、「弟子」との肩書きを持つ者が一三二件一六七人いる一方、寺の住職は少ない。たとえ旅中で困窮した場合であっても、同じ宗派の寺院などに宿を頼む「拝宿」が一般的だったこともあろう。

拝宿が叶わない僧侶は、村組に泣きついてきた。文政四（一八二一）年四月に長門国円清寺弟子の一音という僧侶は、尾鷲組が「其宗派にて拝宿いたし申すべき旨」を申し聞かせるが、道中で病気を患い、同宗の寺へ立ち寄るのも難儀だと訴え、木賃宿代三五文を受け取っている。翌月五日には阿波国美馬郡の円順という僧侶が、衣服も見苦しく、寺へは参りがたいと訴えるので、これまた同様に三五文が与えられた。天保七（一八三六）年から同九年にかけて、少なくとも五件七名の僧侶が、いずれも寺に拝宿を頼んでも断られたとして、尾鷲組に救済を求めている。同じ宗教者のよしみでも受け容れてもらえない貧しき乞食僧を、村組は救っていた。

このほか「検校配下」などと示される者を含め、「座頭」と判断できる者が一八八件二三九人、山伏が五五件八八人、虚無僧は一一〇件一六〇人（推定を含む）が現れる。虚無僧のうち伊勢国白子の普済寺（ふさいじ）に属する者が、五三件七二人と半数近くを占める。普済寺は伊勢国内の虚無僧を統轄する立場にある寺だった。

尺八を吹きつつ托鉢をして諸国を巡る虚無僧には、浪人や怪しい者が身を紛らわせた偽者も少なくなかった。紀州藩では、安永三（一七七四）年以降再三にわたり領内に虚無僧取り締まりを触れ、また熊野の虚無僧が属する根来の多門院、世儀の般若院に「印鑑」を発行させ、虚無僧の本寺である京都の明暗寺を通した統制も試みたが、容易なことではなかったようだ。尾鷲組では、虚無僧に対して一人当たり一〇〇文を与えていることが多く、一般の貧しき巡礼とは明らかに扱いが異なる。天保八（一八三七）年と慶応四（一八六八）年には、熊野での取り締まりを旅の目的とする京都の明暗寺からの虚無僧を迎え、天保八年には四人に一〇七二文もの「失墜料」を渡している。

〔障害者〕

何らかの障害を持つことが分かる者は三八一件、同行の手引者も含めて四七三人いる。盲人が大半を占め、それ以外の障害は聾唖(ろうあ)一一例、「いざり」などと記される身体障害五例、「乱心」とする精神障害二例となっている。

盲人のうち「座頭」が前掲の通り一三九人と過半を占める（前項の宗教者とダブルカウントしている）。なお、「検校下」などとの肩書きを持つ者はすべて「座頭」と考えた。このうち「按摩」とする者は一一件一四人見られる。

旅人を迎える側は、先述のようにその困窮度合いを調べ救済内容を決めるが、障害者の場合はその点が考慮されて多くは救済対象となったようで、「盲人の儀」などと特記された事例も少なからずある。ただし支給額には、健常者と明確な違いは認められない。

天保五（一八三四）年の事例では、盲人の手引き者にも救済はなされているが、嘉永元（一八四八）年には二人の座頭を手引きしてきた備前の者について「手引の儀は相成らざる旨申し合わせ」と断り、飯料のみを遣わした。手引者には宿代を支給しないという「申し合わせ」がいつ、どのような理由で作成されたのかは分からない。

弘化三（一八四六）年閏五月、「福井検校下」の大坂長堀の松柳と梅恵の二人については、中井浦の良雛という盲人宅へ泊めさせて、宿賃を合力するという形で措置している。

［芸能民］

何らかの技能・芸能を持ち、あるいはその修行目的で旅をしている者を「芸能民」と分類した。合計で二七七件三六八人がいる。なお、前項の「座頭」も「芸能民」としての属性を持つため、本項でもダブルカウントしている。

座頭以外の「芸能民」を概観しよう。まず医者が四七例（家族連れ一二例などを含め合計六七人）で、旅の目的が記されるのは一三例に過ぎないが、修行の旅とする三例を除き、特に職業特性と関わる要素はない。八例は西国巡礼や諸国遍歴を名目としており、うち五例は家族連れである。「浪人医師」など、本来はお抱えの医師だったことを匂わす者が三例、真偽のほどは不明だが、江戸の「御本丸医師」を名乗る者もいた。

医師でありながら、本人あるいは家族の病気を難渋理由とする者も八例ある。このうち寛政六（一七九四）年、紀伊若山から伊勢熊野参詣を掲げて訪れた者に、わざわざ「藪医」との肩書きがついているのは、尾鷲組の皮肉交じりの記載でもあろうか。

天保一〇（一八三九）年一一月一八日には、たまたま出雲国松江城下の医師夫婦と紀伊若山の医師一家が共に尾鷲で一宿のお救いを受けているが、紀伊若山の一家は「見請け下されそうろう通り難渋」と、切実な窮状を訴えている。天明六（一七八六）年九月二〇日に、伊勢方面から尾鷲に入った若山の医師親子二人も「至極難渋体に相見」えたため、お救い金を遣わした。ところがこの二人は、その二か月後の閏一〇月一〇日、今度は「上組」（木本組など。すなわち熊野方面）から尾鷲に再びやってきて、同様に救済を求めてきた。当時、藩に登用されたり地域社会で招聘されたりして、現代と同様に社会的に地位の高い医師がいる一方、「風来の医師」などと表現される、漂流の貧しき医師もいた。おそらく宗教者との境界もあいまいな、技術レベルも高くはない者たちであったろう。

「芝居師」「かふき」など芝居役者と思われる集団は、一二件二四人いる。他に旅神楽など二例、操一例も、同様に扱って良いであろう。旅先での興行を求める者としては、「太平記」など軍記物を講釈して廻る「軍書読み」二件三名もいる。相撲取りの三例も一種の芸能民である。文化一四（一八一七）年一一月に、伊勢国松坂から袖太夫を座長とする八人組の芝居座が訪れ、芝居興行を願い出た。尾鷲組では「時節柄」を理由に断るが、宿料援助の依頼は受け入れた。なお、ここで検討しているのはあくまで旅人として救済された記録からの分析であり、興行を求めて訪れる旅芸人への対応は主に算用帳の他の部分に記され、許可を得て尾鷲で興行した事例も少なくはない。

旅の修行者としては、剣術師、剣術修行の者一一件一二名が目立つ。このうち七件七名は江戸者である。「歌修行」「歌道人」も二件三名いる。他には「絵師」「画工」などが五件七名、「書家」が二件二名、「筆修行」が三件五名、「茶師之坊」、「易者」各一件など、当時の村社会が受け入れた様々な芸能民、修行者が登場していて、興味深い。なお易者は京都四条綾小路の者で、尾鷲辺りで渡世を試みたが「一切渡世でき申さず、甚だ難渋」との理由で合力を願い出ている。

［武士と浪人］

刀を帯び、時に威圧的に合力を求めかねない武士二七一件三四六人のうち、大半は奉公先を持たない浪人で、二四一件三一〇人にのぼる。

浪人ではない武士三〇件三六名について、まず見ておこう。一〇件一二名は紀州藩の者である。ただ紀州本藩・本国の者は「若山吹上」(城下町若山の武家屋敷地)の伊藤清左衛門、「小普請格二男」を名乗る小川熊吉、中田八二郎、大橋大造(二回登場する)、「伊藤藤十郎内元之助」のみで、後は附家老の安藤氏(田辺藩)、水野氏(新宮藩)の家中及び伊勢国松坂領の者である。安藤氏の統治する田辺からは与力の弁之進、「家中」とのみ記される山崎勝之進、山本源之進と成田清右衛門が、水野家中からも一人が確認できる。松坂からは「津田監物様家来」、武家屋敷が建ち並ぶ殿町に住む「同心」竹村秀次がいる。江戸からは他に「江戸御家人」二名、「江戸西丸下」の者もいる。伊勢国内では藤堂藩、神戸藩、桑名藩の家中者が確認でき、他に常陸国水戸藩、大和国郡山藩、武蔵国川越藩などの事例がある。

だが、このなかには身分の怪しい者も含まれていた。享和二(一八〇二)年五月、「江戸御中屋敷山田要右衛門」を名乗る人物は、江戸から若山を経て熊野三山の参詣に向かったところが、道連れに持参品を盗まれたとして、暮れに及んだ村々で宿の合力を受けつつ江戸まで帰るつもりだという。尾鷲組ではやむを得ず宿料として一二〇文を支出するが、算用帳には「山田要右衛門と申仁の由」と、疑いを含むような記述が見られる。

お金をもらう立場であっても、浪人は横柄な態度を取ることが多い。帰参への障害になるという理由で名乗りを拒否する事例は先に見た。尾鷲組が浪人たちをどのように受け止めたのかを端的に示す記事がある。寛政八（一七九六）年八月にやってきた備前国岡山の浪人桜井常次郎は、長病での難渋を訴えるが、尾鷲組は彼のことを「通例の浪人とは違、人品よき人に御座そうろうにつき」として、宿代一二〇文を遣わしている。わざわざこのように特記するほど、通例の浪人は人品よろしくない者ばかりだったのであろう。

浪人とはいっても、仕官を目指す者ばかりではなかった。文化一五（一八一八）年一月晦日には、石見国の「岩見金山」から「浪人政八」が熊野街道を尾鷲までやってきた。「御国ようし村金山へ稼ぎに参」ったが、この節は稼ぎ人が多く、雇用されなかったために国元へ帰る途中だという。「ようし村金山」とは、熊野川上流の楊枝川村にあった鉱山（銀・銅山）で、現在は水車谷遺跡として残っている（三重県指定文化財）。紀州藩が経営したり、一時は商人らによる請け負いが行われ、最盛期には千人近くもの人が住んでいたとされる。遠く石見国からこの鉱山の存在を聞きつけて訪れたわけだが、浪人が鉱山でいかなる仕事を求めたものかは分からない。

二四一件三一〇人の浪人のうち約四割（一〇〇件一三〇人）が紀伊国の者である。国別では武蔵国三二件三八名（うち江戸者が二八件三三名）、尾張国一五件二〇名などが目立つが、他は松前から薩摩まで、全国に散らばっている。

浪人へ施す金額は、総じて高い。天保一五（一八四四）年に若山の浪人三名に対して「過分ニハ候得共」としつつ、四八四文を支給している。「難儀相違も御座なく」とはするものの、これは他の一般の巡礼に共通するわけで、やはり浪人ゆえの金額であろう。

時に高圧的に合力を求める浪人は、とりわけ地域社会の悩みの種であった。寛政一〇（一七九八）年一〇月中に訪れた尾張と薩摩の浪人は、尾鷲組から「右躰浪人への合力、かねて御通しもこれある儀につき」との理由で救済を拒否される。ただし難渋を訴えることで一宿代の救済を受けた。「右躰浪人」とは浪人一般なのか、何らか特定される条件があるのか不明だし、「かねて御通し」とされる内容も確認できていないが、浪人問題の対策として、紀州藩から彼らへの救済を停止する指示があったようだ。

［女性］

旅人のうち女性、あるいは女性を含むことを確認できる一行は、六三五件八三〇名である。ただしこれは、実態よりもかなり少ない数字であると思われる。算用帳の記載によっては男女の区別がつかないことが少なからずあり、また家族連れなどの場合、子供の性別が記されないことも多い。こうした事例では便宜上男としてカウントしている。低めに見積もっても、全旅人のうち女性が一割以上を占めたことは間違いない。

女性の一人旅は、一三四例確認できる。このなかには当初からの一人旅ではなく、道連れにはぐれたり、夫や親など同行者が道中で死亡したため女一人で旅をしている者を含む。全データのうち複数での旅は一七四四件であるが、そのうち女性のみのグループは七八例に留まる（二人が四二例、三人一九例、四人以上が一七例）。四人以上一七例のうち八例は、越後国からの同じグループだと思われるが、これについては後述する。

［旅中の出産］

尾鷲で出産した旅の女性もいた。文政一三（一八三〇）年七月一四日に尾鷲を訪れた伊予国せき二四歳の記事は、データ化の作業を進めるなかで、特に印象に残っている。

せきは西国巡礼を志しての旅だとするが、宿賃もなく難渋している旨を尾鷲組に訴え、惣廻の次助の小屋に泊めてもらうこととなった。文政一三年後半期の支出を記録する「寅冬組割附込帳」には、せきの宿を確保したことを記した後、それに続けて「その夜安産致しそうろうつき、右の余内宿賃とも惣廻次助願い出そうろうつき、取り計らい遣わす」と淡々と書き留める。この「安産」という語に思わず我が目を疑い、何度も見直したのだが、読み間違いでも何でもない。そして惣廻の次助に支払われた宿代は、通常は二〇文前後であるのに対して一四八文と少しまとまった額であった。安産と記されたものの、産後の肥立ちがよくなかったのか、せきは七月二〇日まで七日間滞在することとなる。その分の宿賃として、五二四文が追加で支給された。

通常の西国巡礼の経路を辿ったとすれば、せきは臨月の身で馬越峠を越えて尾鷲に着き、産まれて間もない乳飲み子を抱えて西国一の難所と謳われた八鬼山を越えていったことになる。彼女は伊予国無高郡西鳥村の出身と名乗ったが、国名はともかく、そのような郡名も村名も存在しない。尾鷲組での身元確認はいささか形式的・事務的なものであり、別に素性を隠す必要もなかったのだが、出身地を偽りたくなる何らかの事情があったのだろう。そもそもなぜ身籠もったのか、父親はいかなる人物か、そのような身でどうして女一人で旅を続けていたのか。彼女がどんな思いを抱きつつ熊野街道の峠道を歩いたのか、尾鷲で産んだ子供と二人で、その後どのような旅を続け、いかなる人生を送ったのだろうか。詮のないことだが、あれこれ想像を巡らせてしまう。

せきのような一人旅ではないが、文化四（一八〇七）年一〇月の肥後国山鹿郡吉田村（現熊本県山鹿市）の左吉夫婦、天保三（一八三二）年一二月の紀伊国田辺領留田市ノ瀬の勝五郎夫婦、天保一三年九月の紀伊国木本かなや町（金屋町）の源次郎・ひさ夫婦も、尾鷲で出産している。道中で出産して小児を抱えて尾鷲に至った事例を含めれば、他に天保二年一〇月の肥前長崎の松五郎夫婦、翌年一二月、やはり長崎の医師・正古堂夫婦がある。いずれも、妊娠が判明してから旅立ったとは考えにくく、遍歴を続ける旅のなかでの出来事だったことをうかがわせる。

［家族連れ］

複数名で来た一七四四件のうち、夫婦二人で旅をしていた者が一三一組、子供らを含む夫婦連れは三二家族一〇六人となる。天保一二（一八四一）年八月に美濃国武儀郡から訪れた浅右衛門夫婦は子供四人を連れており、安政四（一八五七）年五月には、阿波国から子供五人を連れた医師永井俊伯夫婦が施しを受けている。座頭など宗教者集団が一九六件四三二人、出身国が異なり、旅の途中で道連れになったと思われる事例が七三件ある。女性のみのグループは、先に示したように四二件である。これらを除き、道中日記に登場するような近隣の男同士で連れ立っての集団を想定できるのは、最大限に数えても六〇〇件には及ばない。しかもこれらのなかには、記録には続柄が明記されないが、実際には親子・夫婦関係のグループを少なからず含んでいると思われる。

道中日記の世界で一行中に親子や夫婦がほとんど現れないのは、講の組織形成の問題もあるが、農閑期に旅に出るとはいえ、田畑を放置することを避けたためであろう。換言すれば、家族形態の旅は、もはや帰るあてのない旅が多く含まれたことを意味する。天保四年三月に阿波国三好郡戸沢村の助右衛門一家五人が、旅の目的を「難渋につき西国順礼」としているのは象徴的である。信仰よりも貧しさを理由に、家と故郷を捨てて放浪の旅に出る家族が、少なくなかったのだ。天保二（一八三一）年六月に江戸神田明神下の権兵衛、吉太郎の二人が「焼け出され西国に罷出」としているのも類例であろう。

〔道連れ〕

同郷の者同士ではなく、他国の者と一緒になって旅をしている者たちも見られる。加賀国と出雲国、讃岐国と武蔵国、陸奥国と安芸国、武蔵国と筑前国など、遠隔地間の組み合わせも少なくない。甲斐国、常陸国、陸奥国の三か国、伊予国、三河国、甲斐国、土佐国の四か国など、三か国以上の出身者を集めた集団もある。

同行となった事情が推測できる場合もある。例えば寛政四（一七九二）年七月に、播磨国大石村の又兵衛と伊勢国白子の藤左衛門が一緒に尾鷲で救済を願い出ているが、二人は船乗りで航海中に難破し、白子に戻るところであった。文化一〇（一八一三）年にも同様の事例がある。文政九（一八二六）年一二月に尾鷲にやってきた阿波国と伊勢国白子の盲人二人、嘉永三（一八五〇）年の備前国と紀伊国の盲人のグループなどは、検校下の当道座組織を通じたつながりであったろう（類例は他に少なくとも五例はある）。

だが、大半は道中でたまたま知り合って道連れとなった者たちであったと思われる。寛政一〇（一七九八）年一一月、紀伊国古座浦の小ふじは、同行者と二人（続き柄は不明）で西国巡礼に出た。ところが道中で連れが疱瘡で死んでしまう。在所へ戻るのに一人では心細いとして、「美濃路にて備前国夫婦連順礼と出合」、頼んで道連れになってきたという。貧しい旅人同士のことであり、三人で尾鷲組に救済を求めている。

文政九（一八二六）年には、患った上に道を間違えてしまった陸奥国仙台出身の九兵衛を「見捨てがたく」と伊勢国中之地蔵町の柳助が同行してきたが、「元来路用乏しく、暮に及び難渋」と訴えてきた。その翌年には、やはり仙台からの二人と道中で道連れになり、同行四人となった尾張国村松親子が尾鷲を訪れている。

旅先で他国者と道連れになることは、気を許すと盗難などの危険も伴うため、『旅行用心集』や道中案内記類では注意が喚起されている。事実、文化七（一八一〇）年二月に紀伊国口熊野里ノ浦の者は、伊勢国からの帰路に「衣類等道連れの者に盗まれ」と窮状を訴えた。先に見たように享和二（一八〇二）年五月、江戸中屋敷に勤め、若山経由で熊野三山参詣に向かった山田要右衛門を名乗る男は、やはり道連れの者に盗まれ難渋している旨を伝え、尾鷲組から宿の手配を受けている。もっともこれは、盗難を理由に素性を偽り、救済を受けたという可能性もあるのだが。いずれにしても、盗難被害の危険を冒しても心細さを埋めるため、旅人は同行者を求めた。施しを受けながらの貧しい旅人たちの道連れは、余裕のある旅人たちとは異なる契機もあったことだろう。

2、旅の目的と費用

旅の目的が記されるのは、全体の三分の一ほどに当たる二二四七件である。数の多いものから見ていこう。

〔巡礼〕

「西国順礼」「西国順拝」「西国ニ罷出」など、西国三十三所巡礼であることが明記されるのは一一二六例で、旅の目的が記されるうちのほぼ半数を占める。このうち四三例は「西国四国順拝」などと、複数の巡礼路を目指すとする。なお、六〇例は「西国帰り」「西国戻り」などとしているが、紀伊国の者以外に東国からの旅人も含まれる。西国巡礼のルートは必ずしも札所の順番通りではなかったことはすでに指摘されていることだが、西国巡礼を終えた後に熊野から伊勢方面へ帰っていく旅人であろうか。

単に「順礼」「順拝」「拝礼」「廻国」など、目的地を記さない巡礼は合計三九九例を数える。「諸国拝礼」「大社拝礼」などの表現もあり、四国八十八所に加え、坂東三十三所、秩父三十四所を含むような巡礼の形態もあったのであろう。これらは西国巡礼を含むものと考えられ、合わせると全体の四分の三を占めることとなる。

熊野街道はその名称から熊野への参詣道であると認識されがちであるが、熊野三山自体を目的地とする旅人は七六例と多くない。しかもそのうち少なくとも二九例が、山伏や虚無僧、座頭などの宗教者である。一般の旅人の大半は、第一番札所の青岸渡寺を目指して、熊野街道伊勢路を辿っていったのである。

なお、文政元（一八一八）年七月二五日に讃岐の巡礼りう以下親子四人連れは、飯米は持ち合わせていたが、尾鷲組は求めに応じて木賃宿代四〇文を与え「西国順礼積者故、此の如く取り斗らい遣わす」と記している。宗教的行為者への功徳というほどではなかろうが、西国巡礼を明示する者は、単なる困窮者と多少の区別があったのだろうか。

「四国」を単独で示しているのは二四例、これに金毘羅山（金刀比羅宮）参詣を掲げる一二八例を加えると一五二例となる。四国八十八所を巡るわけではなく、金毘羅山のみの参詣と思われる事例が圧倒的に多いことに注意したい。小野寺淳氏は、道中日記では一八〇〇年頃を境に金毘羅山参詣（四国八十八所巡礼を含まない）が見られるようになると指摘しているが、尾鷲組の算用帳でも一七九九年以降に確認できることである。

［伊勢参宮と善光寺詣で］

伊勢参宮を単独で掲げるのは二四例で、これらは西国三十三所巡礼に向かう者たちとは逆方向に熊野から伊勢へ向かったものと思われ、二一例が紀伊国の出身者である。他には豊後国の者一例、武蔵国二例である。

信濃国の善光寺参詣を掲げるのは一二例であり、出身地は紀伊が一〇例、他は三河、大和が一例ずつ、いずれも熊野参詣または西国巡礼とセットで善光寺詣でを掲げている。

［湯治］

江戸時代に旅の目的として、寺社参詣に準じて用いられたのは、湯治などの病気治療であった。湯治を目的とした旅は一二八例ある。そのうち本宮湯峯と特定できるのが二三例、川湯一例、若山とするのが一例である。おそらく圧倒的多数は本宮湯峯に湯治に行った（あるいはそれから戻った）旅人たちであったろう。湯峯での湯治と特定できる二三例の大半は伊勢、紀伊の者たちであるが、武蔵国四、相模国二の事例もあり、遠国でも熊野参詣と結びついて湯峯の湯治が知られていたことが分かる。湯治の事例全体のうちでは伊勢国の者が六一例と圧倒的に多く、紀伊国一六例、武蔵国一〇例などとなっている。文化二（一八〇五）年一〇月に松坂から入湯に赴いた善兵衛も湯峯への湯治であっただろうが、「湯当たり足はれ」

となって難渋を訴え、一〇〇文の救済を受けた。

［稼ぎ］

仕事を求めての「稼ぎ」の旅とするのは、四四例ある（芸能民の「稼ぎ」はここでは省く）。ただしこのうち三八例は、「帰」「戻」などと、稼ぎの場から帰る行路である。名目上は西国巡礼を掲げつつ、実際には旅先での奉公を求めた者もおり、天保二（一八三一）年の紀伊国日高郡の次郎助一家四人、同六年の紀伊国新宮領の家内三人連れなど、家族ぐるみの稼ぎの旅もあった。若山で長々稼いでいた津城下の山本屋久六親子が嘉永二（一八四九）年八月に国に帰るとした事例、寛政一二（一八〇〇）年九月に伊勢国阿曽浦の漁師三人が、「上筋へ稼ぎ」に出たものの不漁のため戻るとした例、天保九年六月に紀伊国口熊野田原浦の三人が、志摩国へ漁稼ぎに行ったものの、やはり不漁で帰る途次にお救いを求めた例などがある。

出身地は紀伊国が三四例と大半を占め、他は伊勢国五、志摩国二、伊賀国一、摂津国一、石見国一である。伊勢国へ稼ぎに赴いた事例が一八例と最も多く、江戸への稼ぎが三例、あとは各地に散らばる。他国から来た者が尾鷲で稼ぎをしていたと思われる例として、文化二（一八〇五）年に摂津の「墨江」の者が「当所へ稼」に来ていたが病気のため在所へ村送りになった例、天保六年六月に若山の盲人がやはり当所で長々按摩職を営んでいたが、帰郷を願い、村送りの措置を取ってもらった事例がある。天保一一（一八四〇）年の志摩国的矢浦の大工・徳蔵も、同様の事情だったかもしれない。

紀伊国内のほか、伊勢、志摩、尾張等への漁稼ぎであることが明記されるのが九例（すべてが不漁ゆえに帰在とする）、捕鯨で有名な太地浦への事例が二例（ただし一例は漁稼ぎとは記されない）ある一方、太地浦からの出稼ぎも一例ある。木挽きなど山稼ぎと思われる事例は四例である。鉱山関係では、文化一五（一八一八）年に熊野川上流の楊枝川村鉱山に稼ぎを求めた浪人については先に触れたが、他に享和四（一八〇四）年七月に伊賀国倉田村の徳松が、「那智山銅山」から戻ってきている。

［難船後の帰国］

難船に遭った後に帰郷する旅は三四例見られる。船乗りらの出身国は、紀伊一三、尾張四、摂津、遠江、相模が各二、志摩、播磨、安芸、長門、阿波、讃岐、土佐、肥前、豊前が各一、不明二である。船籍と必ずしも対応するわけではないが、尾張国の四例は内海船の本拠地の内海が二、知多郡が二であるなど、廻船業の盛んな地が目立つ。

難船すると漂着した浦村が事後処理を行うが、船乗りたちには国元への送状が発行された。弘化四（一八四七）年八月に豊前国中津西路浦仁兵衛船の水主・長之助は、伊豆沖合で難船に遭い、駿河湾内の妻良浦での処理を受け、同浦から豊前国までの送状を持参して尾鷲に通りかかる。文政五（一八二二）年九月、紀伊国長島組海野浦の二人は、摂津御影浦へ所用があり、尾鷲からの便船で出航したところ翌日難風に遭い、牟婁郡出雲浦（現和歌山県東牟婁郡串本町）に吹き流された。帰国するために出雲浦の肝煎中の「頼之書状」を持参し、夕暮れに訪れたため、尾鷲組では一宿代を遣わしている。

難破した際に神仏に祈願し、命が助かった御礼参りに赴いた事例もある。安政四（一八五七）年六月、難船後の御礼参り途上の土佐国の船乗り・馬五郎が救済を受けたことは先に見たが、嘉永元（一八四八）年正月、相模国浦賀の六兵衛も御城米船に乗っていたところ難船し、金毘羅山への参詣を志願して途中の尾鷲で二四文のお救いを得ている。

［勧化］

貧しき宗教者が勧化を名目に金銭を求め、尾鷲組では宿代を支出したような事例は七一例ある。ただ五か村で対処した分に限定しており、また純粋な勧化か救済かは判別しがたく、基準は必ずしも明確ではない。

江戸時代に勧化を行うには領主の認可が必要であり、尾鷲組ではそれがないことを理由に断った事例も少なくない。文政八年四月二八日、志摩国鳥羽の常安寺の者が本堂再建勧化に訪れるが、「代官所御切手これなき筋、取り扱い難き旨」を申し渡し、宿料のみを遣わした。翌年五月一七日にも、信濃国諏訪社の社人に同様の対応を取っている。寺社の修復勧化を名目としつつ、実際には旅を続けるための救済を求めてきた場合もあっただろう。文政八（一八二五）年三月二五日、修復勧化に廻ってきた下総国香取郡香取大明神の社人が「暮れに及び難渋、一宿願出」との申し出に対して、尾鷲組では木賃宿代として六四文を与えている。この事例などは一般の貧窮旅人の扱いと変わらない。

勧化の申し出に対し、江戸時代中期以降には五か村ないしは尾鷲組として対応することを原則としたようで、個別に家々を廻ることは容認しなかった。例えば文政五年四月に常陸国の鹿島大神宮の社人が「町内配札」を願い出るが、尾鷲組はこれを拒否し、しかし「一宿料合力賄願」を受け入れて一六〇文を渡した。

個人の発願にかかる勧化もある。文化一〇（一八一三）年閏一一月、伊賀国山田郡川合村の嘉七は、「永々病気につき四国へ小守堂セつたい（接待）築立」という目的の勧化を願い出てきた。尾鷲組では「五ケ在相談」の上で、二〇〇文を遣わしている。文政二年八月二二日には伊勢国松坂中町の善左衛門悴善之助が、金毘羅山に常夜灯を寄進するため尾鷲組内在々を廻りたいと願い出たが、尾鷲組では巡在を認めず「五ケ在」として三〇〇文を支出した。

全国を巡礼し、六十六部の法華経を六十六か所の霊地に納めることを成就した記念碑（供養塔）は各地に見られるが、文政五（一八二二）年一一月に紀伊国長島浦の喜兵衛、惣助、甚兵衛が世話人となり、六十六部の供養塔を建立する勧化が行われた。尾鷲組ではこの時も五か在分として三〇〇文を出している。同じ年の一一月六日、大和国宇陀郡赤埴村（現奈良県宇陀市）の浄心は、「接待茶所」を建立したいとして勧化を申し出た。尾鷲組ではやはり軒別勧化は認めず、浄心に宿料一〇〇文のみを遣わした。文政七年四月、一〇月、一一月には、西国十八番札所の京都の六角堂頂法寺の僧、十三番札所の石山寺使僧、三十番札所（近江国竹生島の宝厳寺）の使僧が相次いで勧化に訪れている。

〔旅先での米銭入手〕

充分な金銭を持たず、帰国のあてもなく旅を続ける者は、どのように米銭を入手したのであろうか。尾鷲で救済を受けた者のなかにも、乏しいながら米銭を持つ旅人はいた。多くは、街道沿いでの托鉢によるものであったろう。天明六（一七八六）年に伊豆国の禅坊主は、「宿銭これなく」として四八文の宿代合力を受けるが、托鉢米を少々持つと記録されている。逆に天保一〇（一八三九）年一一月二八日の紀伊国日高郡小松原村九本寺弟子信能のように、「道中托鉢等もこれなく」を理由に救恤（きゅうじゅつ）を求める場合もあった。

算用帳簿に米代と記されていても、それが銭で支払われたのか否かを判断するのは難しいが、旅人に現物の米が支給される場合は間違いなくあった。食べ切らずに残した分を、その後の旅に備えた場合もあろう。金銭についても同様である。木賃宿等の実費支出に留まらず、道中の「小遣い」の施しが行われることもあった。

比較的裕福な旅人が記す道中日記中には、貧しい巡礼に施しを与えた記述が見られる。天保一四（一八四三）年に相模国藤沢の旅人の「太々講参宮道中日記帳」（『藤沢市史 第三巻』、熊野街道は経由していない）に「三貫文、ぬけ参り六人へやる」という記事があるし、文化一二（一八一五）年に出羽国平鹿郡の佐々木太治兵衛は「木ノ本よりつかれ女壱人ニ三百文つ丶出申」と記し（秋田一八一五。No.88）、嘉永二（一八四九）年の下野国那須郡伊王野村・鮎瀬氏の「道中袖日記」（栃木一八四九。No.161）では、八鬼山の日輪寺茶屋において「奥州ナメツノ老母壱人、西国之よし難義ニ付　一、百文遣ス」という記述を見ることができる。

〔蒔銭〕

寺社門前などにおける参詣者の行為が、結果的に困窮旅人の救済となる場合もあった。伊勢神宮の門前町においては、参宮客が盛んに「蒔銭（まきぜに）」という行為をしている。本源的には自らのケガレを銭に付して払うもので、宇治・山田の被差別集団、「拝田・牛谷」の民が主にこれを受けた。彼らは一定の芸能を行うことにより「蒔銭」を得ることもあった。だが伊勢神宮の門前では、「近江泥棒　伊勢乞食」との文言を生み出すほどに、参宮客の蒔銭目当ての「乞食」が、近隣から入り込むことになる。

この「蒔銭」は、伊勢神宮以外でも行われた。弘化四（一八四七）年に上野国桐生新町から母親と共に訪れた稲垣幸右衛門は、松坂宿を過ぎ新茶屋へ着いた辺りから「是より迎籠ニ乗り、道々まき銭入用壱貫文」と、伊勢に入る前の参宮街道沿いで千文もの銭を蒔いていたことを記すし（「伊勢参宮道中記」、群馬県立文書館蔵）、嘉永二（一八四九）年に常陸国茨城郡橋本村から訪れた安達脩作は、津の手前、上野の万屋原四郎という宿から出立する時に座敷へ銭五〇〇文を蒔いた（『岩瀬町史　通史編』、茨城県岩瀬町、一九八七年）。

多くの旅人が往き来する街道や大寺社などでは、少なからず見られた光景であった。貧しい旅人たちが、こうした場で金銭を入手した可能性も、充分考えられることである。

［季節的変化］

江戸時代の庶民、特に農民の旅は、一般に秋の稲刈りを終え、春の田植えが始まる前の農閑期に行われた。道中日記に見る旅の多くも、この時期のことである。では、尾鷲組が救済した貧しい旅人たちはどうであろうか。以下に月別の件数を示そう。なお、煩瑣になるため閏月は省いている。また算用帳は通常半期ごとに作成され、月ごとの残存状況が同一とは限らないため、必ずしも月別の実態を正確に反映する数字ではないが、傾向をつかむことは可能であろう。

一月：690、二月：655、三月：530、四月：511、五月：467、六月：450、七月：334、八月：433、九月：415、一〇月：530、一一月：671、一二月：907

一二月の907件が突出しているなど冬期に多いのは明らかだが、二月、三月の数字と比較すると四月以降もさほど変わらぬ数が認められる。冬期に比べ夏期には、貧しき旅人が宿を求めず野宿する場合があることを勘案すると、この数字以上に季節を問わずコンスタントに訪れていることを推測できる。故郷を捨て田畑の耕作に戻ることなく、果てなき旅を続ける巡礼たちは、季節に関係はないのである。

3、廻り続ける旅人

［越後の女巡礼たち］

尾鷲組大庄屋文書中の算用帳簿から旅人の救済記録を拾い出し、データ化する作業の途中で、同じ人物、同じ集団が二度、三度と姿を見せることに気がついた。特に印象的だったのが、越後国蒲原郡から訪れた五人前後の女性グループである。女性のみの集団自体が珍しい事例であるためとりわけ気になり、データを検索してみると、文政五（一八二二）年から同八年にかけて、実に八度にわたり尾鷲組から救済を受けているのである。

Ⅰ章で取り上げた青森の盲目の尼が、出発から二〇年近くを経て尾鷲で死んでしまったのと同じく、故郷に帰ることなく旅を続けていたのではないだろうか。

まずは、その最初の記事を見てみよう。

〔文政五年四月〕

一、壱匁壱分弐厘　　同所取かへ

此銭百弐拾四文

是ハ四月廿八日夕、越後蒲原郡之女五人西国順礼罷出候処、壱人道中ニ而相煩、何れも路用も元ゟ乏者共之儀、及暮難渋之旨一宿願出候ニ付、大勢之儀容易難及取斗相糺候処、米ハ少々所持いたし有之候旨申ニ付、本行之通木賃として遣ス

四月二八日の夕方、西国巡礼を志す越後国蒲原郡の女五人が、道中で一人が患い、もともと路用も乏しく難渋しているとして、一宿を願い出てきた。尾鷲組では、大勢のこともあり簡単には認められないとしつつ、吟味の結果、米は少々持っているとして、木賃宿代一二四文を遣わした。この記載では「同所」となっているが、この時の月番は中井浦であった。

［八事例の分析］

同様の記載を持つ八事例を、要素ごとに一覧表に整理してまとめた（6−2）。№6の事例のみ、蒲原郡に隣接する岩船（磐舟）郡の出身とあるが、おそらくは同行者のうちに隣郡の者が含まれ、たまたまその者が尾鷲組の担当者に住所を告げたためではないかと考えておく。いずれの記事でも地名以外は固有名詞が書かれず、名前が分からないのだが、女性のみの集団自体が珍しく、同一の集団であることはまず間違いない。

文政七（一八二四）年から翌年にかけて、人数が五人から四人へと減少しているが、それまでに同行者が患っていることが述べられており、道中での病死によるものであろう。一方で文政八年八月から一二月までの間で一人、翌年一〇月に至るまでにはさらに三人の人数の増加を見ている。旅の途中で同郷の者に出会った際、道連れになったのであろうか。先にも女性のみの旅人たちが、新たに道連れを得た事例を紹介した。

訪れた季節は、農閑期に限らず四季

米	担当	対応	救済額
少々所持	中井浦	大勢之儀容易難及取斗、相糺、木賃遣	124
	中井浦	壱宿取斗遣	124
少々持合	中井浦	壱宿木賃として遣	164
少々持合	中井浦	木賃として遣	100
?	中井浦	壱人三拾文宛木賃として遣	132
貰溜米持合	中井浦	木賃として遣仲間へ遣	100
	中井浦	一宿木賃遣	124
少々持合	中井浦	宿料遣	200

6－2　越後国女巡礼一行への救済一覧

No.	年次	月	日	時間	旅人	出身地	目的	難渋内容	出願内容	路銭
1	文政5(1822)	4	28	夕	女五人	越後蒲原郡	西国順礼	壱人道中ニ而煩、路用乏、難渋	一宿願出	乏
2	文政6(1823)	2	22		女五人	越後蒲原郡	西国巡礼	壱人煩難渋		
3	文政6(1823)	12	23	及暮	女五人	越後蒲原郡	西国順礼	足痛者有、路用無之難渋		無之
4	文政7(1824)	9	20	夕	女五人	越後蒲原郡	西国順礼	同行者相煩、路用貯薄難渋	一宿願出	薄
5	文政8(1825)	2	23	及暮	女四人	越後蒲原郡	西国順礼	壱人病気煩、路用乏難渋		乏
6	文政8(1825)	8	28	及暮	女四人	越後磐舟郡			一宿願出	乏
7	文政8(1825)	12			女五人	越後	西国巡礼	壱人病気相煩	一宿願出	
8	文政9(1826)	10	13		女八人	越後蒲原郡		道中相煩難渋	一宿願出	

のいずれも含んでいる。国元に帰っては再三再四出立したものとは考えられない。理由の記されない文政八年八月、翌年一〇月の二例を除きいずれも西国巡礼を掲げており、三十三番札所の谷汲山華厳寺で結願した後も帰国することなく改めて参宮街道から熊野街道を通り、第一番札所の青岸渡寺を目指して尾鷲を訪れたのであろう。

だが、西国三十三所を巡るだけならば、道中日記の行程や尾鷲組住民の往来手形下付願書などを見る限り、ひと月からせいぜいひと月半ほどで足りる。彼女らが姿を現す間隔が、一回目から二回目までが約一〇か月、同じく三回目までの間も一〇か月、以下九か月、五か月、六か月、四か月、一〇か月と、必要以上に長い間隔が空き、しかもその期間が区々なのは何故であろうか。西国巡礼の後、四国八十八所や関東の札所巡りをしていた可能性もある。だが、それならばなぜ間隔が四か月から一〇か月と大きく変動するのかの説明がつきにくい。また、この間の算用帳は揃っており、文書の性質上、記載漏れは考えられない。

〔救済を受けていない可能性〕

肝心なことは、尾鷲を訪れても尾鷲組から救済を受けるとは限らないという点である。まず、尾鷲に着いた時間が問題となる。記載のある事例では、いずれも「夕」あるいは「暮」と記される。日がまだ高ければさらに峠を越えて次の集落に向かうべきなのであった。

道中日記を見ると、旅人が尾鷲を通過せずに泊まる比率は、全体のほぼ五割程度である。西国一の難所と謳われた八鬼山を控え、八つ時（午後二時頃）、あるいは七つ時を過ぎれば尾鷲に泊まることが道中案内記などでも推奨されており、他の地域に比べ尾鷲で泊まる比率は高かった。いずれにしても越後の女巡礼たちは、尾鷲で宿を取った回数と同じくらい、日が高いうちに尾鷲を通過した可能性がある。

もうひとつ注目されるのは、彼女らの対応に当たった浦村である。前述のように尾鷲組の五か村の村役人が月単位で順番に旅人に係る問題を担当していたのだが、越後の女巡礼たちについては、すべて中井浦が担当しているのである。中井浦に限らず、八回ともすべて同じ浦村に当たる確率は、五の七乗＝七八一二五分の一であり、偶然のこととはとても思われない。

尾鷲組が彼女らから困窮状況を聴取した内容を見ると、少々とはいえ米を所持している事例が五例、乏しくとも路銭を所持しているというのが四例ある。算用帳の救済記録では、困窮して持ち合わせが一切ないと訴えるのが普通であり、米も銭もありながら救済を与える事例の方が珍しい。それならば木賃宿に行けば良いからである。

越後の女巡礼たちのような状況は、尾鷲組からの救済を受けられるぎりぎりのラインであったと思われる。そして中井浦以外の浦村が担当であった場合、救済を断られたということが考えられるのではないか。中井浦は尾鷲組の中心部に位置し、旅籠屋や商家が建ち並ぶ、経済的に豊かな集落であった。事情は分からないが、中井浦のみが他の浦村と異なる基準を持っていて、越後の女巡礼たちにも救いの手を差し伸べたのではなかろうか。

彼女たちは、尾鷲に差しかかった時に日が暮れていて、かつ中井浦が担当の時に限って、尾鷲組から救済を受けた。そうであれば、算用帳簿に登場するのは八度だが、熊野街道を辿り尾鷲を通っていった回数は、これをはるかに上回っていたと考えられるのである。

［再三訪れる旅人］

こうした事例は、越後の女巡礼たちに限らない。名前のみでは必ずしも同一人物とは確定しがたいが、国名に加え郡名や町村名など何らかの住所が一致し、三回以上出現する事例を、いささか煩瑣にはなるが示してみよう。

越後国女巡礼と同じ八回確認できるのが、天保三（一八三二）年一一月から同七年六月にかけて訪れた伊勢国桑名天満町の喜助である。次いで、紀伊国古座姫川村の慶順は、文政五（一八二二）年四月から天保七年五月にかけて七回、尾鷲組から救済を受けている。慶順は盲目の座頭であったが、少なくとも一四年の間、旅を続けていたこととなる。やはり宗教者で伊勢国普済寺の弟子、既革という者は、天保七年三月から嘉永三（一八五〇）年一〇月までの間、六回姿を現す。やはり期間が長い点が注目される。普済寺は、河曲郡岸岡村（現三重県鈴鹿市）にあった虚無僧寺である。

大和国吉野郡龍門の九右衛門（九左衛門）は、文政四年三月から天保四年三月まで六例は確実に見られ、加えてもう二例、該当する可能性がある。同じ大和国からは、高市郡雲梯村善教寺の僧休心が天保九年正月から同一〇年一一月まで六例、吉野郡小河谷村の清助（清介）は天保一二年から文久元（一八六一）年まで、二〇年の間にやはり六例確認できる。

関東出身の旅人も、もちろんいた。武蔵国芝の友吉は、天保四年二月から同五年一二月の間に五回、甲斐国巨摩郡の平三郎（平二郎）も天保七（一八三六）年二月から同一一年二月までに、やはり五回訪れている。尾張国名古屋納屋町の町人、錺屋梅吉は安政六（一八五九）年の七月から一二月の間に四回見られるが、五か月間ということもあり、あるいは西国巡礼路の巡回ではない可能性もある。大和国高市郡雲梯村の吉兵衛も、天保二年四月から翌年閏一一月にかけて、少なくとも四度尾鷲を通過した。

三回の来訪が確認できるのは、文政二（一八一九）年一二月から同四年一二月にかけての安芸国賀茂郡の千代松、文政四年五月から天保二年正月までの尾張国海西郡の座頭春弥、天保四年正月から同六年正月までの武蔵国江戸音羽町の長五郎と藤吉、天保一四年一二月から嘉永元（一八四八）年一二月までの紀伊国高野山の実道がいる。天保九年一一月から同一一年二月にかけて、伊勢国三重郡小生村の金兵衛（金平）も三度姿を見せるが、近隣のため廻り続けた旅であったのか否かは分からない。

確認できるのは二例だけだが、天保九年一一月と翌年四月に、伊勢国内の宮川水系の上流にある栗谷の霊符山「主膳」を名乗る僧侶は、熊野（一度目は那智山、二度目は本山）からの帰途に盗難に遭ったと訴え、尾鷲で救済を受けている。山賊や追い剥ぎの被害の可能性はあるが、二度連続とはいささか不自然であり、「ねだり」の常習犯であったかもしれない。尾鷲組では一度目は一〇〇文を遣わしたが、二度目は三二文の支給にとどまっている。「霊符山印鑑」の所持の有無を確認しており、あるいはいぶかしく感じたのであろうか。

いずれにしても、住居が国名のみしか記されないなど同一人物と特定できない事例、一例は確実に現れる事例は、ほかにも数多い。国元に帰ることなく何度も繰り返し訪れる旅人は、データに現れる以上に多数いたはずである。

Ⅶ　旅人救済の制度と実態

1、往来手形と「パスポート体制」

［柴田純氏の研究成果］

Ⅴ章とⅥ章において、尾鷲組大庄屋文書の算用帳簿に見られる旅人救済記録について、村組の立場、旅人の様相の二側面から検討した。救済の内容は、わずかな金銭の支給から病気療養、村送り、病死時の埋葬など幅広いが、そのなかで時に往来手形を所持するか否かが問題となっていた。この証文の役割と機能について、改めて検討する必要がありそうだ。旅人の身元を保証し、旅中で困難に陥った時の救済や万一病死した際の措置を依頼する往来手形は、出身地の村役人や檀那寺が各々独自に作成するにもかかわらず、領地を越え、国を問わず、全国的規模で一定の効力を持った。これは、当時の村社会で作成される文書としては異例のものである。

往来手形と旅人の救済制度については、近年柴田純氏が研究成果をまとめ、往来手形の時期的変遷を解明し、この所持により旅のなかで村々から保護を受けられる体制を、特に病気時の村送り制度を中心に「パスポート体制」と位置づけた（『江戸のパスポート：旅の不安はどう解消されたか』）。紀州藩田辺領に伝わる膨大な記録と全国的に博捜した関連史料の検討から、藩領ごとに分かれた地域社会での実態と、それを横断する幕府政策の展開過程を整理し、往来手形の変遷や村送りについて従来の見解を一新した成果である。

論点は多岐にわたるが、本書の課題と関わる点は、おおむね以下のようになろうか。

まず往来手形は、全国的に見て遅くとも享保一〇（一七二五）年には存在が確認できるが、幕府法令で往来手形の文言が登場するのは明和四（一七六七）年の明和令が最初である。この時に、病気を患った旅人に対して往来手形を確認し、領主の指示を受けた上で「村送り」をする体制が築かれた。また天保一四（一八四三）年には人別改め令のなかで、以後は往来手形の発行について領主の許可を要することが命じられた。

幕府から公的に位置づけられる以前、寺社参詣人の多い上方では、少なくとも元禄初年には村送りが慣行として成立していた。村送りは、病気の旅人を療養させずに村から追い払うという面もあり、生類憐れみ政策の影響で禁じられるという経緯もあった。藩領ごとに対応が異なっていたが、幕府の明和令により全国的規模で、行旅病人を保護する「パスポート体制」が成立していく。この旅人保護体制は往来手形を所持することが前提で（身元を証明できればそれに準じる扱いを受けられる）、一八世紀半ば以降に増加する無宿者や帳外れ乞食は、この保護体制の恩恵に浴することはできず、行き倒れても検死もされないまま、死体は埋められ処理された。彼らは時に往来手形を偽造し、村送り制度を悪用したため、街道沿い村々の社会問題となっていった。

柴田氏の示された枠組みにより、村送り制度と偽造の往来手形による制度の悪用など、尾鷲組大庄屋文書中で見られる事例の多くも、明快に理解できる。ただ、村送り制度との関係に焦点を当てて往来手形を論じたために、往来手形の定例の依頼文言である「旅中で行き暮れた時の取り計らい」という、最も一般的な救済については検討対象になっていない。氏が注目した村送りは、病気や怪我により自力では旅を続けられないという非常時の特殊な対応であり、往来手形の文言中にも現れてはいないのである。また、全国の事例を博捜されつつも、主に幕府や藩の法、そして紀州藩田辺領の町年寄の公務日記を分析素材としているため、制度的、公的な世界に偏る傾向は否めない。氏は「パスポート体制」の保護対象者（往来手形を持つ者とそれに準じる者）と、他国からの物貰い乞食とを制度的に峻別したが、実態はどうであろうか。往来手形を発行する権限、主体、機能についてなど、未検討の課題も少なからず残されていると思われる。

現在知られている多数の往来手形は、文言や書式がかなり区々で、当然にその効力や村々の対応の仕方にも地域差が大きいだろうことは、容易に予測される。尾鷲の事例で一般化するわけにはいかないが、柴田氏の研究成果に学びつつも、制度に反する実態に注目して見ていきたい。

2、往来手形と病死旅人の対応原則

［往来手形の雛型］

尾鷲組では、往来手形はどのような手続きで作られたのであろうか。旅立ちを希望する者は、まず村役人にその旨を届け出る。村役人に対して往来手形の下付を求める願書も多く伝来するが、村役人ではなく檀那寺が発行する往来手形もあるようだ。村と寺とは、どのように役割を分掌していたのだろうか。この点を含め、尾鷲組大庄屋文書のなかにある往来手形の「雛型」を検討してみよう。

覚

一、紀州牟婁郡尾鷲組何浦村誰と申者、同行何人此度西国順礼ニ罷出申候、尤宗旨往来ハ銘々所持致候、いつれも慥成者ニ而御座候間、御関所無御不審御通し可被下候、以上

年号月日

紀州牟婁郡尾ハし組何村庄や　誰印

一、紀州牟婁郡尾鷲組何村誰と申もの年何十歳宗旨何旨此度廻国西国順礼ニ罷出候、若何方ニて相果候とも乍御世話其所ニて御取置可被下候、尤此方へ御届ケニ及不申候、仍之往来手形如此ニ御座候、以上

雛型とは現代の文例集のようなもので、固有名詞は「何」や「誰」、あるいは空欄で示され、その部分を埋めれば文書が作成できる。いちいち文案を考える手間が省け、決められた内容を過不足なく表記するために重宝された。残念ながら右の雛型がいつ作成されたのか不明なのだが、字体などから一八世紀前半頃までのものではないかと推測している。尾鷲組では基本的に個々の村の庄屋が往来手形を発行するのだが、ここでは村名が特定されておらず、この雛型は尾鷲組として作られたものであることが分かる。

この雛型には、旅人が行き暮れた時には宿の手配を頼む旨の定例の文言が欠けている。また、宛先となる関所役人と街道沿いの村町役人も、この雛型では記されていない。いずれも尾鷲組内で実際に作成された往来手形には確認できるので、雛型がその後改訂されたのか、それとも雛型の下書きでもあったのだろうか。

それは措くとして、注目したい点がいくつかある。まず、「同行何人」と複数の旅立ちを前提として、「尤宗旨往来ハ銘々所持致候」とあることだ。つまり、村の庄屋が出す往来手形は、同行者がいる場合にはまとめて一通のみを作成し、それとは別に「宗旨往来」を個々人に交付し、所持するのだという。そして、「年号月日」の後にある部分が、その「宗旨往来」に該当するのであろう。ここには、旅先で死去した際にその地で処理し、国元へ連絡には及ばない旨が記される。発給主体が同じであれば、わざわざ別に記載する必要もない。旅立ち自体の承認と身元保証は村役人が行い、一方で所属する宗派については、おそらくは檀那寺が「宗旨往来」として発行したということではなかろうか。

尾鷲組の事例に限らず、村役人の往来手形と檀那寺が発行した往来手形と、二通を持って旅に出ている者も、少なからずいた。両通が残っている場合、村役人の往来手形に「寺往来相添申候」などと記されることがある。

機能と役割は少し異なるのだが、類似する文書として人別の移動に伴う証文がある。江戸時代に婚姻や養子により村を越える住民の移動があると、村役人同士で人別送り証文と人別請け込み証文が取り交わされ、両村の宗門人別改帳の記載が変更される。その時に、檀那寺同士で同様の証文が交わされた事例も見られる。だが基本的には村役人が主体であり、寺の証文は作成されるとは限らない。確かに宗旨は檀那寺が証明するものの、宗門人別改帳は村が作成し、これに基づき人別移動を把握するものだからである。

往来手形も、同様の関係ではなかっただろうか。基本的には人別を管轄する村役人の承認のもとで発行するもので、旅の途中で果てた際に埋葬する現地の寺を意識して、「寺往来」が付け加わった、という枠組みで理解している。ただ、全国に残る往来手形には檀那寺が出したものも数多い。それに村役人がどのように関与したのかが問題だと思われるが、地域や宗派によって違いが大きく、詳細は今後の検討を待ちたい。

さて少し重要なことは、この雛型が尾鷲組として作成されたらしいことからも分かるように、往来手形の発行には大庄屋の承認が要る。旅立ちを望む村人たちは、属する村の庄屋を通して大庄屋に申請したのである。ただし、往来手形自体は大庄屋の了承のもと、村役人の名前で発行した。そして大庄屋の承認のみで済み、紀州藩代官のところまで上申されることはない。庄屋、肝煎の任にある者が旅に出る場合は、大庄屋を通して代官に申請し、その間の役務の「御暇」を得るのだが、それ以外の一般住民は、天保改革の一環で幕府が往来手形の発行時に領主の承認を制度化した後であっても、大庄屋の権限で承認され、村役人が発行しているのである。領主支配の及びにくいこの地域では大庄屋の権限が非常に大きいのだが、その表れであったろうか。

［病死旅人の対応マニュアル］

関連する問題として、病死した旅人に同行者がいた場合に、尾鷲組として取り交わす文書の雛型を検討しておきたい。大庄屋役所の公務日誌のうち、重要事項を抜粋した「宝永五子年より享保十三申年迄御用筋抜書」という冊子に記載されたもので、前後の記事から宝永六（一七〇九）年か翌年頃の記録と推測される。なお、前後には大庄屋や寺の住職の交代、出火時などの届書の雛型が記され、文書行政を整備した時期であったようだ。

雛型の文書は三つあり、まず「熊野何組大庄屋誰印」を発給者とし、「何国何郡何村庄屋」に宛てられるもの。病死した旅人の出身地の村に対して、何日に何村のどこに止宿した者が病を患い、医者を付け薬用治療を施したものの死去したため、「何村何宗住寺（何カ）」に埋葬した旨を報せる内容である。「熊野何組」とあることから、尾鷲組独自で作成したのではなく、木本代官管轄下の村組で共有されたものだと思われる。

二つ目の雛型は、旅の同行者から庄屋肝煎に宛てるもので、この間の経過と医者や薬を用いた治療にもかかわらず死去したこと、寺への埋葬と病死者の所持品目録を受け取り、宿と「所の衆中」の扱いに何の不満もないことを記す。青森の妙栄尼の死去後、母と妹が「宿権六」と連名で提出した文書とほぼ同様の内容であり、一八世紀初頭に作られた雛型が基本的に江戸時代を通して用いられたことを思わせる。これに、所持品を書き上げ、同行者に渡した旨を記す三つ目の雛型が付いた。

これらの雛型中に「往来手形」の文言は見られない。往来手形が未だ十分に制度化されてはいない段階で、その存在を前提とせずに、病気の旅人を治療し、埋葬し、同行者や国元と連絡を取る体制がすでに整えられていた点が注目される。

3、旅人救済と往来手形

〔往来手形の必要条件〕

Ⅴ章で尾鷲組の算用帳簿の分析により、困窮した旅人を救済する様相を見たが、木賃宿代や一日分の米銭を恵む程度の場合には、必ずしも往来手形を確認してはいなかった。往来手形を所持していたから救金を施したという記事が天保年間以降に見られる一方、それを持たない旅人を救済したという事例も、時期に関係なく存在する。加えて、村の負担で病気養生を行わせる時にも、往来手形の所持を前提としたわけではない。

村送り時には、往来手形を確認することがかなり強い原則であり、不所持を理由に村送りを断った事例も確認できる。だが、村送りは認めなくても、多額の費用を支出して療養させている事例が、いくつもあった。

天明九（一七八九）年正月一六日、伊勢国津の浪人が妻を連れて尾鷲に差しかかるが、病気難渋を訴え、尾鷲から津までの村送りを願い出る。だが尾鷲組は、彼らが往来手形を持っていなかったことを理由に「相成りがたく」と拒絶する。その代わりに非人番弥助の納屋での療養を認め、結局翌月まで浪人夫婦はここに留まった。その間に尾鷲組が負担した飯米代や薬代等の合計は一五〇〇文と多額に上り、村送りをした場合よりも確実に高い。尾鷲組が村送りを拒否したのは費用負担を厭うたからではなく、街道沿い村々へ継ぎ送りを依頼するには、往来手形が不可欠だったからである。そして、往来手形を持たない者は一般に村送りの制度を利用できないことは確かだが、しかし街道沿い村々の保護対象から外れていたわけではないのだ。

では往来手形は、村送りの時だけに必要とされたものなのであろうか。身元不明の旅人死体については、往来手形がなくとも村で処理せざるを得ず、尾鷲組の場合は非人番によって埋葬された。だが、同行者がいる場合には、埋葬する際に病死者の往来手形の提出が求められた。病死した旅人の往来手形が尾鷲組大庄屋文書中に十数通残っているが、これは持ち主を失ったために大庄屋役所に伝来したというのではなく、死後のトラブルを防ぐ目的で村側が必要としたのであった。算用帳簿に「往来一札の趣をもって仮埋めにする」といった記載があるように、村側の措置は、往来手形中にある病死時の扱いを依頼し、処理の仕方を一任する旨の文言に基づいていたのである。

[取りに戻った往来手形]

尾鷲組大庄屋文書の一紙文書中から、次の事例を見てみよう。宝暦九（一七五九）年正月、美濃国恵那郡落合村（現岐阜県中津川市）の与吉という者が、木本（現三重県熊野市）へ奉公稼ぎに向かう途中、息子二人と共に尾鷲組堀北浦の彦六方に宿を取った。だが道中で患っていた与吉は、看病の甲斐なく病死してしまう。息子二人は尾鷲での埋葬を願い出るが、彼らは往来手形を持っていなかった。結局、一人が尾鷲に残り、一人が故郷まで戻って、すでに死んでしまった与吉の往来手形を、檀那寺からもらってくることになった。身内の同行者がおり、無宿ではないことが明らかであっても、病死時には往来手形の提出が求められたのである。

ただし、先に見た宝永年間の旅人同行者に関する雛型には、往来手形文言は存在しない。

尾鷲組の算用帳簿に旅人の病死時の記録は明和四（一七六七）年が初出で、往来手形の記載に基づき埋葬した旨が記載されるのは天明元（一七八一）年が最初である。一八世紀の半ば過ぎ頃までの間に、埋葬時に往来手形を必須とする原則が打ち立てられたようで、幕府の明和令の影響も考えられるが、根拠を見出せてはいない。

［死後に作成された往来手形］

尾鷲での病死後、美濃国の檀那寺で発行してもらっただろう与吉の往来手形は、残念ながら現存してはいない。厳密には偽造ともいえるのだが、息子が住職に事情を話し、出立前に申請していたら作成されていた内容を踏襲したものであっただろう。

尾鷲組も承知の上で、実態とは異なる形で作成された往来手形がある。天保二（一八三一）年の大和国葛下郡田井村の商人、良助の事例をあげよう。一連の関連文書中から、良助は五月二八日に綿の取り引きのために尾鷲に来ていたことが判明する。南浦の四郎兵衛方に宿を取ったが、六月一五日に発病し、医師の治療の甲斐なく翌々一七日に死去してしまう。尾鷲から大和国田井村へ使者が送られ、二〇日に良助の弟・藤助がやってきて、二一日に藤助は宿の四郎兵衛と連名で今回の措置に何の不満もなく、遺体を村内の墓地に埋葬してほしい旨の願書を、南浦の役人に提出した。いわば、病死旅人の同行者と同様の立場で出したものである。

さて、田井村の役人が作成した良助の往来手形が一連の文書中に含まれるのだが、いささか異例で、しかも実態と合わない記載が見られる。まず表題が「往来送一札」と、普通は使われない「送」という文字が挿入され、当事者について本文中で「元当村良助」と表記される。良助は尾鷲へ綿商売に来ていたのに、ここでは「仏参志願」となっており、そして病死時にはその地の作法で葬ってほしい旨が明記される。何よりおかしな点は、日付が天保二（一八三一）年の六月となっている点である。この前月にはすでに良助は故郷を離れ、尾鷲で商売をしていた。つまりこの「往来手形」は、往来手形を持たずに尾鷲に来ていた良助が客死してしまったため、形式を整えるべく、すでに死んでしまった、まさに「元当村」の人間である良助について、出身村の村役人が後に「送」ったものだったのである。

［同行者で一通の往来手形］

さて、先に尾鷲組の往来手形の雛型を見た時、村役人が発するものは同行者が同じ村の者であれば一通にまとめて記されることを見た。だが、そのうちの誰かが旅の途中で死んでしまったら、往来手形の扱いはどうなるのであろうか。村に提出してしまったら、残りの同行者がその後の旅中で不自由することになりかねない。

宝暦一〇（一七六〇）年六月四日に若狭国遠敷上中郡瓜生村（現福井県若狭町）から西国巡礼を志し尾鷲に差しかかった男女二人ずつ四人連れに、それに近い事態が発生した。この四人は同一の家族ではなく、近い親戚というわけでもなさそうだが、そのうちの女性一人が、馬越峠を越える途中で急病を発し、にわかに死んでしまう。堀北浦の村役人と「宿」惣吉が対応したようだが、同行者のうち八兵衛と仁助は、村役人らに宛てて埋葬を依頼する願書を出している。旅人四人はいずれも瓜生村の住人で檀那寺も同じ、一緒に西国巡礼に旅立ったためか、寺から出された往来手形は四人連名となっていた。願書中では「私ども四人一紙に致し、国元の寺請証文所持仕り、指し上げ申しそうろう」とあり、原則通り檀那寺からの往来手形を提出したようだ。だが、それでは残った三人が、後の旅程で困らないであろうか。

尾鷲組大庄屋文書中の一紙文書を探すと、瓜生村の長源院という寺が前月の五月に発行した、彼らについての「寺請証文」（往来手形）が見つかった。長源院の捺印と、禅灯という僧侶の花押も付されている。だが、花押は形をなぞったような筆跡で、文中に何か所か書き直したような跡があり、全体の字体や紙質も、本物の往来手形なのか、疑わざるを得ない。決定的な間違いは、旅に出る者を列挙した冒頭部分で、こともあろうに同行者として病死後の措置を村役人に依頼した八兵衛の名が抜けており、三人の名前しかないのに「此四人者共」と記載されているのである。実際に交付され、旅人四人が持参した往来手形ではあり得ない。

尾鷲組では旅人たちの事情を汲み、同行者の願書には往来手形を提出する旨を書かせた上で、往来手形の複写を作り（その際に、八兵衛の名前を書き漏らす）、原本は同行の旅人たちに返してやったのではないだろうか。

往来手形の問題に限らないのだが、江戸時代の社会全般に、制度を固守しあくまで証文の形式を整える意識が強く見られる一方、実態としては「偽り」を含め融通無碍に運用している部分がある。個人的には、旅人たちの事情に応じた柔軟な対応に共感を覚えるのだが、同時に当時の人々も囚われていた文書主義の強い影響も感じてしまう。

［偽造された往来手形］

柴田氏も指摘している通り、一八世紀後期以降には偽造された往来手形が横行していた。尾鷲組の名前をかたった事例を見てみよう。

享和三（一八〇三）年四月のこと、木本代官より尾鷲組に、美濃国の村からの書状が届けられた。大垣藩領の萩原村（現岐阜県池田町）で尾鷲の市兵衛という者が病死したという報せである。萩原村の役人から大垣藩へ報告され、そこから藩の大坂蔵屋敷へ連絡が行く。米穀市場の中心地である大坂には諸藩が蔵屋敷を置いていたが、そこで藩同士の情報交換もなされていたのである。連絡を受けた紀州藩の大坂蔵屋敷から若山の奉行に知らせが行き、木本代官を介して尾鷲組まで伝達されることになった。

萩原村名主の恒吉や両藩との間などで交わされた文書によれば、この年の二月二七日に萩原村内の往還で発病して動けなくなった者がおり、尋ねたところ「紀州牟婁郡おわせ村与四郎悴市兵衛」と名乗った。村では医者を呼んで介抱したが、結局三月八日に死んでしまう。そこで大垣藩役人の検分を受けた上で、村内にある東本願寺末寺の善福寺の墓所へ埋葬した。善福寺は現存する寺であるが、彼に「釈流芳」という法名（戒名）を付け、弔った。丁重な取り扱いを聞いた紀州藩の勘定奉行は尾鷲組に対し、親類を彼の地へ遣わして謝礼をするべきところだが、遠路で難儀であれば、書状と共に礼物銀を送るように、と指示を下す。

さて、萩原村で死去した市兵衛の往来手形は、その写しが尾鷲組にももたらされた。

一札

紀州牟婁郡おわせ村与四郎悴　市兵衛

右之者当村之住人ニ而宗旨代々浄土真宗則当村万徳寺旦那ニ御座候、若此者何方ニ而相果候共、此方江不及御届ニ、其所之御作法ヲ以御取置可被下候、為其一札依而如件

享和二亥五月十八日　右村庄屋　八郎平　印

右村　万徳寺　印

所々御役人衆中

送られてきたのは写しであるから、署名欄には「印」という字が記されるが、萩原村に残された市兵衛の往来手形は捺印されたものだったはずだ。行き倒れた前年の享和二（一八〇二）年五月に出立したことになっている。だが、これを見た尾鷲組大庄屋の土井徳蔵は、さぞ困惑したことであろう。往来手形に記される万徳寺という寺は尾鷲組内にはなく、八郎平という庄屋の名前も、五十年来、聞いたことがない。念のため組中の村役人を呼び寄せ、該当する者がいないかを調べさせた。だが父親の名である与四郎という者は一応いるものの、市兵衛という悴も他国へ行っている悴も存在しない。

土井徳蔵は代官への報告のなかで、市兵衛の往来手形は村役人と檀那寺が連印しているが、尾鷲組内ではそのような様式は取らず、また年齢が記されていないこと、「尾鷲組何村」と記すべきなのに「おわせ村」となっていることなどの不審点を列挙する。彼の疑念はすこぶるもっともなことで、村役人と檀那寺が連署した往来手形は私も見たことがない。「尾鷲」は村組、地域の総称であり、「尾鷲村」など存在しない。明らかにこれは尾鷲以外で作成され、印鑑も偽造された、まったくの偽物である。

市兵衛は生前に、偽の往来手形を持つことで、旅の往き来や病気に罹った時の便宜を得ていたのであろう。当時の社会では、同様の行為は他にも少なからずあった。市兵衛の往来手形は、なぜか牟婁郡尾鷲という実際にある固有名詞を伴っているが、架空の村名でも同じことだっただろう。遠国の村名など知らなくて当然だし、ましてや正しい印鑑が捺されているのか否かは確かめようがない。萩原村がだまされたように、遠隔地の村で偽りを見破ることは、ほぼ無理なことであった。むしろ、偽造がそれほど難しくないこの文書により、旅中の保護体制が明確に区分されたと考えるところに、少し無理があるように思う。理念はともかく制度と実態とは、かなり違っていたのではあるまいか。

村送りをする時には往来手形が必要で、尾鷲組でもその不所持を理由に村送りを断ってい た。だが、村送りの末、辿り着いた故郷の村で、自村の住民ではないとして送り返された事例が多数あった。制度を悪用して目指す地へ駕籠に乗せて行ってもらおうとした者の仕業だが、この場合も偽造の往来手形が用いられたことが多かったであろう。

ただ、これらの事例で分かるように、村送り制度の悪用といっても、出身地を偽れば結局故郷に帰ることはできず、送り戻されてしまうのである。あわよくば、という浅はかな考えで企んだことなのか、駕籠で行き帰りしている間は飲食に困らぬという計算だったのか。偽造がばれた旅人が、最後はどのように扱われたのか興味がわくが、残念ながら関連する記録を見出せていない。

4、「物貰い乞食」の統制と救済

柴田氏は、往来手形の所持者が「パスポート体制」の保護を受けられる一方、これを持たない貧しき「物貰い乞食」はその恩恵に与ることができないとして、旅人たちを二つの階層に大きく区分した。こうした「物貰い乞食」の統制と、村々の対応実態を見よう。

紀州藩は天明七（一七八七）年一〇月、「他国無宿乞食」が領分に多数入り込んでいるとして、追い払い、なお入り込んだならば一両日ほど縄を掛けおき、その上で追い払うようにと触れている（尾鷲組には一一月に届いた）。翌月にも「他国無宿非人」を他領境へ追放すべきことが触れられた。こうした触書は、少なくとも元文二（一七三七）年以降には再三確認できるが、「小盗無宿」「非人無宿体胡乱者」と表現されるなど、盗難や放火への警戒を喚起したもので、救済どころか犯罪者扱いまでして、排除を通達しているのである。以後も「無宿」や「非人」の入り込みを警戒する触れは再三にわたって出されるし、全国的な政策としても、確かに乞食非人は一般の旅人とは区別され、救済の対象外となっている。

そして尾鷲組でも、こうした乞食非人の排除を課題としていたことは間違いない。天保五（一八三四）年五月七日に尾鷲組では、四歩板一枚の代金五八文を支出しているが、「是は時節柄付き、物貰合力人等入り込み申さざる様、林浦町端北浦村端両方へ立札致しそうろう付き、右入用此の如し」とあり、尾鷲の中心街の両端に「物貰合力人」の立ち入りを規制する立て札を設置したことが分かる。二年後の天保七（一八三六）年九月二八日には、「無宿万吉と申者」を退散させた取り計らい代として、「惣廻り」へ七六文が支払われているが、立て札の趣旨に即した対応であったろうか。

ほぼ同時期の天保八年と思われる正月に、八鬼山荒神堂に居住する山伏一家は尾鷲組に対し困窮を訴える願書を出す。荒神堂は領主通行時をはじめ往来する旅人の休憩所であり、万一の時の宿泊や保護機能を持ったが、近年の不景気で往来が少なく難渋しているとする。そして昨今は「非人乞食多く入り込み、一日も油断相成りがたし」と、よそから尾鷲へ流入する非人乞食への警戒のため、屈強の者を不在にすることはできず、村へ下山する（それにより稼ぎを得る）ことも叶わないと訴えた。天保飢饉の影響もあっただろうが、それ以前から幕末に至るまで、尾鷲組など熊野街道沿いの村々が、金銭の施し目的で入り込む旅人を警戒し、排除する課題を持っていたことは間違いなかろう。

だが、日が暮れて宿のあてもなく困窮を訴える貧しき旅人に、施しを与えた数千件の算用帳簿の記録を、どう理解したら良いのだろうか。往来手形の有無や無宿か否かはともかく、抜け参りや路銀が乏しい巡礼と「物貰い乞食」との区別など、できるとは思われない。

実際に生身の貧しき旅人に接した時、それが明らかに「物貰い乞食」であっても、彼らを排除する原則は取られていないのである。Ⅴ章で紹介した事例だが、文政七（一八二四）年に雨のなか野宿をしていた遠江国の親子六人連れに木賃宿代を支給するなど、往来手形も路銀も持たない乞食巡礼も、救済の対象としていた。橋の下で野宿し、病に苦しむ者を宿に収容した事例は、少なくとも七例ある。いずれも当人たちからの嘆願ではなく、尾鷲組側（主に非人番）が見つけ、あえて救いの手を差し伸べ、保護しているのである。一宿代や当座の食べ物代などを求める乞食非人に、十数文から数十文程度の金銭を支出した記録は多数あるし、なかには長期にわたり療養させることもあった。

病気になり死んでしまったら処理費用がかさむので、それを避けるためのお救いだったという、いささかうがった見方もできるかもしれない。しかし、それだけではなさそうだ。街道沿いの地域社会には、遠来の巡礼をもてなす文化があったのだなどという、妙に美化した宣伝は嫌いなのだが、尾鷲組大庄屋文書を読む限り、困窮した貧しい旅人を排除してよしとする感覚は感じられない。加えて、あえて言えば現代においても、例えばホームレスを冷たく放置するような感覚は、熊野地域では見られない。経済原理に毒された現代の都市的な価値基準で、当時の社会、とりわけ熊野地域を理解してはいけないと思うのだ。

Ⅷ　熊野からの旅立ち

1、村役人の出立手続き

尾鷲組大庄屋文書のなかには、青森の妙栄尼のほか少なくとも一一通の、他所から来た旅人の往来手形が遺されている。これらは基本的に妙栄尼同様、尾鷲で客死してしまったために、大庄屋文書として伝来したものである。これとは別に、尾鷲組住民の往来手形や旅立ちの願書も認められる。ただし、一般の村人の場合は個々の村で処理しており、尾鷲組大庄屋役所で残っているのは、特殊事情のものを除けば主に村役人の旅立ち時の事例であった。形式的にしろ藩制機構から任命される村役人、庄屋と肝煎は、長期の不在時には大庄屋を通して代官所に届け出て休暇を乞う必要があった。

一例を示そう。安永四（一七七五）年正月、堀北浦庄屋の久兵衛は、西国巡礼を望み翌月一〇日出立で日数四〇日間の「御暇」を、大庄屋に宛てて出願した。三十三所札所巡りにはおおむね四〇日間で廻れるとの認識だが、余裕を見て五〇日間を願い出た村役人もいる。当時の大庄屋の竹原佐次右衛門は、この願書を木本代官夏目次郎兵衛に取り次いだ。村役人がこうして旅に出た場合は、帰郷後も大庄屋、代官に宛て報告がなされる。

さて、堀北浦庄屋久兵衛の旅立ちの理由を見よう。久兵衛の親は去年大病を患い、薬も効かないので、「西国順行の立願」をしたところ全快したという。それを感謝し、また今は村のなかで特に問題はないとして、了承を願っている。村役不在でも支障はないというのは、彼らの旅立ち願書に定例の文言である。そして現世利益を叶える観音信仰に基づき、病気快癒の祈願というのも、西国巡礼のほとんど定型文となっていた。

久兵衛は親の病気全快のお礼参りを願い出たのだが、一般の村人が出した旅立ちの願書にも、病気快癒を掲げるものが多く見られる。だが、それが実態だとはとても思われない、明らかに虚偽だと分かる面白い事例を、次に見てみよう。

2、母親たちの旅立ち

［旅立ちの申請］

江戸時代の交通史、庶民の旅の研究において、旅の目的は信仰か娯楽かということが、長く議論されてきた。純粋に寺社参詣を目指す人でも、道中でまったく禁欲的であったはずもなく、時に楽しみを見出すのは当然であろうし、一方で遊楽を理由の旅が認められず、たいていの場合は信仰を掲げる以上、寺社を巡らないことも考えにくい。二者択一的な議論はあまり生産的ではなかろう。これまで紹介してきたように、信仰でも娯楽でもなく、村で暮らせなくなり仕事を求めた旅、何のあてもない、文字通り死出の旅もあった。

講組織に基づかない女性や子供の旅にも関心が寄せられてきたが、年齢や性別により、旅に出る契機や条件は異なっていた。ここではまず、五〇代の女性たちが旅立つ際の手続きについて、史料をじっくり読み解いてみたい。

弘化二（一八四五）年二月、尾鷲組の天満浦、中井浦、向井村の三か在の役人計七名から大庄屋に対し、四国西国巡礼を志す村内九名について、往来手形下付の願書が提出された。表題の後に旅に出ることを希望する者が書き上げられている。住所、肩書きと名前ごとに改行されているものの、ここではそれは省略し、他は記されている通りに掲げる。

中井浦　善助悴　音市　巳三十二歳
同浦　半兵衛後家　さつ　巳五十四歳
同浦　源五郎女房　とわ　巳五十四歳
十作女房　中井浦　りし　巳五十四歳
天満浦　長三郎　巳三十一歳
同浦　常次郎　巳廿七歳
向井村　市松妻　おやす　巳五十二歳
同断　仙次郎妻　おとよ　巳五十五歳
同断　庄兵衛妻　おきと　巳五十五歳

記載順や「妻」と「女房」の区別、「十作女房」はなぜ浦村名の前に記されるのかなど、不規則な点が気になるが、まずは男女と年齢の構成から見ておこう。なお全員「巳」の後に年齢が記されるのは、この弘化二年が巳年だからであり、当年何歳という意である。

〔同行者の構成〕

女六名と男三名で、女性は全員が五〇代、しかもおやす五二歳を除き五四、五五歳に集中している。子育てもひと段落して、時間的な余裕もできた頃であろう。中井浦のさつは、夫の半兵衛がすでに亡くなっていたため「後家」との肩書きであるが、他の五名はいずれも「妻」「女房」という立場である。一方、男の方は三人とも三〇歳前後、中井浦音市は「善助悴」と記されることから独身であっただろう。同世代の中年女性仲間の旅に、護衛と荷物持ちを兼ねて壮年の男三人がついたという集団を想定できる。

念のため、五年前の中井浦の宗門人別改帳から、さつ一家の家族構成を見ておこう。

一、金剛寺　半兵衛後家　さつ（筆軸印）　四十九才
　　　　　　　　悴　与市（印）　二十八才
　　　　　　　　　　りつ（筆軸印）　三十才
　　　　　　　　　　伸助（筆軸印）　二十二才
　　　　　　　　　　みち（筆軸印）　十四才

筆軸印とは、竹製の筆軸の頭に墨をつけ、捺印の代わりに用いたものである。丸印が付されるのみで人を特定する役割を持たず、形式的なように見えるが、尾鷲組の場合、捺印者が家長として筆軸印の者と区別され、また出稼ぎ等で不在の場合は筆軸印が捺されないなど、一定の意味を持っていた。さつの夫はすでに死んでいるが、悴与市がまだ独身のためか、「半兵衛後家」として形式上はさつが家長である。ただし捺印者は与市であり、実質的には

彼が家を代表する立場にあった。「りつ」は、さつの娘で与市の姉であったろうか。ともあれ、この五年後の旅立ち時には与市が妻帯していたかもしれず（この六年後、また一一年後の宗門人別改帳は遺っておらず、家族の変化を辿ることができない）、りつ、そして二〇歳前まで成長したみちという女手もあり、家事労働の担い手に苦労はなかったはずだ。さつが同世代の仲間たちと旅に出るには、何ら支障はなさそうである。

［旅立ちの理由］

村役人七名連名の大庄屋宛て願書に戻ろう。本文冒頭に、旅立ちの理由が記される。

右の者ども長々病身に罷りあり難渋仕り、年来の志願これありそうろうにつき、このたび四国西国巡拝罷り出申し度旨

これまでも述べたように、西国巡礼は現世利益を求めた観音信仰に基づくため、病気快癒の祈願を伴うことが多かった。だが九名の当初の出願は、いったん保留となった。旅立ちの理由が疑われたわけではなく、「御趣意仰せ出されもござそうろうつき、容易に差し遣わしそうろう儀相成りがたく」とする。「御趣意仰せ出され」とは、時期からすると数年前の天保改革の影響が考えられる。村役人たちは、倹約令の趣旨から娯楽目的の旅であれば認めがたいと判断したようだ。だが、改めて村役人で九名を吟味した結果、申請通り間違いないと

して、大庄屋に宛てて承認を求めている。

だが、五〇代半ばの六人の女性と三〇代前後の男三人が、揃いも揃って「長々病身」であったというのは、あまりに不自然だ。そして、確実にこの理由があり得ない根拠が存在する。願書には、中井浦と向井村では庄屋と肝煎が連名しているのだが、天満浦では庄屋清助と並んで「肝煎代茂兵衛」が名を連ねている。庄屋の補佐役の肝煎はなぜ代理で、肝煎本人は登場していないのか。実は旅に出る予定の男三人のうち、長三郎三一歳こそが、当時の天満浦の肝煎役だった。他の史料から確認すると、彼は四年前の天保一二（一八四一）年に肝煎役に就き、安政四（一八五七）年まで務めている。その後天満浦の庄屋となり、元治二（一八六五）年までその任にあった。天保一一年段階で三歳下の妻と二歳の息子豊次郎を得ている。

このような経歴を持つ彼が、弘化二（一八四五）年段階で「長々病気」であったということは、まったく考えられない。「長々病気」で年来の志願のため西国巡礼に赴きたいというのは、旅立ち時の出願文言としてほとんど定型化したものであり、実態とは無関係の、時にかけ離れたものだったこと、そしてそれを村役人らも承知していたことを示していよう。

［申請書の作成手続き］

さて、九名の旅の参加者は、中井浦、天満浦、向井村の三つの浦村に分かれていた。尾鷲の中心部に位置する中井浦を挟み、北東にある天満浦から南東の向井村までは七、八㎞ほど離れており、生活圏が同じとは言いがたい。五〇代の女性たちは幼馴染みで、嫁ぎ先が少し散らばったという可能性や、いずれも大宝天王社の氏子圏内の浦村であり、祭礼行事等を通した交流もあり得ただろう。いずれにしても所属する浦村が異なる者たちが、どのように往来手形を申請する手続きをしたのかを検討してみたい。

村役人七名連名の願書が出された前提に、本人あるいは夫や父親が、各村役人へ申請したはずである。当該文書はそれらの申請文書の記載を写して、九名の名前を冒頭に書き上げたのであり、ゆえに「女房」と「妻」などの表記のブレが生じたのであろう。

さて、原史料を見ると、本文はもちろん、村役人七名の署名も筆跡は同一である。この証文を誰が作成したのか、また七名すべて署名の下にある捺印をどのように集めたのかも問題となる。確かに一行のメンバーは三つの浦村にまたがるのだが、それぞれの村役人が大庄屋に取り次ぐのではなく、なぜ共同で大庄屋に申請したのかも、少し不思議ではある。

大庄屋役所に村役人七名が一同に会し、そのなかのいずれかが作成したという可能性もあるが、大庄屋役所の機能に鑑み、大庄屋のもとにいた筆耕（書記役）の手によって書かれ、三か在を回覧して村役人らに印をもらって成立したものではないか、と考えている。

〔出立の承認〕

さて、当時の尾鷲組大庄屋玉置理兵衛は、この時に若山城下へ出張中で、不在であった。尾鷲組の借財がかさみ、組で管理する山林（植林した上木）を紀州藩仕入方役所に買い上げてもらうための交渉に赴いていたのである。玉置理兵衛は二月一一日に尾鷲を出立するが、一四日には木本代官が木本組の大庄屋加田仁右衛門に対して、尾鷲組の兼帯を指示している。大庄屋が不在時には、このように近隣の大庄屋が兼帯するのが通例であった。つまり、中年女性六名と壮年男性三名の往来手形交付願いは、尾鷲ではなく木本組の大庄屋の元へと提出されたのだ。

では、村役人らが捺印した正文書が、木本組にではなく尾鷲組大庄屋文書として遺されているのはなぜであろうか。兼帯を解かれた後に、尾鷲組に関わる文書を加田が尾鷲に送ったという可能性もあるが、願書は二通作成され、一通は木本の加田へ、もう一通は尾鷲組大庄屋役所に提出されたのではないかと思われる。まだ兼帯中の二月二四日段階で、尾鷲組大庄屋役所はこの願書の存在を把握しているからである。

大庄屋役所では、代官所と交わされる文書をはじめ、他の大庄屋や管轄下の村々庄屋との公用文書を書き留めた「御用留」という冊子を作成しており、上申書、下達文書（触留）、互通文書と性質によって分化するほど、文書行政は整備されていた。弘化二（一八四五）年の「諸達留」（上申書留）には、七名の村役人から木本組大庄屋加田に宛てた願書を書き写した上で、次のように注記されている。

右伺いの節、送り一札渡し方の儀は、右兼帯所よりその村々へ直々申し越しもこれありそうろう、大庄屋元には別に留控え存ぜずそうろう、さりながら文言糺しの上、跡々の通り相渡し遣わしそうろう様にとの儀と、村々より承りそうろうこと

ここでの「送り一札」は往来手形のことを指すが、その交付について「右兼帯所」である木本組大庄屋の加田から尾鷲組大庄屋役所へ特段の連絡はなく、三つの浦村へ直接返答がなされたらしい。だが尾鷲組大庄屋役所では村々からの情報として、文言を確認した上で、前々の通りに交付するように、という加田の指示を記録している。当時の大庄屋役所は、大庄屋個人が不在であっても公務日誌が作成され、管轄村々からの情報を集めるなど役所機構として機能していた。一種の官僚機構としての性格を高めていたともいえよう。

その点はともかく、やはり往来手形の発行権自体は個々の村にあった。木本組大庄屋の加田はその原則に基づいて、特に問題がなければ交付を認めるようにとの指示をしている。なお、実は肝煎役一名が含まれていたわけだが、書類の表向きは登場しておらず、代官への中

請はされていない。五〇代半ばの女性たち六人は、壮年の男三人と共に、元気に西国巡礼に旅立ったことであろう。

3、娘たちの抜け参りと駆け落ち

［江戸時代の抜け参り］

江戸時代に往来手形を持たない旅が少なからず存在したことは、これまでも再三述べてきた。それは、故郷を捨てた乞食巡礼のような旅人に限らない。

伊勢講などに基づき旅立つ形態以外に、通常ではなかなか機会を得られない奉公人や女子供らが、正規の手続きなど取らず、ほとんど準備もしないまま家を抜け出し、伊勢を目指す「抜け参り」があったことは、よく知られている。特に六〇年に一度くらいの頻度で発生した「お蔭参り」では、全国から抜け参りの者が伊勢神宮に殺到した。最大規模の文政一三（一八三〇）年の場合、春先の数か月で当時の日本全人口の六分の一に当たる五〇〇万人もの抜け参宮人があった。文政一三年以外に明和八（一七七一）年、宝永二（一七〇五）年にも、大規模なお蔭参りがあったことが知られている。

だが抜け参りは通常の年でも発生し、また伊勢神宮を目指すものだけではなかった。ここで紹介するのは、裕福な家の娘たち三人が親に黙って西国巡礼に出かけ、あろうことかそのうちの一人が旅中で仲良くなった江戸の若者と駆け落ちしてしまう、という事件である。怒り心頭でいささか理性を失った親の願書を含め、庄屋、大庄屋らと交わした文書類計五通を写した記録から、彼女たちの旅と、抜け参りに対する社会の認識を見てみたい。

［まちと女友達の旅立ち］

尾鷲組中井浦の稲生屋弥兵衛の娘まちが、親には黙って女友達と連れ立ち西国巡礼に出発したのは、文政二（一八一九）年二月二八日のことである。同行者は尾鷲組の隣組である相賀組便山村の佐次兵衛娘（名前は不詳）と、同じく相賀組渡里村八三郎娘おたき、それに荷物持ちとして相賀組古本村の儀右衛門という者がついていた。後の記録によれば、儀右衛門は極貧の者であった。尾鷲組と相賀組との間には馬越峠があり（相賀組側の入り口が便山村）、そうそう気軽に行き来できる地理的条件にはない。よくもまあ、家のなかで誰にも気づかれずに準備を整えられたものと感心するが、相賀組の娘二人で計画し、まちは彼女らに誘われての旅であっただろうか。

［まちの家族構成］

まちの年齢と家族構成は、旅立ちの三年前、文化一三（一八一六）年に作成された「中井浦惣人数宗門直御改帳」から確認することができる。金剛寺檀家の一家として、弥兵衛家について次のように記載される。曹洞宗の護国山金剛寺は大宝天王社（現尾鷲神社）に隣接し、「熊野五ケ寺」のひとつとして紀伊徳川家の庇護を受けた名刹である。

中井浦金剛寺

一、弥兵衛（印）　五十三歳
　女房（筆軸印）　四十四歳
　母（筆軸印）　七十九歳
　亀之助（筆軸印）　廿弐歳
　為吉（筆軸印）　廿一歳
　健蔵（筆軸印）　十九歳
　まち（筆軸印）　十六歳
　せつ（筆軸印）　十四歳
　いさ（筆軸印）　十弐歳
　恵之助（筆軸印）　十歳

筆軸印については先に触れたように、尾鷲組においては家長以外に現住する家族員を示す際に用いられる。家長たる弥兵衛の「女房」と「母」は名前が記されないが、これも通例のことである。ただし女性でも未婚の子供などは固有名詞を伴う。

さて、この事件の主人公まちは当時一六歳であるから、旅に出たのは一九歳となる。まちを基軸に家族構成を見ていけば、両親に老いた祖母（健在ならば出立時に八二歳）、三人の兄と二人の妹、一人の末弟恵之助の七人兄弟の真ん中であった。ただし紀州藩領の宗門人別改帳は八歳未満の者は記されないため、恵之助の下にさらに弟か妹がいた可能性はある。

父の弥兵衛は働き盛りの五三歳、まちが旅に出た時には五六歳ということになる。この弥兵衛自身の活動は明確な史料に乏しいものの、「稲生屋」という肩書きが付いているように、中井浦で手広く商売を営んだ家であった。一一年後の文政一〇（一八二七）年三月付の「稲生屋弥兵衛悴亀之助」名の願書が残されているのだが、大坂の商人と線香の原料となる杉葉粉の取引きを大規模に行っていたことが分かる。一年弱の間に内海船などを用いて四度にわたって杉葉粉を計五五〇俵出荷し、為替金が三四両になるが、その仕切りが済まされていないことについての出願であった。亀之助は後に弥兵衛の名を継ぎ、炭団を製造して江戸で販売し、成功を収める。さらに嘉永六（一八五三）年には、庄屋・大庄屋の不正を糾弾し、大胆な行政改革を掲げて代官に越訴して尾鷲組を大騒動に陥れる。ともかくも稲生屋弥兵衛家は、尾鷲組のなかで経済的にも政治的にも力のある家であった。まちは裕福な家の長女として生まれ育ったわけだが、同行の相賀組二人も、荷物持ち儀右衛門を雇うくらいであるから、同じような境遇であったことだろう。

［道連れ者との駆け落ち］

では、まちたちの旅を、失踪を聞いて庄屋に提出した弥兵衛の願書から見ていこう。弥兵衛の情報源は、まちに同行し帰郷した娘二人からの話である。

娘三人に荷物持ち一人、合わせて四人は、二月二八日に出立し熊野街道伊勢路を辿る。熊野本宮湯峯に至ったところで、江戸からの若者二名と道連れになった。その後、この二人とは後になり先になり旅を続け、時々は同じ宿に泊まることもあった。京都、大坂の札所寺院を巡り、讃岐金毘羅山に参詣する。これも、一九世紀以降の西国巡礼では一般化した経路である。それから西国巡礼路に戻り、四月二七日に丹後宮津に至った。ここには二十八番札所の成相寺がある。西国札所寺院のなかでは最も北に位置し、日本三景のひとつ天橋立を眺望する名刹である。

一行は江戸者二人と共に宮津の宿に泊まるのだが、その夜にまちは、江戸者に連れられ、駆け落ちしてしまった。残された娘二人と荷物持ちは、翌日昼に宮津を発ち、名古屋に出て伊勢参宮をし、二か月半の旅を終えて閏四月一六日に帰在する。金毘羅参詣を含めても普通なら二か月もあれば巡れる経路であるから、いささかゆったりとした行程であった。なお、さすがにまちについて放置はできないと考えたのか、八三郎娘おたきは、名古屋で弥兵衛宛ての書状を認め、まちの失踪を知らせていた。

〔激怒する父親〕

帰郷した娘二人が中井浦弥兵衛の元を訪れ、改めて事情を説明したのではなく、弥兵衛は相賀組に乗り込み、彼女たちを待ち構えていたようだ。怒り心頭の弥兵衛は二人に向かって、まずは宮津で宿元や役人らに訴えて、まちの行方を捜したのかと問うが、そうした様子はまったくなかった。おまけに名古屋から伊勢参宮をして戻ったと聞き、同行者がいなくなったのに行方もきちんと調べず、「ゆるゆると」旅を続けて帰るとは何ごとか、このままでは済まされないと息巻くが、二人からは「いかように相成りそうろうても苦しからず、ほかに存じそうろう儀もこれなし」などと木で鼻をくくるような返答であり、とかく本当の事情を言わずに隠している様子である。困った弥兵衛は、同行者をとくと取り調べ、少しでも手がかりを得て、まちを探索したい旨を、居住する中井浦の庄屋・肝煎に対して訴える。年頃の娘が突然失踪し、狼狽した父親の姿が目に浮かぶようである。

訴えを受けた中井浦庄屋長兵衛と肝煎十蔵は、大庄屋の土井源兵衛に願書を取り次ぐ。だが、村役人らも当惑したであろう。取り調べろという同行者は、尾鷲組の人間ではないし、また何か犯罪が発生したわけでもないからである。

しかし土井源兵衛は弥兵衛の意を汲み、翌日閏四月一八日に相賀組大庄屋の濱田善三郎に宛て、同行者三人を吟味し、まちの行方について手がかりがあれば知らせてほしいことを伝え、また父弥兵衛を相賀組に派遣しても良いかどうかを打診する書状を、弥兵衛の願書と共に送った。

〔父親の「不調法」〕

その三日後、事態は急変する。弥兵衛は同行者の吟味の延引を求める願書を認め、中井浦庄屋・肝煎を経て大庄屋に提出したのだ。相賀組の引本浦小吉という者が弥兵衛に対し、まちの捜索を申し出てきたというのである。弥兵衛は是非その申入れを受けたいとし、小吉が戻ってくるまで同行者の吟味を延期してほしいとしたのだ。だが、小吉を探索に遣わしたとしても、別に吟味の延期を願う必然性はない。弥兵衛が突然弱気な姿勢に転じたのは、小吉の登場が原因ではなく、弥兵衛が自らの落ち度を認識したからである。願書の後半では、行方不明になった者を自分で探す努力を尽くしてから吟味を願い出るべきところ、それをせずに訴えたことは「不調法」であった旨を詫びているのである。

弥兵衛はどのように「不調法」を自覚したのだろうか。史料からは判明しないのだが、おそらくは弥兵衛が同行の娘二人を問い質すなかで、相賀組の関係者により指摘されたのではないかと思われる。弥兵衛の二度目の願書は、尾鷲組大庄屋土井源兵衛を経て相賀組大庄屋濱田善三郎に伝達されたはずだが、二日後の閏四月二三日付で濱田から土井に宛てて書状が送られた。形式的には閏四月一八日付で出された当初の書状への返書であり、五日も経っているのだが、弥兵衛の二度目の願書内容も踏まえた返事となっている。

濱田善三郎は、弥兵衛からの要望を受けて同行の者どもへの吟味を進めてはいたが、この時節は「材木川入」等の御用で多忙であり、返事が延引したと言い訳をする。上流の山地で材木を伐り出し河口の港に向けて川下しをする作業を、相賀組として行っていたという。「御用」とあるから、紀州藩からの発注材木であったろうか。さて、同行者への吟味で大体のところは判明したものの、念を入れて近々その結果を報告する予定であったとし、同時に弥兵衛の二度目の願書、つまり吟味延引の出願は拒否し、願書を返却している。吟味の中止ではなく延引であれば、その間は関係者の行動が制限され、不自由だからだ。

これは、同行した者たちの属する浦村の役人たちの意向でもあった。小吉がいつ帰ってくるかも分からず、それまで待たされては迷惑であり、特に荷物持ちの儀右衛門は「家内大勢極貧家」であり、このままでは日々の難渋が募ってしまうとして、是非さっさと決着をつけたいとする。そして、「弥兵衛心底、当時善悪相分かりそうろう品もこれなく」と指摘する。相賀組の庄屋・大庄屋らは、自分たちの管轄する村人が尾鷲組の弥兵衛に迷惑をかけたという認識はまったくない。逆に、弥兵衛は娘の失踪という事態を前に頭に血が上り、事の理非を弁えていない、ととらえているのである。吟味の延引を拒否したのは、弥兵衛の落ち度をこそ咎めるべきだ、との認識があったのではないか。相賀組大庄屋の返答書は、文言こそ丁重ではあるものの、その内容は結構居丈高で、このような依頼をしてきた尾鷲組大庄屋を非難しているようでもある。

［出願の取り下げと二人の行方］

そのように判断するのは、翌日付けで弥兵衛から、すべてを帳消しにする三度目の願書が出されているからだ。そのなかで弥兵衛は、手がかりがなく困っていたところ、まちの居所について情報がもたらされたのだとする。いわく、閏四月一三日に信州大平という所でまちに出逢ったと、親切かつ詳しく話してくれる人がいた。それによりまちの行方は大体つかめたので、召し連れに赴く旨を述べ、ゆえに同行三人への吟味はもはや不要であり、先に出していた願書は返却されたい旨を訴えたのである。

「信州大平」は村名ではなく、木曽山脈の南部にあり、木曽と飯田を結ぶ大平街道を指すのではないかと思われる。飯田城主によって整備され、中山道の妻籠宿との間を行き来できる道であった。まちは江戸者と共に中山道を逃げ、江戸に向かう途中であったということであろうか。

だが、丹後宮津を四月二七日に抜け出し、閏四月一三日に木曽辺りにいるというのは、相当に「ゆるゆる」した行程である。またもし仮に大平街道でまちに出逢ったとして、それから十日以上経っており、居所が判明したとはとても思えない。まちの失踪、弥兵衛の怒りと焦燥が近隣での評判になっていたとしても、出来過ぎなタイミングでの情報であり、真実のほどは疑わしい。

おそらく、いやほぼ間違いなく、居所を探してやると申し出てきた小吉も、信州大平でまちに出逢ったという者の話も事実ではなく、弥兵衛が当初の出願を撤回するためにでっちあげた口実であっただろう。同行者を吟味せよという弥兵衛の訴えは、まったく理がないというのが相賀組の庄屋たちと大庄屋の判断であったし、このままでは不当な出願として咎められかねないということを、少し冷静になった弥兵衛も察したのである。

まちがその後どうなったのか、まったく知る由もない。宗門人別改帳から辿る限り、尾鷲に戻ることはなかったようだ。江戸者に連れられ、江戸の町人として暮らしたのであろうか。

なお、伊勢参宮街道沿いの旅籠屋を舞台にした男女の駆け落ち事件でも、江戸まで逃げおおせた事例がある。大都市江戸は、あちこちの訳ありの者たちを受け容れ得る場でもあった。

まちの同行者たちは、丹後に至る前にまちと江戸の若者とが「良い仲」になっていたことを察していただろう。まちから相談を受け、了解の上だったかもしれない。いずれにしても、娘二人に罪の意識などなく、大変なことになったとも思っていない。それがまた弥兵衛の怒りを呼んだのではあるが、村役人たちも同様の感覚であったように思われる。若者が旅に出て、その途中でパートナーと出会い、駆け落ちするというのは、極端に珍しい事件ではなく、あり得る出来事と認識されていたのではないだろうか。

そして弥兵衛にしても、まち失踪時の同行者の対応を責めてはいるものの、親に黙って抜け参りに出たこと自体を咎めてはいない。当時、若者が結婚前に旅に出るのは、一種の通過儀礼として認識されることもあった。それは男のみでなく娘たちも同様で、世間を知ると共に連れ合いを見つける機会でもあったのだろう。そうした事態を前に、訴訟だ吟味だと大騒ぎした弥兵衛は、野暮な父親だとみなされたのではなかろうか。

4、残酷な熊野の往来手形

〔往来手形の「捨て文言」〕

尾鷲組内の宗門人別改帳には、漁業や林業などの出稼ぎに出て、当時は不在の旨の注記が数多くあり、そして「行方不知」との記載も、珍しくはない。奉公に出て戻らないだけでなく、神社仏閣参詣の旅に出て、そのまま音信不通となった者も含まれるであろう。

天明三（一七八三）年閏正月二五日、木本代官から管下の大庄屋に対して、米価が高騰するなか稼ぎ先がなく困窮し、西国巡礼と申し立てて村を出る者がいるとして、心願に基づかず巡礼を口実とした旅立ちを禁止する触書が伝えられた。紀州藩領においても、村での生活が成り立たず、喜捨をあてに旅に出る者がおり、それを藩役人も認識していたのだ。

彼らの多くは往来手形も持たずに夜逃げ同然で村を出たのであろうが、村も承知の上で、往来手形にもその旨を明記している事例がある。木本組桃崎村の庄屋文書から二つの往来手形を見てみよう（熊野市歴史民俗資料館所蔵田垣内家文書）。

まず一通目は、文化二（一八〇五）年五月付けの、赤木村節次郎という者の往来手形である。赤木村は北山街道沿い、大和国境に近い山村で、入鹿組に属していた。節次郎は村内にある金谷寺の檀家であったが、当時は無住であったのか、金谷寺の本寺である近隣の長尾村長全寺が代わりに往来手形を発行している。

往来一札

一、此節次郎と申者、拙末赤木村金谷寺檀中紛れござなく候、然る処、此度難義につき何方共なく母共ニ伴われ立ち稼ぎ罷り出申し候、日行暮に及び候節ハ一宿仰せ付けられ下さるべく候、もしまた病死仕り候節ハ、御慈悲を以て其御所の御沙法にてお取り置き罷り成り下さるべく候、其節此方へ御付け届けに及び申さず候、後日のため捨往来一札仍而如件

文化二年丑五月日　　紀州牟婁郡入鹿組

長全寺（印）

諸国所々

御役人衆中

節次郎の旅立ちの理由は、信仰に基づく巡礼ではなく「難義」ゆえのことであり、母と共に稼ぎを求めてのことであった。旅の途中で行き暮れた場合に一宿の手配と、病死した場合の対応を依頼するのは定型文言であるが、「捨往来」の語句が明記されている。節次郎は母と共に故郷を後にし、桃崎村で死去したために、この往来手形が桃崎村庄屋文書として伝来

したのであろう。出立からどれほどの時間が経過していたのか、桃崎村は旅の通過地だったのか、あるいは奉公して定住していたのか、事情は分からない。

［母子軒別修行の往来手形］

さてもう一通の往来手形は、桃崎村役人が村人について発行したものである。

往来一札

一、　年四拾才　　親　ふて
　　　同拾四才　　悴　あき
　　　同　九才　　　　とめ

右之もの、このたび極窮につき、軒別修行に罷り出候間、行き暮れ候節ハ壱宿のお取り計らい成し下さるべく候、もしまた相煩い病死等致し候節ハ、その御国所御作法にお取り行い成し下さるべく候、其節この方へ付け届けに及ばず、なおまた親ふで悴共より速死に致し候ても、残る悴共出所へ告げ知らせ成し下されまじく候、行先へお退け成し下されたく、仍て往来一札如件

万延二酉正月廿一日

ひかへ　　　　奥熊野北山組桃崎村

役人　縫之助㊞

浦村庄屋衆中

国々御関所

万延二（一八六一）年正月に、桃崎村のふて（四〇歳）が、あき（一四歳）、とめ（九歳）の二人の子供（史料中には「悴」と表記されるが、ここでは娘のこと）を連れ、極窮を理由に「軒別修行」、つまり家々を廻り物乞いをする旅に出た際の往来手形である。これも、寺社参詣など信仰目的は掲げられてはいない。行き暮れた時や病死した際の対応についての文言は節次郎のものと同様だが、末尾の文言には驚かされる。親のふでが娘らを残して先に死んでしまっても、残りの子供たちについて故郷の村に告げ知らせることは決してせず、次の旅先へ立ち退かせるべし、としているのである。母が死去した場合に、まだ成人しない二人の娘が旅を続けられるのか、覚束ない限りだが、桃崎村では一切関与しないことを明記する。村の住民を見捨てたような、過酷な文言に見える。

ただし、日付の右下に「ひかへ」（控え）とあるように、これはふでらが実際に旅中で持参したものではない。また村役人の捺印には墨で抹消線が引かれている。彼女らが帰郷した後に印を抹消し、文書の効力の消滅を確認したことを思わせる。

〔帰郷後の母子〕

実際にこの母子三人は、桃崎村に帰ってきた可能性が高い。旅に出た翌年の文久二（一八六二）年正月、桃崎村では「切支丹宗門御改書上」という表題を持つ文書を作成している。いわゆる宗門人別改帳とは違い、檀那寺の記載も請印もなく、家族ごとの人数と名前、年齢が記されるのみで、また一年以内の移動情報が加筆されている。紀州藩領村々で作成される増減帳に該当すると思われる。そのなかに、ふで一家も姿を見せている。

一、家内四[五]人　内壱人男
　　　　　　　　　三人女
　　　　　　　年四拾四才　ふで
　　　　　　　同廿壱才　とし
　　　　　　　同拾八才　粂次郎
　　　　　　　同拾五才　あき
　　　　　　　同八才　とめ

ふでは何らかの事情で夫をなくし、家長の立場であったが、あき、とめの娘二人以外に、成人したとし（二一歳）と息子粂次郎（一八歳）、計四人の子供がいた。困窮して桃崎村で暮らすことを諦め、一家全員で軒別修行＝物乞いの旅に出たわけではなかったのである。ではなぜ、年長の娘、息子を残し、わざわざ幼い二人の娘を連れていったのだろうか。

その前に、往来手形とこの史料とでは、ふで、とめの年齢が合わない。人別把握のために作られた帳面を信ずれば、往来手形を発行した時点でふでは四〇歳ではなく四三歳で、とめは九歳ではなく七歳のはずであった。帳面末尾には、「八才子書上」として、この年に八歳となった村住民が列挙され、「ふて女子とめ」の名も見える（同時に、ふで一家の家族記載にとめの名が書き加えられた）。ふでの年齢の齟齬は不明だが、とめは出立時には七歳だったのだろう。数えの七歳であるから、今で言えば小学校に上がるかどうかという幼子である。

物乞い目的の旅であれば、哀れみからの施しを得る上で、幼児連れの方が効果的であっただろう。四人の子供のうち幼い方から二人を連れての旅であるから、そのような理由を考えてしまう。七歳のとめを九歳と偽った理由は分からないが、先に見た過酷な文言も、こうした事情で出立することを村役人に認めてもらうためだったのかもしれない。いずれにしても二〇歳前後の娘と息子を残しており、物乞いで小銭を貯めて戻ってくるつもりだったのだろう。

だが、母ふでと子供四人との生活は、長くは続かなかった。文久二（一八六二）年正月作成の人別帳面には、翌年の改訂に備えてその後一年間の人別移動が記されるのだが、ふで一家の部分には「二人死」との注記があり、加えてふでとあきの記載に合点という印が付けられている。これは、この二人が死んでしまったことを示しているのだ。

Ⅸ　女三代の旅の終わり

［祖母・母・娘の旅立ち］

明和九（一七七二）年の正月、松の内も明けて間もない一八日に、尾鷲組南浦寺町から、ゆき、さん、きくの三人がひっそりと故郷を後にし、八鬼山を越えていった。ゆき六一歳、その娘さんは二〇歳、さんの娘でゆきの孫となるきくは、まだ三歳であった。ゆきにとってさんは四〇歳を過ぎて産んだ子だが、南浦の宗門人別改帳を見ると、さんは一五歳で嫁ぎ、二年後にきくが生まれたことになる。祖母、母、娘の、女三代の旅立ちであった。

ゆきの夫でさんの父である金助は一三、四年前に死に、さんの夫（きくの父）の杢左衛門は、この正月中に病死していた。身寄りとしては他に、ゆきの弟、さんにとっては叔父に当たる儀兵衛という者が近くにいたが、「至極難渋不如意」であり、他に頼るべき親類はいなかったらしい。金助と杢左衛門の死により、三代の女は男手を失い、儀兵衛によれば木本（現三重県熊野市）か、あるいはそこから山中へと茶摘み働きに出た。しかし、今はそのような稼ぎもないため「報謝をいたし西国順礼」に出たのだという。「報謝」というのは、原義は仏事を修める僧侶や巡礼に布施を送ることだが、ここでは「報謝」をあてにして巡礼に出ることを意味し、道沿いの「報謝」＝喜捨に頼る、乞食巡礼である。

この季節に茶摘み奉公の口などあろうはずもなく、当初から乞食巡礼のつもりだったことは間違いない。杢左衛門の喪も明けないうちの出立だから、よほど差し迫った状況だったと思われる。二度と尾鷲の地を踏むことはない、という覚悟もあっただろう。立場は異なるが、I章で見た青森の妙栄尼ら、また西国巡礼路を何度も廻り続けた越後の女巡礼たちと同様に、旅のなかで命をつなぎ、そしていつか生を終える、死出の旅立ちであった。まだ幼いきくはともかく、ゆき、さんは、そのことを承知の上での決断だったと思われる。

［武蔵国吹上村での祖母の死］

ところが八か月が経った九月になって、尾鷲組大庄屋のもとに三人に関する情報がもたらされた。しかもそれは、街道沿いの村々からの連絡ではなく、紀州藩の奉行から代官を経て大庄屋に宛てた、正式な通達だった。

三人は、遠く武蔵国足立郡吹上村（現埼玉県鴻巣市）にいた。いや、正確には二人であり、ゆきはこの地で死んでしまい、さん、きくの母子がこの村で保護されていた。吹上村は、中山道の鴻巣宿と熊谷宿の間に位置し、八王子から日光方面へ抜ける日光脇往還と交わる、交通の要衝に位置している。領主は譜代大名の阿部家で（忍藩）、当時は阿部正允（まさちか）が藩主であった。阿部正允は大坂城代、京都所司代を歴任後、この時には西丸老中の任にあり、後には本丸老中にも就く。地名辞典（『埼玉県（日本歴史地名大系）』）によれば、吹上村は田九六〇石余、畑四〇七石余、元禄宝永期に百姓九九、水呑九、家内人数六四三、馬四三と、比較的規模の大きな村であった。馬が多いことからも分かるように、鴻巣宿と熊谷宿との「間の宿」として賑わいを見せたようだ。

三人が尾鷲を発ってからの足取りは分からないが、西国三十三所を巡った後、善光寺を経て日光東照宮に向かう途中だったのであろうか。あるいはその間に四国八十八所を巡っていたかもしれない。いずれにしても長旅の上、雨が続き濡れて疲労がたまったゆきは、この村の往還端で休息を取ったものの、わずかの間に病を発し、息絶えてしまう。八月一八日の暮れ時分のことである。途方に暮れるさん、きく母子を、吹上村の人びとが見つけ、保護してくれる。村の雑用に携わる「小遣」の権助が家に引き取り、二人を手厚く介抱した。ゆきの遺体は、村内の浄土宗勝龍寺に仮埋葬されることとなった。

吹上村の村役人らは、さんから事情を聞き取った後、忍藩役所に報告し、藩役人が検分に訪れる。外来者の死を領主役所に報告するのは、尾鷲組でも見られる対応である。

［紀州藩江戸藩邸の機能］

忍藩では、紀州藩の江戸藩邸に連絡を取った。江戸藩邸とは、参勤交代に備えて将軍から大名に与えられた住居で、江戸屋敷とも呼ばれる。「人質」として大名の妻子らが住み、留守居役という藩役人が常駐して幕府との間をつなぐ役割を持った。留守居役は、他藩の同役の者たちとの間でネットワークを築き、情報交換をしていた。そのような政治的機構としての役割を果たすのは上屋敷で、これとは別に火災など非常時に備えた別邸として、郊外に広い下屋敷があった。また有力大名は上屋敷の控え、隠居屋敷として、中屋敷を持つことが多かった。江戸の町は、このような大名屋敷を中心とする武家地が七割を占めた、政治都市だったのである。近代以降は公園や公共施設に転用され、今でも巨大都市東京のなかで所どころに広がる緑地空間の多くは、江戸時代に大名藩邸であった地である。

大名の江戸藩邸については、幕府と藩との間で果たした政治的な役割が注目されているが、少なくとも紀州藩の場合、赤坂にあった中屋敷（近代以降は赤坂離宮、迎賓館となる）は、国元を離れた紀州藩領民を管理・保護する機能を有していた。紀州藩の勢州領、特に松坂の地は、江戸の商業活動の中核を担った伊勢商人の本拠地であった。彼らは江戸に大店を構えつつも本家を伊勢から移すことはなく、江戸での奉公人も伊勢の地で雇用して派遣したのだが、彼らの人別は、紀州藩の中屋敷で把握されていたのである。そしてさん、きくについても、この中屋敷で対応することになった。

〔忍藩、吹上村の対応〕

さて、吹上村、そして忍藩役所の対応について、もう一度考えておきたい。母親を亡くし、幼な子を抱えた若い女性とはいえ、尾鷲組でも似たような旅人は少なからず迎えていた。一宿代程度の金銭や、時に薬を施し療養させたり村送りの措置を取ることもあったが、それらはいずれも村（尾鷲組）の判断で行い、代官ら藩役人に報告することはない。往来手形の文言からも、日も暮れて泊まるところもなく困っている旅人には、一宿の手配をして次の村に送れば十分な対応であり、客死した際にはその地の作法で葬れば良い。尾鷲で死去した旅人について、国元に連絡した事例はあるが、謝礼が期待できる場合などに限られる。吹上村に即して言えば、さん、きくを一晩泊めてやり、藩役人の検分を受け、ゆきを埋葬すれば、それ以上のことをする必要はなかったのだ。その後の経緯から見れば、さんが願ったわけではなく、ましてや吹上村が見返りを求めての対応でもなかった。

中山道、日光脇往還が村内を通る吹上村でも、尾鷲組と同じ様に、貧しく困窮した多くの旅人を迎えていたはずだ。少し情緒的な解釈になるかもしれないが、哀しい境遇の母子に同情しての、親切心からのことと考えておきたい。

忍藩から紀州藩江戸藩邸への連絡も、通常の手続きだったのかは分からない。譜代藩として、御三家・紀州藩への配慮があっただろうか。なお、阿部正允の三代後の藩主は、紀伊徳川家から養子として迎えた正由であり、両藩の間につながりがあったのかもしれない。

［本国への連絡］

さて、忍藩からの連絡を受けた紀州藩江戸藩邸の福富平左衛門は、ただちに本国へ連絡を取る。さん、きくが尾鷲の者に間違いないかを確認の上、長々と他領に差し置くのはよろしくないとして、速やかに引き取りに赴くべきとの判断も付け加えた。若山では阿部市左衛門という者がこれを受け、奉行（郡奉行か）の豊島五郎兵衛を介して、木本代官に対して、吟味の上で親類一人に村役人一人を添えて、さん、きくを迎えに行くべきこと、その前に一度若山まで出頭すべきことを命じた。吹上村で二人が逗留させてもらった宿代や葬儀料、謝礼金、そして遠路の路用銀等も用意すべきことなど、細々と指示した文書を九月八日付けで送る。
当時の木本代官夏目次郎兵衛は、尾鷲組大庄屋の玉置元右衛門にこの内容を伝え、若山に行く途中、木本代官所にも出頭すること、そして付き添いの村役人は万事よく心得た者を遣わすべきことを命じた。大庄屋役所の記録に、代官のこの指示書は「二ツ印」で届いたと注記されている。文字通り印鑑が二つ捺された、臨時の公用飛脚便のことである。九月一二日午中刻に出された書面は、翌日夜に尾鷲組大庄屋役所に届く。これ以降、大庄屋役所では藩政機構からのものはもちろん、吹上村に派遣された者の報告書を含め、この一件に関わる文書を保管し、事件終了後にそれらをすべて書き写した一件記録をまとめている。全部で四二丁（八四頁）にわたるこの記録をもとに、紀州藩、尾鷲組、吹上村の対応、そしてさん、きくのその後を追っていくこととしたい。

［出迎え村役人の人選］

大庄屋役所では九月一四日に南浦の庄屋小兵衛と肝煎次郎右衛門を呼び出し、儀兵衛という者が確かに南浦にいることを確認する。儀兵衛に事情を問い質し、先に記したような家族構成や出立の事情を聞き取った。そして藩からの指示通り、儀兵衛に南浦肝煎の次郎右衛門という者を付き添わせて、現地まで赴かせることとした。問題は、儀兵衛がとにかく貧しかったことである。何しろあてどない旅に出る姉のゆきや姪のさん、その子供のきくを見送るしかないほどの経済状態だったのであり、遠く武蔵国まで旅をする費用など、とても用意できない。そこで南浦の村役人たちが、金銭を工面することとなった。用意ができた九月二一日に、儀兵衛と次郎右衛門は尾鷲を発ち、まずは木本代官所に赴く。

だが、ここでまさかの事態が発生する。代官夏目次郎兵衛のお目通しを得たところ、次郎右衛門が「ことのほか老人に相見えそうろうゆえ」との理由で、人選を変更するようにとの指示が下されたのである。次郎右衛門は六六歳になっていたものの、これまで病気になったことがないというが、木本代官は、吹上村は江戸よりさらに遠方であり、老人では務まるか不安だとして認めない。これは次郎右衛門の身体を案じてのことではなく、相手の「外聞」を気にしてのことであった。儀兵衛が極貧の境遇であったため、「あまり見苦しくこれなき様」に仕立てる算段をしていたが、村役人まで貧弱に見られてはよろしくないとの判断だったようだ。代官は強硬で、年貢納入の責を負うため通常は対象から外される庄屋でも良い、それが無理であれば、頭百姓のうちで誰かを村役人に仕立て上げて遣わすように、とまで言う。儀兵衛と次郎右衛門は、すごすごと尾鷲まで戻るしかなかった。

「見苦しくないように」と代官が強くこだわったのは、この問題が藩同士の問題になってしまっていたからであろう。在地だけでの交渉で終わらず、忍藩の藩政機構との折衝も予測されるなか、肩書きを偽ってまでも藩としての体面が重視された。尾鷲組では結局、南浦の隣、林浦の肝煎役である八左衛門という者を派遣することにした。この間、八左衛門は南浦肝煎として振る舞うのであるが、それは紀州藩代官公認の「詐称」であった。

［再度の出立］

儀兵衛が八左衛門と共に改めて尾鷲を発つのは一〇月二日のことである。次郎右衛門の代替となった八左衛門は、木本代官所で今度は無事に了承され、若山表への書状を受け取って中辺路を通り、一〇月八日七つ時に若山に着く。夏目次郎兵衛と共に木本代官の役にあった桑原林右衛門の屋敷に出頭したところ、物頭衆が同道して奉行屋敷に連れていかれ、翌日に中島伝徳という者の立会いで藤田幸右衛門に面会し、江戸中屋敷会所への文書を受け取った。藤田は在地支配の責任を持つ郡奉行であっただろうか。その後一〇月一〇日に若山を出立し、同月二七日夜に江戸に着く。この間、紀州藩の公的な位置づけを得ているため、熊野街道から東海道まで、宿々の人馬人足を利用できる旅であった。

翌日に中屋敷会所へ出頭し、奉行から預かった「御状箱」を提出する。玄関で野田用左衛門という者から、まずは旅宿で待つようにとの指示がある。晦日夜に使者が来て明朝五つ半に出頭するようにと連絡があり、一一月朔日に再び野田用左衛門に面会する。そこで、吹上村に行き諸々手続きを済ませ、さんときくを召し連れて江戸まで戻ってくるように、との指示を受けた。「覚書」一通を渡されているが、忍藩に宛てた文書であっただろうか。

［吹上村役人との面談］

儀兵衛と八左衛門は翌二日に江戸を発ち、三日には吹上村名主の兵右衛門を訪ねている。二人は平八という旅宿にいったん引き取るが、吹上村からは忍役所へ、二人の来訪を知らせに組頭役の金左衛門が赴いた。吹上村は上組（七五〇石）と下組（六〇〇石）に分かれており、兵右衛門は上組の名主、下組は沢右衛門という者が名主を務め、その補佐役として上組には四名、下組には五名の組頭がいた。金左衛門は下組の組頭役の一人である。

尾鷲の二人が吹上村役人たちに公式に面会したのは、一一月四日である。兵右衛門宅で吹上村の庄屋二人に組頭たちが集まった。さん、きくも同席したはずである。儀兵衛は、半年以上ぶりに姪を目にしたはずだが、彼女らの出立時には、まさか生きて再会する日が来るとは思わなかったことだろう。何はともあれ八左衛門と儀兵衛は、吹上村の役人らに対して、さんときくを保護してくれたことを謝し、引き取りに来た旨を伝える。ゆきが死んだのが八月一八日、さん、きくが村の世話になってから二か月半が経っており、夏着のままであった二人のために、吹上村では木綿の綿入れと帯を与えてくれたのだが、そのことへの御礼も述べた。そして、これまでの経緯を記しつつ、二人を国元へ引き取り以後迷惑をかけないこと、村内の勝龍寺に仮埋葬された母親を「直葬」、つまり正式に埋葬してくれるように願う「一札」を差し出す。ほぼ同内容で、さんを主語とする文書も提出された。

紀州藩役人からは、相手村への謝礼を十分にするようにと申し渡されていた。八左衛門は、名主・組頭中に対して「酒代」金二歩を、ゆきが斃死した際に世話をした小遣い役の権助と作兵衛の二人に銭四〇〇文、そしてゆきが葬られた勝龍寺に布施料銀四匁九分五厘、墓の地代と永代供養料として銀一〇匁九分を差し出した。村役人と小遣いへの金銭は一種の謝礼金であり、寺に対しては実費であろうが、いずれにしても大した額ではない。尾鷲組の算用帳に見る旅人救済記録でも、主要な費用は宿代であった。八左衛門は八月以来のさん、きくの「養介（厄介）入用」と綿入れ、帯代、そしてゆきが病死した際の費用負担を申し出る。だが吹上村の村役人らは、「受け取り申しがたく」と固く辞退したのである。

［旅中の衣服］

少し話がそれるが、旅中の衣服についても触れておこう。ゆき、さん、きくが尾鷲を出立したのは正月半ばであり、当然冬服を着ていたはずだ。だが、八月に吹上村で保護された時には夏の服しか持っていなかった。旅の途中で季節が変わり、それに伴い衣服も変えていたのである。これは当時の長旅では一般的なことであった。江戸時代は都市社会を中心に古着が活発に流通していた。さほど裕福ではない住民にとって、衣服は金銭を工面するための大事な「商品」であり、当時は古着を取り扱う古手屋と質屋を中心に、古着市場が広がっていた。盗難事件の記録でも、盗まれた品として書き上げられるのは、金銭でなければほぼ衣類である。街道沿いでも古着を売買することはさほど難しいことではなく、冬服で旅に出ても季節が夏に移れば着ている服を売り、夏服を買って旅を続けたのである。長旅であってもさほど大きな荷物を持たずに旅ができた、理由のひとつでもあった。

［吹上村の申入れ］

さて、さん、きくの冬服代、そしてこの間の滞在費用などを吹上村の村役人たちは受け取ろうとしなかったのだが、これには訳があった。組頭の金左衛門は八左衛門らに対し、さん、きくをこのまま吹上村に差し置くことはできないか、もし承諾されるのであれば、そのように取り計らいたい、と内々で申し入れてきたのである。これは、居合わせた吹上村役人一名の総意であったろう。二人を村人として迎える意志を持ったからこそ、この間の居住費用など受け取れないとしたのだ。さん、きくは、外来の厄介者としてではなく、村の新しい住民として受け容れられていたのである。

だが、吹上村に赴く前、紀州藩江戸藩邸の役人からは、さん、きくを引き取ってくるように命じられていた。八左衛門と儀兵衛は、我々の一存では決められないとして、まずは二人を江戸へ連れていくことになる。村役人同士の面談の翌日、八左衛門と儀兵衛はさん、きくを連れて吹上村を発ち、一一月六日に江戸に着く。七日に紀州藩中屋敷会所に出頭し、吹上村に差し出した一札の写しを提出したほか、村役人への謝礼金、勝龍寺への布施料等についても報告した。その上で、さん、きくの処遇についての話となる。さんは、母の墓所となったこともあり、吹上村にこのまま置いてほしい旨を歎願する。叔父儀兵衛も同意した。貧しい身の上であるから、さん、きくが尾鷲に戻っても面倒を見てやることができないとの判断があっただろう。四人は、しばらく旅宿で待つように、との指示を受けた。

［江戸藩邸の承認と人別移動手続き］

三日を経た一一月一〇日、中屋敷会所から呼び出しがあった。この間に紀州藩中屋敷では、さん、きくを吹上村へ差し置くことについて支障がないか、忍藩役所に問い合わせていたのだ。問題はないとの返答を受け、改めて、さん、きくが暮らす権助家では、本当に養子として引き取るつもりなのかを、今一応確かめるべしとする。叔父儀兵衛が再度吹上村に赴き、一四日に江戸に戻り、権助は確かにさんを養子にする意向である旨を報告した。儀兵衛は、三たび吹上村に行くこととなる。今度はさん、きく、そして八左衛門も同道した。

江戸時代に婚姻や養子により村を移動する際には、元の村の役人から移住先の村役人に宛てて「人別送り証文」を遣わし、それを受けて「人別請け込み証文」が返されるという手続きを取る。二通の証文が双方の村役人間で取り交わされることにより、元の村の宗門人別改帳から除かれ、移住先の宗門人別改帳に新たに記載されることで、移動手続きが完了する。現代でも引っ越しする際には市役所等で、移動元では転出届を、移動先には転入届を提出するが、その原型といえようか。さん、きくについても、この手続きが必要だったのである。

なお、地域によっては檀那寺同士で同様の証文が取り交わされることもある。現代の戸籍（住民票）に近い機能を持った宗門人別改帳は、あくまで村が作成し管理したものだが、所属する檀那寺の変更を伴うためであったろう。村役人同士と檀那寺同士と、二つのルートで証文が取り交わされた事例も認められる。ゆきは尾鷲組林浦にある曹洞宗常声寺の、さんは夫杢左衛門に嫁いだ後は南浦の浄土宗念仏寺の檀家であったが、両寺はこの一件には登場せず、村役人レベルの手続きのみで済まされている。

紀州藩領では子年と午年のみ、六年に一度しか宗門人別改帳を作成しない。一度作成された宗門人別改帳の写しは村に残され、六か年間の人別移動はその帳面に注記が施されて次の帳面改訂に備えている。三人が旅立った年の四年前、明和五（一七六八）年二月に作られた南浦の宗門人別改帳、「子歳惣人数宗門直改帳」には、禅宗常声寺の檀家として儀兵衛五三歳、杢左衛門二三歳、さん一六歳の三人家族が記載される。まだ生まれていないきくはともかく、さんの母のゆきがここにはおらず、また杢左衛門・さん夫婦がゆきの弟の儀兵衛と同居していたというのも不可解だが、このように実態と記載が異なるのはよくあることだった。さて、杢左衛門には「卯病死」、さんの名前の上部には「武州足立郡吹上村五兵衛方へ養子　辰年」と注記が見られる。杢左衛門が死んだ明和九（一七七二）年は辰年だし、さん、きくが養子に入った先は「権助方」であるが、これもよくある誤記と考えるしかない。間違いはあるものの、杢左衛門の死と、さんの武蔵国吹上村への養子入りという人別移動は、宗門人別改帳にも確かに記録されている。ただ、もしこの宗門人別改帳の記載だけを見たならば、なぜ遠く武蔵国に養子に入ったのか、想像もつかなかっただろう。

さて、一一月一六日に吹上村の村役人宅で、養子入りに伴う人別移動の証文が取り交わされた。本来は尾鷲組南浦の庄屋から送られるべきところだが、八左衛門が南浦の「年寄」という肩書きで送り一札を発行し、吹上村からの請け込み一札を受け取った。こうして無事にさん、きくは権助の養子となり、吹上村の住民として暮らすことになったのである。

［村役人の帰郷］

八左衛門と儀兵衛は、一一月一九日に江戸中屋敷会所に報告し、許可を得て翌日江戸を後にする。中屋敷会所の「御印鑑付御証文」を交付され、東海道筋の問屋で人馬の手配を受けた。二人が尾鷲に戻ったのは一二月五日のことである。往路とは異なり若山を経ず、四日市から参宮街道、熊野街道伊勢路を経て戻ったらしい。江戸中屋敷会所の道中証文は、尾鷲組大庄屋から木本代官を経て、藩へ返却の手続きが取られている。南浦の村役人という実際とは異なる立場で大役を果たした林浦肝煎の八左衛門は、この間の経緯と関連文書をまとめて大庄屋に報告するが、長旅で足を痛めて歩行が不自由なため、木本代官所への出頭をしばらく猶予してくれるようにと願っている。

木本代官所からの一二月九日付尾鷲組大庄屋宛て返状では、八左衛門の働きを「大義に存じそうろう」とし、特に問題がなければ代官所への出頭は不要で「ゆるゆる休息そうろう様」と慰労している。八左衛門がまとめた報告書は、大庄屋を経て木本代官所に提出され、そこから若山へも届けられた。

江戸中屋敷会所の役人からは紀州藩の奉行に宛て、この間の経緯が詳細に報告されており、その内容は一一月二九日付で齋藤勘左衛門名で木本代官の夏目に宛てた書状に記され、その写しも代官から尾鷲組にもたらされた。ここで感じるのは、紀州藩制機構の、領民に対する細やかな対応である。八左衛門と儀兵衛から、さん、きくを吹上村にこのまま差し置く提案を受けた時に、忍藩役所に問い合わせたことは、藩同士の儀礼的な問題であったかもしれない。故郷に戻る二人に、道中での公用人馬の利用を認めたことも、藩の公務扱いにしたということであろう。だが、忍藩から支障はない旨の返答を受けてもなお、吹上村に移住する条件を確かめに儀兵衛を派遣し、下人奉公などではなく養子として正式に受け容れることを確認してはじめて、この人別移動を承認したのである。単なる領民支配を越えた、さん、きくへの同情と今後を心配する感情があったような気がしてしまう。

〔村人たちの慈愛と受け容れ〕

紀州藩奉行の齋藤から代官に宛てた書状からも、中屋敷会所役人のさん、きくへの配慮を感じるのだが、そのなかで特に、二人がなぜ吹上村で受け容れられたのか、事情を察することができる。まず、二人を養子に迎えた権助は吹上村で雇われた「小遣い」という身分だが、夫婦二人で相応に暮らすものの子供がいなかったようで、養子を探していた。権助夫婦がさん、きくを実の娘と孫のように「慈愛」を持ってかわいがっていたというのは、儀兵衛と八左衛門が紀州藩中屋敷会所に提出した願書にも記されている。

この間、さんは野辺に出て畑仕事の手伝いに精を出し、村人たちの間で「殊のほかよく働く」と評判だった。村人たち一統で村役人に対し、さん、きくをこのまま村に差し置くように出願したという。村人たちの希望は、尾鷲の八左衛門、儀兵衛に対してだけでなく、忍藩役所にも伝えられていた。紀州藩中屋敷会所が八左衛門らの申し出を受けて忍藩に意向を問い合わせた際、忍藩の側でもすでにこの間の事情を承知しており、ゆえに、吹上村では「殊のほか望みそうろう趣」であるから、勝手次第に遣わされたい、との返答がなされたのである。

吹上村に、村の労働力が増えることへの計算がまったくなかったとはいわない。だが、経済だけの問題であれば、八左衛門、儀兵衛との面談時に、さん、きくをこれまで預かっていた費用（宿代）も、喜んでもらっていたはずだ。

さんは、二〇そこそこの歳で夫を亡くし、頼るべき父も親戚もなく、老いた母とまだ足取りも覚束ない娘を連れて旅に出た。尾鷲では暮らしを続けるめどが立たないための、やむことなき出立であった。前途にはほとんど絶望しかなかっただろう。老母と幼子を連れ、物乞いをしながらの七か月にわたる旅は、どれほど辛く、苦しいものであったことか。飢えや暑さ寒さに苦しみ、さだめし危険な目にも遭いながら、道沿いの神仏にすがりつつも何の見通しもなく、黙々と歩を進める旅。旅中に味わったはずの様々な辛酸に比べれば、野良仕事など苦難のうちに入らなかっただろう。母を亡くしたものの、さんの苦労は吹上村で報われた。

彼女はここで、ようやく安住の地を見出したのだ、と思いたい。

［吹上の地を訪ねる］

二〇一二年の九月、埼玉県鴻巣市内にある吹上の地を訪ねてみた。地方都市特有のありふれた駅舎のＪＲ吹上駅を降り、線路を渡って日光脇往還を辿ると、少し旧道の趣を感じる。中山道と交わる地は「鎌塚」という交差点であった。ゆきが倒れ、呆然自失のさん、きくが村人に保護された場所である。往時の中山道は東京と新潟とを結ぶ国道十七号線となり、トラックなどが盛んに行き来していた。当時を偲ぶよすがはまったくなかったが、さんへの思いを馳せて感慨にふけりながら勝龍寺を目指した。吹上の地は今は東京のベッドタウンとして新興住宅が建ち並んでいるものの、畑地も多く、おだやかな風景が続く。

立派な山門を構えた勝龍寺は、住宅街のなかにあった。本殿にあがると、やや小ぶりの観音仏が祀られている。きっとさん、きくも、この観音仏を拝んだことであろう。墓地を巡ったが、古い墓碑は見られず、新しいものばかりであった。隅に無縁仏を集めセメントで固めた無縁塚があり、江戸時代の年号もいくつか見られた。ゆき、さんの名が、まさかないだろうかとしばらく探したが、見つかるはずもなく、すぐに諦めた。さん、きくは、きっと吹上村でおだやかに暮らし、生涯を終えたのだと信じたい気持ちもあった。歴史学は史実をとことん突き詰める学問ではあるのだが、万が一さん、きくのその後が分かり、必ずしも望む結果ではない場合を怖れた。

お寺さんには一応来意を告げ、少しお話をしたものの、もちろん何の手がかりもなく、静かに辞することとした。ゆき、さん、きくゆかりの地をまわり、とりあえず気持ちを落ち着かせることができたと我が身に言い聞かせつつ、帰途についた。

〔旅人の養子入り〕

最後に、旅人を養子に迎えた社会のことを改めて考えてみたい。権助夫婦にとって、さん、きくはまったく縁もゆかりもなく、たまたま旅の途中でさんの母が亡くなったために出逢った関係に過ぎない。二人がどんなに困っていて、哀れな存在であったとしても、家族として受け容れることに、何の抵抗もなかったのだろうか。

現在、養子という制度は、婚姻時に男が妻の家の姓を名乗る「婿養子」か、子供のない家が親類知音（しんるいちいん）のうちから相続してくれる者を探し、養子にするという形がほとんどであろう。だが江戸時代には、婚姻や相続と無関係に養子を取ったり、血縁関係のない夫婦二人を養子として迎えることは、そう珍しいことではなかった。「厄介」「同家」などと呼ばれる非血縁の者と一緒に暮らす家族も、少なくなかった。この問題は別途論じることにしたいが、そうした庶民の家族のあり方を前提に、旅を続ける者が、街道沿い社会で養子や奉公人として受け容れられることも、時にあったのではなかろうか。

天明九（一七八九）年、「胡乱がましき者」として大坂で捕らえられた三右衛門は、尾鷲の漁師、孫八の悴で北町の升屋徳兵衛の甥であると申し立てたため、紀州藩を通して尾鷲組に身元照会がなされた。大庄屋、庄屋の尋問に対し、孫八の弟で三右衛門の叔父に当たる源蔵が返答しているのだが、彼によれば三右衛門は、一四、五年以前に「西国順礼報謝執行の体」にてやってきて、奉公か養子等の口があれば世話に預りたいと申し立ててきたため、いずれ養子にするつもりで「小遣い」に差し置いていたところ出奔してしまった、としている。事の顛末はともかく、西国巡礼を掲げつつも養子や奉公の口を求めての旅で、実際に奉公人、養子に「なりかけた」のである。

さん、きくの場合は、藩の承認を受けて正式に養子入りの手続きが取られた、珍しい事例である。だが、一般に参詣街道沿いの地域社会は、故郷を捨てて旅に出た貧しき巡礼を、養子や奉公人などとして受け容れる可能性を、常に秘めていたと思われる。

これまで、青森の妙栄尼や越後の女巡礼一行らについて触れるなかで、故郷に戻ることなく、物乞いをしながら客死するまで歩き続ける旅のかたちを強調してきた。もちろん、そうした旅は、たいていの場合どこかで野垂れ死ぬことで終わった。だが、さん、きくのように、旅中で幸運にも新たな村人として迎えられるという起死回生の可能性も、まったくないわけではなかった。絶望の先に、ほんのわずかな望みもあったのだ。

あとがき

青森を出立後、尾鷲で果てるまで二十年近く旅を続けた青森の妙栄尼や、数か月ごとに尾鷲を通過していく越後の巡礼たち。そして、老母と幼子を連れ、あてどなく旅に出た、さん。いったいどのような思いを抱いて、熊野街道を、そして各地の道を歩んでいたのであろうか。古文書の調査中も、また本書執筆中も、哀しい旅人たちの姿が、しばしば頭をよぎった。

故郷に戻る望みを捨て、物乞いをしつつ旅を続ける者たちは、これまでもその存在は広く知られていた。江戸時代後期になるとこうした旅人は、「物乞い乞食」として村人たちを悩ませて社会問題化し、規制するための領主の政策が出され、また村々でも自衛のための方策が練られた。確かにこうした人びとは、農作などの労働に従事せず、何も産み出さず、年貢諸役も納めず、他人の情けにすがらねば生きていけない存在だった。だが、統制され、排除され、忌み嫌われた人たちそれぞれにも人生があり、彼ら、彼女らもまた、社会の一部であった。こうした貧しい旅人が、街道沿いの村々の助けを受けつつ、まがりなりにも生きていけたのが、江戸時代の社会でもあった。

制度や領主の政策、村々の規制から抽象化して全体をとらえることも大事だが、私は名もなき旅人ひとりひとりが残した「ものがたり」を、できる限り表現したいと思った。そして尾鷲の村々が、旅人たちの抱えた様々な事情を汲み、領主の触書や、時には自ら取り決めた原則とも異なる、融通無碍で柔軟な対応を取っていることの面白さに惹かれた。それらを「例外」として片づけるのではなく、生々しい人間くささを記録したいと願った。

本文中にも述べた通り、熊野街道を通り尾鷲で痕跡を残した旅人たちは、西国三十三所の巡礼路だけでなく、四国八十八所巡礼や善光寺詣で、坂東三十三所巡礼、秩父三十四所巡礼など、全国各地に足を運んでいたかもしれない。尾鷲組大庄屋文書に残る旅人の姿は、きっとそうした各地の街道沿いでも、同様に見られたはずである。ただ、山深く寂しい熊野の道を辿る旅人たちにとって、道沿いの集落は他の街道に比べ特段に頼みとする存在だっただろう。とりわけ貧しい巡礼は、村々に救いを求めるしか旅を続ける手段がなかった。大庄屋文書のなかに、旅人たちの息づかいを感じられるような古文書が少なからずあるのは、それだけ村々との関係が深かったからではないだろうか。それこそが熊野街道の歴史的な特質、そしてこの道の文化的価値であり、それは現在この地域に居住する人たちのご先祖が築いてきたものでもある。そうしたことを知ってほしいと思い、調査と並行して地元向けに情報発信を続けてきた。

紀伊半島南部には、いくつかの市町単位のローカル紙が複数あり、地域社会の重要な情報源となっている。尾鷲市と紀北町をエリアとする「南海日日新聞」と「紀勢新聞」は、地元高校のマラソン大会の結果や行方不明になった飼い犬の捜索といった日常身辺のことまで紙面に載る、まさに地域に密着した情報媒体であり、冠婚葬祭の告知がなされることもあって、どちらも取っていない住民が珍しいほどの購読率を誇る。大庄屋文書の調査を始めて数年が経った二〇〇四年に、この両紙に「尾鷲組大庄屋文書の世界」と題して、古文書の写真と解読文を掲げつつ、その内容を千字程度で紹介するコラムの連載を始めた。当初は隔週で執筆し、昨今は途切れがちではあるが、現在まで二二一回を数えている。

本書の叙述は、その連載記事のうち、旅人や街道に関して書いたものを中核としている。加えて、道中日記調査の成果の一部として地元向けにまとめた『道中記に描かれた馬越峠と尾鷲』『道中記に描かれた八鬼山越え』『道中記に描かれた三木里〜曽根次郎坂太郎坂』、また若山家善根宿納札の調査報告書、そして尾鷲市、熊野市でいくどとなく行った講演、講座の資料を用いて、一書を構成した。

いずれも学術世界での成果を生むというような意識はなく、文化財（古文書）を保全するための地元向けの情報発信、地域貢献というつもりで行ってきたことである。ただ、調査費確保のために科学研究費を申請して、道中日記情報と貧しき旅人の救済記録を整理し、報告書（『江戸時代における参詣街道沿いの地域社会の構造』）をまとめたことはあった。ほんの少部数の印刷で、規定に従い国立国会図書館と勤務する三重大学の附属図書館に納めたほかは、身近のごく限られた方にだけ差し上げたのだが、旅の実態や巡礼文化に関心を持つ若い研究者が苦労して入手し読んでくれたことを聞き、また学生時代にお世話になったある大先輩から「あの報告書だけで放置するのはけしからん」というお叱りも受けた。

思いがけない反応であったが、尾鷲組大庄屋文書や若山家善根宿納札など熊野の古文書群の魅力を地元の方だけにとどめず、広く知っていただくことも大事ではないか、という思いも芽生えてきた。それが、地域で守ってきた文化財、古文書の価値を再確認し、尾鷲、熊野という地域に誇りを持って住み続けていただくことにつながれば、とも考えた。

そのような考えを持ち始めた頃に、塙書房編集部の寺島正行さんが三重まで訪ねて来られ、「熊野の本を書きませんか」と勧めて下さった。あれこれお話するなかで、伊勢・志摩や熊野への私の思いを酌み取って下さっていたことが嬉しく、是非お願いしたいとお返事した。

それからずいぶん時間が経ってしまったのだが、根気強く待っていただいたことに、心より御礼申し上げたい。

［謝辞］　史料を保存する尾鷲市中央公民館郷土室（学芸員・脇田大輔氏）、熊野市歴史民俗資料館、熊野市大泊町の若山正亘氏、そして道中日記の調査に訪れた全国の関係諸機関等の皆様には、大変お世話になった。特に脇田大輔氏には、尾鷲組大庄屋文書の閲覧、写真撮影等で、多大なご支援をいただいた。また、若山家善根宿納札調査に際し、撮影作業を担当下さった三重県立博物館（現三重県総合博物館）の杉谷政樹氏（故人）、宇河雅之氏、瀧川和也氏にも、御礼申し上げたい（納札の図版は、その際の撮影データを加工して使わせていただいた）。瀧川氏からは、仏像が刷られた納札について種々のご教示も得た。そして、尾鷲組大庄屋文書をはじめ、尾鷲・熊野地域での古文書調査に協力いただいた皆さんに、末尾ながら心から感謝申し上げる。本書は、皆さんと共に行った調査成果の一部である。

［付記］　本書の内容は、二〇二一年度科学研究費基盤研究（c）（一般）「近世社会における海と山の生業の有機的関連についての研究」（課題番号：一八K〇〇九六〇）の成果を含んでいる。

参考文献

［研究書等］

大島延次郎『日本交通史論叢』（吉川弘文館、一九五七年）
前田卓『巡礼の社会学』（ミネルヴァ書房、一九七一年）
新城常三『新稿社寺参詣の社会経済史的研究』（塙書房、一九八二年）
西垣晴次『お伊勢まいり』（岩波新書、一九八三年）
小野寺淳「伊勢参宮道中日記の分析」（『東洋史論』二、一九八一年）
同「旅のモデルルート」（『週刊朝日百科日本の歴史』七五、一九八七年）
同「道中日記にみる伊勢参宮ルートの変遷―関東地方からの場合―」（『人文地理学研究』一四、一九九〇年）
浅野清編『西国三十三所霊場寺院の総合的研究』（中央公論美術出版、一九九〇年）
真野俊和編『講座　日本の巡礼　１～３』（雄山閣、一九九六年）
柴桂子『近世おんな旅日記』（吉川弘文館、一九九七年）
今井金吾『江戸の旅風俗』（大空社、一九九七年）
櫻井邦夫「近世の道中日記にみる手荷物の一時預けと運搬」（『大田区立郷土博物館紀要』九号、一九九八年）
小山靖憲『熊野古道』（岩波新書、二〇〇〇年）
巡礼研究会編『巡礼研究の可能性』（岩田書院、二〇〇〇年）
小山靖憲、笠原正夫編『南紀と熊野古道』（吉川弘文館、二〇〇三年）
岩鼻通明『出羽三山信仰の圏構造』（岩田書院、二〇〇三年）

神崎宣武『江戸の旅文化』（岩波新書、二〇〇四年）
金森敦子『伊勢詣と江戸の旅』（文春新書、二〇〇四年）
田中智彦『聖地を巡る人と道』（岩田書院、二〇〇四年）
佐藤久光『遍路と巡礼の民俗』（人文書院、二〇〇六年）
ベルナール・フランク（仏蘭久淳子訳）『「お札」にみる日本仏教』（藤原書店、二〇〇六年）
原淳一郎『近世寺社参詣の研究』（思文閣出版、二〇〇七年）
伊藤裕偉『聖地熊野の舞台裏：地域を支えた中世の人々』（高志書院、二〇一一年）
愛媛大学「四国遍路と世界の巡礼」研究会編『巡礼の歴史と現在：四国遍路と世界の巡礼』（岩田書院、二〇一三年）
藤本清二郎『城下町世界の生活史　没落と再生の視点から』（清文堂出版、二〇一四年）
幡鎌一弘『寺社史料と近世社会』（法蔵館、二〇一四年）
柴田純『江戸のパスポート　旅の不安はどう解消されたか』（吉川弘文館、二〇一六年）
同「行旅難渋者救済システムについて―法的整備を中心にして―」（『史窓』五八、二〇〇一年）
同「近世のパスポート体制―紀州藩田辺領を中心に―」（『史窓』六一、二〇〇四年）
高橋陽一『近世旅行史の研究―信仰・観光の旅と旅先地域・温泉―』（清文堂出版、二〇一六年）
同『旅と交流にみる近世社会』（清文堂出版、二〇一七年）
佐藤顕『紀伊の霊場と近世社会』（清文堂出版、二〇一九年）
北川央『近世の巡礼と大坂の庶民信仰』（岩田書院、二〇二〇年）

［**史料集、図録、報告書、自治体史等**］

『道中記集成』全四七冊（大空社、一九九六年〜九八年）

浜松市博物館第15回特別展図録『庶民の旅』（同館、一九九六年）
東京都大田区立郷土博物館の特別展図録『弥次さん喜多さん旅をする—旅人100人に聞く江戸時代の旅—』（同館、一九九七年）
二川宿本陣資料館企画展図録『道中記にみる吉田・二川の名所』（同館、二〇〇〇年）
朝霞市博物館第9回企画展「旅 道中日記の世界」（同館、二〇〇一年）
草津宿街道交流館二〇〇三年春期テーマ展図録『癒しの旅情—西国巡礼の旅』（同館、二〇〇三年）

三重県教育委員会『熊野街道』（歴史の道調査報告書、一九八一年）
世界遺産登録推進三県協議会『世界遺産紀伊山地の霊場と参詣道』（二〇〇五年）
同『世界遺産「紀伊山地の霊場と参詣道」保存管理計画』（二〇〇六年）
三重県教育委員会編『熊野古道と石段・石畳』（三重県、二〇〇七年）
同『三重県石造物調査報告Ⅰ～東紀州地域～』（三重県、二〇〇九年）
稲城信子『兵庫県加西市・一乗寺の歴史資料（巡礼札）の調査とデータベース化』（平成17～20年度科学研究費補助金研究成果報告書、二〇〇九年）

『尾鷲市史　上巻』（尾鷲市、一九六九年）
『熊野市史』（熊野市、一九八三年）
『三重県紀伊国北牟婁郡地誌』［復刻版］（名著出版、一九七三年）
『紀伊続風土記』［第一輯～第五輯］（厳南堂、一九七五年）
『西国三十三所名所図会』（臨川書店影印刊、一九九一年）

〔拙著・拙稿〕

「道中記文化よりみる熊野街道」（『熊野道中記―いにしえの旅人たちの記録』、みえ熊野学研究会、二〇〇一年）

「江戸時代の熊野街道・伊勢路と巡礼たち」（『山岳修験』三六、二〇〇五年）

「道中記研究の可能性」（『三重大史学』八、二〇〇八年）

「熊野街道『伊勢路』の特質―江戸時代の道中記から―」（『熊野古道と世界遺産を考える～第9回全国歴史の道会議三重県大会報告書』、同実行委員会、二〇〇八年）

「巡り続ける江戸時代の旅人たち―熊野街道沿いの地域史料から―」（『熊野学研究』創刊号、二〇一〇年）

『江戸時代における参詣街道沿いの地域社会の構造』（平成19年度～21年度科学研究費補助金（基盤研究（c））研究成果報告書、二〇一〇年）

『近世伊勢神宮領の触穢観念と被差別民』（清文堂出版、二〇一四年）

〔三重大学人文学部塚本研究室刊行物〕

『道中記に描かれた馬越峠と尾鷲』（二〇〇六年）

『道中記に描かれた八鬼山越え』（二〇〇七年）

『道中記に描かれた三木里～曽根次郎坂太郎坂』（二〇〇八年）

『尾鷲組大庄屋文書（一紙文書）調査報告書』（二〇〇八年）

『三重県熊野市大泊町若山家所蔵熊野街道善根宿納札調査報告書』（三重大学人文学部塚本研究室、熊野古文書同好会編、熊野市教育委員会刊、二〇一〇年）

道中日記（熊野街道通過分）一覧

No.	史料名	出発年月日	出典	出身地	ブロック	県	現在地	執筆者
1	巡礼通考　一名西国名所記　単	延宝八（一六八〇）年四月一一日	内閣文庫・34881号	美濃国	その他	岐阜	岐阜県	前大僧正覚忠（カ）
2	道中（日記）	元禄六（一六九三）年二月	宮本勉「「佐藤善兵衛道中記」の研究―元禄六年、駿州安倍郡水見色村庄屋の旅と意識―」（『地方史静岡』16、1988年）	駿河国安倍郡水見色村	その他	静岡	静岡県静岡市葵区水見色	佐藤善兵衛（庄屋・郡中物代）
3	（道中日記）	宝永三（一七〇六）年五月二八日	川名登「海上町に残る『西国道中記』」（『海上町史研究』25、1985年）	下総国香取郡粟野村、夏目村、小南村	関東	千葉	千葉県香取郡東庄町	繁之（二四歳）
4	（西国道中日記）	享保一六（一七三一）年一月九日	『小田原市史　史料編近世Ⅱ藩領1』（小田原市編、1989年）	相模国足柄下郡	関東	神奈川	神奈川県小田原市	穴部村名主
5	伊勢御参宮道中日記	享保二〇（一七三五）年五月六日	『郷土史　第4集「近世編」』（加治川村文化財調査審議会、1988年）	越後国蒲原郡	その他	新潟	新潟県新発田市	吉右衛門
6	（道中日記）	（享保年間）一月一五日	「享保初年弘化二年伊勢西国道中日記（抄）」（『史料と伝承』5　史料と伝承の会、1982年）	武蔵国豊島郡	関東	東京	東京都板橋区	（安井丈右衛門）
7	旅行之日記	元文五（一七四〇）年二月一二日	広島県立文書館・松井家文書	安芸国	その他	広島	広島県	松井和造
8	西国三十三所信州善光寺共道中日記	元文五（一七四〇）年二月一二日	広島県立文書館・松井家文書	安芸国	その他	広島	広島県	松井和造
9	（道中日記）	寛保三（一七四三）年四月一九日	『大森町郷土史』（大森町、1981年）	出羽国秋田平鹿郡八沢木村	東北	秋田	秋田県横手市大森町八沢木	菊池彦三郎
10	伊勢参宮道中記	延享三（一七四六）年四月三日	『平鹿町史料集　第六集』（平鹿町教育委員会、1991年）	出羽国平鹿郡大沢村	東北	秋田	秋田県横手市平鹿町	甚兵衛
11	道中記	延享四（一七四七）年一月二一日	『湯川村史資料集　近世編Ⅳ』（湯川村史編纂委員会、1993年）	陸奥国河沼郡浜崎村	東北	福島	福島県河沼郡湯川村浜崎	
12	西国道中日記	寛延四（一七五一）年二月一九日	広島県立文書館・保田家文書九808―31	安芸国広島	その他	広島	広島県	縄屋吉蔵
13	（西国道中日記）	宝暦三（一七五三）年一月九日	群馬県立文書館・金子家文書FD8803―11（89―1）	上野国利根郡大楊村	関東	群馬	群馬県利根郡利根村大楊	金子権兵衛
14	伊勢参宮西国道中日記	宝暦三（一七五三）年六月一三日	喜代吉榮徳「伊勢参宮西国道中日記」（『四国辺路研究』11、海王舎、1997年）	伊予国桑村郡明理川村	その他	愛媛	愛媛県西条市明理川	宰吉

No.	史料名	出発年月日	出典	出身地	ブロック	県	現在地	執筆者
15	〔道中日記〕	宝暦三（一七五三）年八月三日	静岡県歴史文化情報センター・周智郡山中家文書	遠江国周智郡	その他	静岡	静岡県	山中治右衛門ヵ
16	〔伊勢参宮道中日記〕	宝暦四（一七五四）年一月二一日	『西会津町史　第七巻　宗教文化資料』（西会津町史刊行委員会、２０００年）	陸奥国河沼郡萱本村	東北	福島	福島県耶麻郡西会津町	吉右衛門
17	道中日記蝶	宝暦七（一七五七）年一月四日	群馬県立文書館・粕川浩家文書ＨＯ－123－近世１／１	上野国勢多郡上細井宿	関東	群馬	群馬県前橋市上細井町	粕川武右衛門
18	西国道中宿并ニ金銭入用帳	宝暦一三（一七六三）年一月六日	埼玉県立文書館・平山家文書２２３３－977	武蔵国入間郡毛呂郷平山村	関東	埼玉	埼玉県入間郡毛呂山町大字岩井字平山	斎藤覚右衛門
19	西国順礼道中細記	宝暦一三（一七六三）年一月	埼玉県立文書館・平山家文書969	武蔵国入間郡毛呂平山村	関東	埼玉	埼玉県入間郡毛呂山町岩井	斉藤覚右衛門
20	西国道中記	宝暦一三（一七六三）年三月	上野利夫「〔翻刻〕宝暦13年の道中日記『西国道中記』―琵琶湖北方地域から塩津、鳳来寺、伊勢、大峯山、西国への旅―」（『天理参考館報』19号、２００６年）	近江国ヵ	その他	滋賀ヵ	滋賀県ヵ	
21	伊勢参宮西国巡拝道中記ヵ	明和二（一七六五）年三月二八日	『続矢島町史』上（矢島町、１９８３年）	陸奥国由利郡新庄村	東北	秋田	秋田県由利本荘市矢島町新荘	木村有周
22	上方道中記	明和四（一七六七）年三月一四日	『近世の磐梯町』（磐梯町史資料編Ⅲ、磐梯町、１９９２年）	陸奥国耶麻郡落合村	東北	福島	福島県耶麻郡磐梯町	鈴木四郎右衛門重興
23	〔道中日記〕	明和六（一七六九）年一月二七日	静岡県歴史文化情報センター・豊田郡内山家文書１７０２１－７－26Ｂ	遠江国豊田郡大谷村ヵ	その他	静岡	静岡県天竜市大谷ヵ	
24	西国順礼記	明和七（一七七〇）年一月六日	長野県歴史館・小林智雄家文書	信濃国佐久郡三河田村	その他	長野	長野県佐久市三河田	
25	西国順礼日記	安永二（一七七三）年三月八日	『本宮町史　近世資料編』（本宮町、１９９７年）	近江国蒲生郡日野町	その他	滋賀	滋賀県蒲生郡日野町	辻武左衛門
26	西国道中道法并名所泊宿附	安永二（一七七三）年五月二五日	『矢祭町史研究（一）　源蔵、郡蔵日記』（矢祭町史編さん委員会、１９７９年）	陸奥国白川郡宝坂村	東北	福島	福島県東白川郡矢祭町宝坂	古市源蔵（一九歳）
27	西国道中附	安永三（一七七四）年六月一九日	松本政信編『西国道中記』（非売品、１９９０年）	豊後国海部郡大志生木村	その他	大分	大分県大分市大字志生木	後藤元平
28	参宮道中記	安永六（一七七七）年一一月二八日	『寒河江市史編纂叢書』二三（寒河江市教育委員会、１９７７年）	出羽国村山郡高屋村	東北	山形	山形県寒河江市高屋	今井幸七

29	西国道中記	安永八（一七七九）年三月七日	個人蔵	上野国碓氷郡下磯部村	関東	群馬	群馬県安中市下磯部	田村甚右衛門
30	西国三拾三所巡礼日記	安永八（一七七九）年四月六日	三重県立熊野古道センター蔵	美濃国安八郡大垣	その他	岐阜	岐阜県大垣市	
31	伊勢西国泊帳	安永九（一七八〇）年一月九日	埼玉県立文書館・加藤家文書１２１４-５２９０	武蔵国足立郡羽貫村	関東	埼玉	埼玉県北足立郡伊奈町羽貫	加藤源蔵
32	西国道中案内心得書付き日記	安永一〇（一七八一）年一月二一日	『西会津町史　第七巻　宗教文化資料』（西会津町史刊行委員会、２０００年）	陸奥国河沼郡萱本村	東北	福島	福島県耶麻郡西会津町	吉右衛門
33	西国道中記	天明元（一七八一）年閏五月二五日	岡崎信司『岡崎藤七の西国道中記』（私家版、つくばイセブ、１９８８年）	常陸国那珂郡国長村	関東	茨城	茨城県那珂郡緒川村	藤七老（緒川村国長カ）
34	西国道中記	天明三（一七八三）年二月六日	『大越町史　第二巻　資料編Ⅰ』（大越町、１９９８年）	陸奥国田村郡上大越村	東北	福島	福島県田村郡大越町	三次秀前
35	道中記	天明三（一七八三）年三月五日	『安倍五郎兵衛天明三年伊勢詣道中記』（増田町文化財協会、１９９８年）	出羽国平鹿郡増田村	東北	秋田	秋田県横手市増田町	安倍五郎兵衛（肝煎家）
36	旅の道草	天明三（一七八三）年三月五日	藤原弘編『秋田俳書大系』近世中期編（秋田俳文学の会、１９８２年）	出羽国平鹿郡増田村	東北	秋田	秋田県横手市増田町	保紅（安倍五郎兵衛・肝煎家）
37	西国道中人用覚帳	天明五（一七八五）年二月四日	静岡県歴史文化情報センター・三橋家文書	遠江国城東郡丹野村	その他	静岡	静岡県菊川市丹野	
38	伊勢参宮并西国順礼道しるべ　諸所名所付	天明六（一七八六）年一月九日	栃木県立文書館・田村家文書３５８９	下野国都賀郡西水代村	関東	栃木	栃木県下都賀郡大平町	田村林七
39	西国道中記	天明六（一七八六）年一月一五日	川瀬雅男『西国道中記』（川瀬雅男、１９７２年）	陸奥国白河郡	東北	福島	福島県白河市	
40	伊勢参宮道中記	天明六（一七八六）年二月四日	大馬金蔵『伊勢参宮道中記』（いわき地域学会図書15、１９９３年）	陸奥国磐城郡泉崎村	東北	福島	福島県いわき市平泉崎	大馬金蔵
41	西遊紀行	天明六（一七八六）年二月四日	『近世豊橋の旅人たち―旅日記の世界―』（豊橋市二川宿本陣資料館、２００２年）	三河国宝飯郡前芝村	その他	愛知	愛知県豊橋市前芝町	加藤六蔵広当（廻船問屋）
42	道中記	天明八（一七八八）年三月四日	雄物川町古文書解読会『佐藤長右衛門　天明八年道中記』（雄物川町教育委員会『雄物川町郷土史資料』第27集、１９９９年）	出羽国平鹿郡造山村カ	東北	秋田	秋田県横手市雄物川町	佐藤長右衛門
43	伊勢参宮并西国三十三所順礼道中記	寛政元（一七八九）年五月一七日	『伊勢参宮并西国三十三所順礼道中記』（伊万里地方史研究史料第二輯、１９９５年）	肥前国松浦郡伊万里町	その他	佐賀	佐賀県伊万里市	前川善太郎（二七歳・町人・陶商）の母・登勢（五〇歳）

No.	史料名	出発年月日	出典	出身地	ブロック	県	現在地	執筆者
44	〔西国道中日記〕	寛政二（一七九〇）年二月九日	川瀬雅男『西国道中記』（川瀬雅男、1972年）	陸奥国白河郡	東北	福島	福島県白河市	
45	西国道中記	寛政三（一七九一）年一月	茨城県立文書館・深作家文書492	常陸国茨城郡千波村	関東	茨城	茨城県水戸市千波	
46	〔上方参り日記〕	寛政三（一七九一）年四月三日	『上小阿仁村史　資料編』（上小阿仁村、1993年）	出羽国秋田郡（五十目村）	東北	秋田	秋田県北秋田郡（五城目町）	八左衛門
47	伊勢参宮道中記	寛政四（一七九二）年一一月二三日	仙台市民図書館蔵、和―792	陸奥国信夫郡山田村	東北	福島	福島県福島市山田	野地氏
48	西国順礼道仲誌	寛政六（一七九四）年三月八日	愛媛県立歴史文化博物館所蔵　浅井家文書3	伊予国久米郡（畑中村）	その他	愛媛	愛媛県松山市（平井町）	室屋伊兵衛
49	讃州道中宿帳	寛政六（一七九四）年九月二日	『鈴木家文書　第五巻』（埼玉県部落問題関係史料集、埼玉県同和教育研究協議会、1979年）	武蔵国横見郡和名村	関東	埼玉	埼玉県比企郡吉見町	鈴木喜平治
50	〔伊勢参宮道中日記〕	寛政六（一七九四）年閏一一月三日	会津若松市史編纂グループ（旧河東町史編纂史料・八田家文書）	陸奥国河沼郡八田野村	東北	福島	福島県会津若松市河東	八田蔵吉
51	道中泊り覚帳	寛政七（一七九五）年一月六日	埼玉県立文書館・加藤家文書526	武蔵国埼玉郡野牛村	関東	埼玉	埼玉県南埼玉郡白岡町野牛	大久保富五良
52	道中日記（江戸伊勢大坂丸亀京都巡礼）	寛政七（一七九五）年一月二二日	郡山市歴史資料館・交通21	陸奥国安積郡郡山	東北	福島	福島県郡山市	今泉伊左衛門
53	道中記覚帳	寛政八（一七九六）年一一月二四日	個人蔵	信濃国諏訪郡岡谷村	その他	長野	長野県岡谷市	小口吉郎右衛門
54	道中万日記（東海道並西国行入用）	寛政九（一七九七）年一月九日	群馬県立文書館・都木初美家文書P8428―407	上野国群馬郡元総社村	関東	群馬	群馬県前橋市元総社町	高木氏
55	道中記	寛政一一（一七九九）年二月一日	会津若松市立図書館	陸奥国会津郡若松	東北	福島	福島県会津若松市	二瓶榮重
56	西国三十三所順礼道中記	寛政一二（一八〇〇）年四月二一日	筑波大学附属図書館蔵・近江国蒲生郡日野村地方文書（福井家関係）	近江国蒲生郡松尾山村	その他	滋賀	滋賀県蒲生郡日野町	福井七右衛門
57	西国三十三観音札所巡拝道中記	寛政一二（一八〇〇）年五月二七日	『表郷村郷土資料集』第一六集（表郷村教育委員会、1977年）	陸奥国白河郡内松村	東北	福島	福島県西白河郡表郷村内松	沼田定八（カ）
58	西国道中記	寛政一二（一八〇〇）年六月	宮本啓一家文書（小野寺淳氏提供史料）	常陸国信太郡右籾村	関東	茨城	茨城県土浦市大字右籾	宮本太（兵衛カ）

59	〔伊勢神宮旅日記〕	寛政一三（一八〇一）年一月二五日	福島県歴史資料館・根本暢一郎家文書123	陸奥国西白河郡東村	東北	福島	福島県白河市東	（栃本組人庄屋家）
60	道中万覚帳	寛政一三（一八〇一）年二月六日	『浅羽町史　資料編二　近世』（浅羽町、1996年）	遠江国山名郡浅羽庄松原村	その他	静岡	静岡県袋井市松原	原伊右衛門（百姓）
61	道中日記	享和三（一八〇三）年一月五日	青梅市郷土博物館編『青梅市史史料集』19（青梅市教育委員会、1974年）	武蔵国多摩郡日向和田村	関東	東京	東京都青梅市	小林儀兵衛
62	道中記	享和四（一八〇四）年一月四日	『寒河江市史編纂叢書　第六十一集』（寒河江市史編纂委員会、1999年）	出羽国村山郡	東北	山形	山形県寒河江市	杉沼彦左衛門林翁
63	秋葉路伊勢路道中記	享和四（一八〇四）年一月一二日	群馬県立文書館・真下一久家文書	上野国勢多郡森下村	関東	群馬	群馬県利根郡昭和村森下	真下善治郎
64	西国道中記	享和四（一八〇四）年一月	群馬県立文書館・真下一久家文書	上野国勢多郡森下村	関東	群馬	群馬県利根郡昭和村森下	真下善治郎
65	伊勢国関西国順礼講	文化二（一八〇五）年五月八日	大竹信雄「『伊勢国関西国順礼講』を読んで」（『柏崎刈羽』3号、4号、1976年）	越後国刈羽郡五十土村	その他	新潟	新潟県柏崎市五十土	猪俣重吉（庄屋の息子）
66	伊勢西国美知の記	文化二（一八〇五）年一二月一一日	埼玉県立文書館・林家文書2413	武蔵国入間郡赤尾村	関東	埼玉	埼玉県坂戸市赤尾	信吉（カ）
67	西国道中記	文化三（一八〇六）年二月一九日	福山城博物館友の会『西国道中記』（古文書調査記録第十七集、1993年）	備後国沼隈郡山手村	その他	広島	広島県福山市山手町	三谷嘉十郎忠敬（庄屋家）
68	西国道中記	文化三（一八〇六）年六月一日	埼玉・宮代町郷土資料館・新井家文書	武蔵国埼玉郡百間村	関東	埼玉	埼玉県南埼玉郡宮代町	（百間西原下組村役人）
69	伊勢道中記	文化三（一八〇六）年六月一三日	『双葉町史資料シリーズⅣ　近世史資料』（双葉町教育委員会、1986年）	陸奥国標葉郡長塚村	東北	福島	福島県双葉郡双葉町長塚	潤秀
70	伊せさんぐノ節道中記付留覚帳	文化四（一八〇七）年五月一四日	花巻市立図書館・糸田家文書	陸奥国稗貫郡庫裡村カ	東北	岩手	岩手県花巻市庫裡カ	
71	西国順礼道中記	文化四（一八〇七）年八月一六日	『浜北市史　資料編　近世Ⅲ』（浜北市、1996年）	遠江国豊田郡雲岩寺村	その他	静岡	静岡県浜松市根堅	竜泉寺州椿禅師（僧）
72	伊勢参宮道中日記帳	文化五（一八〇八）年一月一五日	茨城県立歴史館・稲葉家文書2001	下総国豊田郡加養村	関東	茨城	茨城県下妻市	稲葉儀右衛門
73	四国西国順拝記　付録　三	文化六（一八〇九）年二月二九日	愛媛県立歴史文化博物館所蔵		その他			
74	道中記	文化六（一八〇九）年三月六日	『江東区資料　牧野家文書二』（江東区教育委員会、1995年）	武蔵国葛飾郡	関東	東京	東京都江東区	牧野氏

No.	史料名	出発年月日	出典	出身地	ブロック	県	現在地	執筆者
75	〔西国道中入用帳〕	文化七（一八一〇）年二月一一日	『湯河原町史』第一巻（同編さん委員会、1984年）	相模国足柄下郡鍛治屋村	関東	神奈川	神奈川県足柄下郡湯河原町	（柏木家）
76	〔西国道中記〕	文化七（一八一〇）年一二月二日	福島県立図書館・地域書庫L291・09／S／1	陸奥国耶麻郡山崎村	東北	福島	福島県喜多方市鹿徳町山科	小沢平助
77	〔道中記覚〕	文化七（一八一〇）年一二月一五日	『道中記覚』（水分公民館発行、1998年）	陸奥国紫波郡	東北	岩手	岩手県紫波郡	山王海下ノ屋敷源之助
78	伊勢道中日記扣	文化八（一八一一）年一月二〇日	『北区史　資料編近世二』（北区史編纂調査会、1997年）	武蔵国豊島郡下村	関東	東京	東京都北区	
79	西国道中諸入用之控	文化八（一八一一）年三月一〇日	福井県立文書館・古河家X0570−0065	若狭国遠敷郡西津村	その他	福井	福井県小浜市西津	若州西津古河氏
80	〔西国道中日記〕	文化八（一八一一）年五月二三日	鈴木榮紀「西国道中記について」（『いわき地方史研究』23号、いわき地方史研究会、1986年）	陸奥国岩城郡大室村	東北	福島	福島県いわき市平大室	松崎氏
81	西国順礼道中記	文化九（一八一二）年一月四日	『西国順礼道中記』（大子町史料　別冊9、大子町、1986年）	常陸国久慈郡高柴村	関東	茨城	茨城県久慈郡大子町	益子広三郎教覚（庄屋家の息）
82	西国道中日記帳	文化九（一八一二）年一月一一日	『松戸市史　史料編二』（松戸市史編さん委員会、1971年）	下総国葛飾郡	関東	千葉	千葉県松戸市	大熊
83	〔伊勢参宮道中記〕	文化九（一八一二）年二月八日	『田老町史　資料集（近世三）』（田老町教育委員会編、1992年）	陸奥国閉伊郡田老村樫内	東北	岩手	岩手県宮古市	
84	道中記	文化一〇（一八一三）年一月一〇日	栃木県立文書館・秋山喜兵衛家文書72−983	下野国河内郡町田村	関東	栃木	栃木県下野市	秋山氏
85	参宮并西国色々小遣帳	文化一〇（一八一三）年三月	香川県立文書館　三好家文書	讃岐国	その他	香川	香川県	小林縫蔵
86	伊勢道中記・西国并四国道中記	文化一一（一八一四）年一一月二七日	福島県歴史資料館・庄司吉之助家文書409	陸奥国信夫郡腰濱村	東北	福島	福島県福島市腰浜町	浅野吉太郎
87	西国道中日記帳	文化一二（一八一五）年二月二八日	沼津市立歴史民俗資料館・西島家文書	伊豆国君沢郡平沢村	その他	静岡	静岡県	西島平右衛門
88	道中日記帳	文化一二（一八一五）年三月二〇日	『平鹿町史料集　第六集』（平鹿町教育委員会、1998年）	出羽国平鹿郡浅舞村	東北	秋田	秋田県横手市平鹿町	佐々木太治兵衛
89	伊勢参宮道中諸覚帳	文化一二（一八一五）年七月二一日	郡山市歴史資料館・安齋家文書	陸奥国安積郡郡山	東北	福島	福島県郡山市	安斎治郎左衛門邦周

90	（道中記）	文化一二（一八一五）年	『平鹿町史料集　第六集』（平鹿町教育委員会、1991年）	出羽国平鹿郡	東北	秋田	秋田県横手市平鹿町	佐々木太治兵衛
91	関東筋名所喰ヒ認メ	文化一四（一八一七）年二月一六日	芝崎格尚「尾呂志の酒屋東勘兵衛毅軒の旅」（『熊野道中記　いにしえの旅人たちの記録』みえ熊野学研究会、2001年）	紀伊国牟婁郡尾呂志	その他	三重	三重県南牟婁郡御浜町尾呂志	東勘兵衛毅軒（酒造家・五一歳）
92	（西国伊勢道中巡礼日記）	文政元（一八一八）年九月一日	『姫路市史　第七巻上　資料編　自然』（姫路市、1998年）	播磨国飾磨郡姫路城下室津	その他	兵庫	兵庫県姫路市	妙順尼［喜久］（五八歳）
93	伊勢参宮道中記	文政元（一八一八）年一二月一〇日	『内原町史研究』創刊号（1992年）	常陸国茨城郡鯉淵村	関東	茨城	茨城県水戸市内原町	鯉淵善衛門
94	伊勢熊野金ぴら道中記	文政二（一八一九）年一月九日	『湯津上村誌』（同編さん委員会、1979年）	下野国那須郡小船渡村	関東	栃木	栃木県湯津上村大字小船渡村	花塚兵吾
95	伊勢参宮道中記	文政二（一八一九）年三月一四日	『六ヶ所村史　下巻Ⅱ』（六ヶ所村史編纂委員会、1997年）	陸奥国北郡（倉内村）	東北	青森	青森県上北郡六ヶ所村	（角氏）
96	（道中記）	文政二（一八一九）年四月一七日	三浦寅松・解読、佐藤貢・注「文政二年『道中記』卯四月十七日　六之丞」（『北方風土』46、北方風土社、2003年）	出羽国由利郡木在村	東北	秋田	秋田県由利本荘市矢島町	（三浦）六之丞（五一歳、医者ヵ）
97	道中日記帳	文政三（一八二〇）年一月六日	静岡県歴史文化情報センター・勝俣家文書	伊豆国君沢郡佐野村	その他	静岡	静岡県三島市佐野	勝俣直右衛門
98	西国道中附	文政三（一八二〇）年二月二一日	松本政信編『西国道中記』（私家版、1990年）	豊後国海部郡関手永大志生木村	その他	大分	大分県大分市大字志生木	後藤徳左衛門
99	道中記	文政三（一八二〇）年五月二八日	茨城県立歴史館・野口三郎家文書533	常陸国信太郡実穀村	関東	茨城	茨城県稲敷郡阿見町実穀	（野口氏・実穀村名主家）
100	伊勢金毘羅西国拝礼道中記	文政三（一八二〇）年五月二八日	茨城県立歴史館・野口三郎家文書420	常陸国信太郡実穀村	関東	茨城	茨城県稲敷郡阿見町実穀	野口（名主家）
101	道中日記帳（伊勢参宮他）	文政四（一八二一）年三月二六日	群馬県立文書館・岩田屋嗣家文書H33－3近世　2／18	上野国群馬郡長岡村	関東	群馬	群馬県榛東町大字長岡	岩田庄左衛門
102	伊勢参宮道中記	文政四（一八二一）年一二月七日	愛媛県歴史文化博物館蔵	陸奥国二本松領東安達郡下太田村中ノ	東北	福島	福島県二本松市太田	佐五右衛門
103	（西国三十三所巡礼記）	文政五（一八二二）年一月一八日	『菊川町史　近世資料編』（菊川町、1997年）	遠江国城東郡加茂村	その他	静岡	静岡県小笠郡菊川村	横山氏
104	伊勢道中記	文政五（一八二二）年一一月一〇日	福島県歴史資料館・庄司吉之助家文書482	陸奥国信夫郡福島領黒巌村	東北	福島	福島県福島市黒岩	長沢十兵衛

No.	史料名	出発年月日	出典	出身地	ブロック	県	現在地	執筆者
105	西国順礼道中記	文政六（一八二三）年四月二九日	小須戸古文書研究会『江戸時代越後農民之旅』（非売品、１９８８年）	越後国蒲原郡鎌倉新田	その他	新潟	新潟県新潟市秋葉区鎌倉	小柳藤太（一二歳）カ
106	伊勢御参宮道中日記	文政六（一八二三）年一二月二日	福島県河沼郡会津坂下町・坂内成夫氏所蔵文書	陸奥国河沼郡坂下村	東北	福島	福島県河沼郡会津坂下町	坂内友蔵
107	（西国・四国順礼道中記）	文政七（一八二四）年三月一五日	『田老町史　資料集（近世三）』（田老町教育委員会編、１９９２年）	陸奥国閉伊郡宮古村	東北	岩手	岩手県宮古市	弥助
108	道中泊休覚之帳	文政七（一八二四）年一二月一〇日	川崎吉男編『伊勢参宮日記考』上（筑波書林、１９８７年）	下総国岡田郡大生郷町	関東	茨城	茨城県水海道市	香山
109	伊勢西国道中日記帳	文政八（一八二五）年一月九日	『郷土博物館だより』61～66＋（調布市郷土博物館、２００１年～）	武蔵国多摩郡原町田村	関東	東京	東京都町田市原町田	
110	道中記	文政八（一八二五）年二月一三日	宮古市史編纂室・藤畑伊藤家文書	陸奥国閉伊郡津軽石藤畑村	東北	岩手	岩手県宮古市	伊藤弥七郎
111	伊勢道中記	文政九（一八二六）年一月一四日	『立川町史資料』第五号（立川町、１９９３年）	出羽国東田川郡立川町	東北	山形	山形県東田川郡庄内町	藤四郎（村役人層）
112	（西国道中日記）	文政一〇（一八二七）年三月二七日	渡辺喜一翻刻「菅原源八　上方道中記」（『出羽路』115、秋田県文化財保護協会、１９９５年）	出羽国秋田郡大久保村	東北	秋田	秋田県潟上市昭和大久保	源八（三四歳、肝煎）
113	西国順拝道芝の記	文政一〇（一八二七）年四月八日	筑波大学附属図書館蔵	武蔵国江戸	関東	東京	東京	平川笑主人
114	西国道中日記覚帳	文政一〇（一八二七）年閏六月一日	『川里村史　資料編二』（川里村、１９９６年）	武蔵国埼玉郡屈巣村中郷	関東	埼玉	埼玉県川里町屈巣	朝見富三郎
115	西国指南車道中記	文政一一（一八二八）年一月一二日	埼玉県立文書館・野中家文書６５５７－２３３１	武蔵国播羅郡原之郷玉井庄中奈良村	関東	埼玉	埼玉県熊谷市	野中彦兵衛（名主）
116	（伊勢参宮道中日記）	文政一三（一八三〇）年一月九日	『会津高郷村史』（高郷村史編集委員会、１９８１年）	陸奥国耶麻郡大谷組利田村	東北	福島	福島県耶麻郡高郷村	吉兵衛（三七歳・老百姓）
117	西国道中記	文政一三（一八三〇）年二月	筑波大学附属図書館蔵・近江国蒲生郡日野村地方文書（福井家関係）	近江国蒲生郡日野村カ	その他	滋賀	滋賀県蒲生郡日野町カ	
118	さいこくの覚帳	天保二（一八三一）年六月一三日	『春野町史　資料編二　近世』（春野町、１９９１年）	遠江国周智郡原山村	その他	静岡	静岡県浜松市	小の八代
119	伊勢道中記	天保二（一八三一）年一二月一五日	埼玉県立文書館・松本家５（県史編さん資料・写真版）	武蔵国比企郡上八ツ林村	関東	埼玉	埼玉県比企郡河島町上八ツ林	

120	道中記	天保六（一八三五）年一二月一三日	『鶴ヶ島町史　近世資料編Ⅳ』（鶴ヶ島町、1985年）	武蔵国高麗郡大塚野新田	関東	埼玉	埼玉県鶴ヶ島市	馬橋
121	道中記	天保七（一八三六）年一月七日	『鶴ヶ島町史　近世資料編Ⅳ』（鶴ヶ島町、1985年）	武蔵国高麗郡脚折村	関東	埼玉	埼玉県鶴ヶ島市	
122	順礼道中日記	天保七（一八三六）年二月二一日	上野利夫「天保七年『順礼道中日記』（翻刻）」（天理大学附属天理参考館『天理参考館報』11、1997年）	播磨国飾東郡姫路	その他	兵庫	兵庫県姫路市河間町	庄兵衛（大和屋）
123	道中日記	天保九（一八三八）年六月五日	御浜町裏ノ屋敷資料館・御浜文書	紀伊国牟婁郡上市木村	その他	三重	三重県南牟婁郡御浜町	榎本隠居
124	〔道中日記〕	天保九（一八三八）年六月二六日	『湯川村史資料集　近世編Ⅳ』（湯川村史編纂委員会、1993年）	陸奥国河沼郡浜崎村	東北	福島	福島県河沼郡湯川村浜崎	東条吉智十郎
125	太々講伊勢参宮道中日記帳	天保一〇（一八三九）年一月二五日	埼玉県立文書館・藤城家文書342	武蔵国葛飾郡堤根村ヵ	関東	埼玉	埼玉県北葛飾郡杉戸町	
126	参宮道草喰	天保一〇（一八三九）年五月三〇日	渡辺紘良「天保十年伊勢参りの記録（一）」（『Bulletin of General Education Dokkyo University School of Medicine』8　1985年）	陸奥国和賀郡立花村	東北	岩手	岩手県北上市黒沢尻町立花	渡部吉蔵（幼名吉松・又の名を綱備・肝煎息子）
127	〔伊勢西国道中日記〕	天保一〇（一八三九）年五月三〇日	渡辺紘良「天保十年伊勢参りの記録（四）」（『Bulletin of General Education Dokkyo University School of Medicine』11　1988年）	陸奥国和賀郡立花村	東北	岩手	岩手県北上市黒沢尻町立花	渡辺喜代松（伝兵衛・多蔵とも称す・肝入役・帳付役）
128	〔道中記〕	天保一一（一八四〇）年一一月七日	会津若松市史編纂グループ・中村義明家文書	陸奥国会津郡大豆田村	東北	福島	福島県会津若松市	惣左衛門〔中間〕（四二歳）
129	伊勢参宮道中日記帳	天保一二（一八四一）年一月五日	『会津高郷村史』（高郷村史編集委員会、1981年）	陸奥国耶麻郡大谷村	東北	福島	福島県耶麻郡高郷村	物江安右衛門（五四歳）
130	〔参宮道中日記〕	天保一二（一八四一）年一月七日	会津若松市立図書館	陸奥国会津郡	東北	福島	福島県会津若松市	
131	伊勢参宮西国順礼日記	天保一二（一八四一）年一月一三日	埼玉県立文書館・川島家文書800	武蔵国埼玉郡下之村	関東	埼玉	埼玉県加須市	川島巳之助
132	伊勢参宮日記	天保一二（一八四一）年一月一三日	埼玉県立文書館・川島家文書834（『加須市史　資料編Ⅰ』加須市、1984年）	武蔵国埼玉郡下之村	関東	埼玉	埼玉県加須市	川島巳之助
133	伊勢西国道中日記帳	天保一二（一八四一）年一月二一日	埼玉県立文書館・根岸家四（県史編さん資料・写真版）	武蔵国比企郡古凍村	関東	埼玉	埼玉県東松山市古凍	根岸重喜

No.	史料名	出発年月日	出典	出身地	ブロック	県	現在地	執筆者
134	道中日記覚	天保一二（一八四一）年一月二五日	埼玉・宮代町郷土資料館・折原家文書	武蔵国埼玉郡百間村カ	関東	埼玉	埼玉県南埼玉郡宮代町百間	折原清次郎
135	万控覚帳	天保一二（一八四一）年閏一月五日	『土肥の古文書』（一）（土肥町教育委員会、1983年）	伊豆国君沢郡大久保村	その他	静岡	静岡県伊豆市土肥	勝呂峯蔵
136	西国順礼道中記	天保一二（一八四一）年六月一日	『岩槻市史　近世史料編Ⅳ』（岩槻市役所、1982年）	武蔵国埼玉郡岩槻領表慈恩寺村奈良山	関東	埼玉	埼玉県岩槻市大字表慈恩寺	飯田千代蔵
137	西国道中記	天保一二（一八四一）年一二月一一日	『石川町史　下巻』（石川町教育委員会、1968年）	陸奥国石川郡形見村	東北	福島	福島県石川郡石川町形見	角田藤左衛門（二六歳）
138	伊勢参宮道中記	天保一三（一八四二）年一月九日	『邑楽町誌　上』（邑楽町、1983年）	上野国邑楽郡篠塚村	関東	群馬	群馬県邑楽郡邑楽町	細谷彦兵衛
139	西国四国所々泊控帳参詣所并其外日記控帳	天保一三（一八四二）年一月二二日	『小山町史　第二巻　近世資料編Ⅰ』（小山町、1991年）	駿河国駿東郡大御神村	その他	静岡	静岡県駿東郡小山町大御神	天野文左衛門（二一歳、名主家）
140	御参宮西国道中記	天保一三（一八四二）年五月一三日	新潟県立文書館・星兵市家文書	越後国	その他	新潟	新潟県	星
141	道中諸色覚	天保一四（一八四三）年二月二七日	御浜町裏ノ屋敷資料館・御浜文書	紀伊国牟婁郡	その他	三重	三重県南牟婁郡御浜町	裏ノ屋敷氏
142	道中諸払覚	天保一四（一八四三）年二月二七日	御浜町裏ノ屋敷資料館・御浜文書	紀伊国牟婁郡	その他	三重	三重県南牟婁郡御浜町	
143	西国道中名所日記	天保一四（一八四三）年五月	沼津市立歴史民俗資料館・西島家文書	伊豆国君沢郡平沢村	その他	静岡	静岡県	西島平治□
144	西国順礼旅中控	天保一四（一八四三）年六月一日	『芝山町史　資料集三　近世編』（芝山町、1998年）	上総国武射郡境村	関東	千葉	千葉県上総国町二川村	（定右衛門）
145	道中日記帳	天保一四（一八四三）年一一月二三日	『柏市史』近世編（柏市教育委員会、1995年）	下総国葛飾郡酒井根村	関東	千葉	千葉県柏市大字酒井根	
146	万覚帳（参宮・関西方面道中記）	天保一五（一八四四）年一月七日	群馬県立文書館・市沢勲家文書H90－8－1近世5／Z5	上野国邑楽郡海老瀬村	関東	群馬	群馬県邑楽郡板倉町海老瀬	市之沢勇蔵
147	道中記	天保一五（一八四四）年一月九日	花巻市立図書館・孫左衛門家文書	陸奥国稗貫郡東拾弐丁目村	東北	岩手	岩手県花巻市東十二丁目	古川彦次郎
148	（道中日記帳）	弘化二（一八四五）年一月七日	小野寺淳氏提供史料	下総国印旛郡根戸田	関東	千葉	千葉県（柏市か我孫子市）	神戸由左衛門

279 道中日記（熊野街道通過分）一覧

149	道中記	弘化二（一八四五）年四月一三日	『東蒲原郡史 資料編5 近世四』（同編さん委員会、2002年）	越後国蒲原郡鹿瀬組実川村	その他	新潟	新潟県東蒲原郡阿賀町	五十嵐鶴吉
150	道中日記帳	弘化二（一八四五）年六月一日	埼玉県立文書館・篠崎家文書2024	武蔵国埼玉郡上平野村	関東	埼玉	埼玉県蓮田市上平野	篠崎
151	伊勢西国道中記	弘化三（一八四六）年一二月一一日	福田分次『伊勢西国道中記』（私家版、1981年）	下野国河内郡猪倉村	関東	栃木	栃木県今市市大字猪倉	福田藤吾（五六歳・名主）
152	伊勢参宮西国三拾三ケ所金毘羅山善光寺道中日記覚帳	弘化三（一八四六）年一二月一九日	『嵐山町博物誌調査報告』2（埼玉県比企郡嵐山教育委員会、1997年）	武蔵国比企郡勝田村	関東	埼玉	埼玉県比企郡嵐山町勝田	中村善左衛門
153	伊勢参宮名所旧跡西国順礼道中日記	弘化四（一八四七）年五月一二日	『前沢町史 下巻（二）』（前沢町教育委員会、1988年）	陸奥国胆沢郡目呂木村	東北	岩手	岩手県奥州市前沢区	富右衛門（肝煎格）
154	伊勢西国道中記	弘化五（一八四八）年一月八日	群馬県立文書館・川口晋家文書H4－62－3－近世1－番外7	上野国新田郡上田島村	関東	群馬	群馬県太田市上田島	川口源二
155	南西国道中覚帳	弘化五（一八四八）年三月二日	『安堵町史 史料編下巻』（安堵町、1991年）	大和国平群郡東安堵村	その他	奈良	奈良県生駒郡安堵町	胡内弥蔵
156	西国順礼道中記	弘化五（一八四八）年四月	香川県立文書館 三好家文書	讃岐国豊田郡伊吹島村	その他	香川	香川県観音寺市伊吹島	
157	西国道中日記帳	嘉永元（一八四八）年六月二日	『荒綾文化叢書』27（荒綾文化協会発行、1971年）	武蔵国埼玉郡江ケ崎村	関東	埼玉	埼玉県蓮田市江ケ崎	石井宇三郎（一八歳）
158	伊勢西国道中日紀帳	嘉永元（一八四八）年一二月一〇日	太田尚一「常州茨城郡飯沼村尾吹氏 嘉永元年伊勢西國道中日紀帳」（『常総の歴史』32、2005年）	常陸国茨城郡飯沼村	関東	茨城	茨城県東茨城郡茨城町上飯沼	尾吹友治（庄屋家）
159	御伊勢熊野参宮道中記	嘉永元（一八四八）年一二月一五日	福島県歴史資料館・小針重郎家文書756	陸奥国白川郡中新城村	東北	福島	福島県白河市	小針源光廣（庄屋家）
160	三熊野伊勢参宮道中記	嘉永元（一八四八）年一二月一五日	福島県歴史資料館・小針重郎家文書757	陸奥国白川郡新城村	東北	福島	福島県白河市	小針光廣（庄屋家）
161	道中袖日記	嘉永二（一八四九）年一月七日	栃木県立文書館・鮎瀬健一家文書8－4793	下野国那須郡伊王野村	関東	栃木	栃木県那須郡那須町大字伊王野	鮎瀬氏
162	伊勢西国名所日記	嘉永二（一八四九）年一月一三日	牛田家文書（増田広實氏提供史料）	甲斐国都留郡玉川村	関東	山梨	山梨県都留市玉川	牛田伝兵衛
163	三十三所西国道中記	嘉永二（一八四九）年六月三日	千葉県立文書館・清水家文書ア309	上総国夷隅郡下太多喜村	関東	千葉	千葉県夷隅郡大多喜町	清水友吉

No.	史料名	出発年月日	出典	出身地	ブロック	県	現在地	執筆者
164	伊勢参宮道中記	嘉永三（一八五〇）年一月九日	『日本庶民生活史料集成』第二十巻（三一書房、１９７２年）	陸奥国会津郡南山保上小屋	東北	福島	福島県南会津郡舘岩村森戸	大和屋（木地屋）
165	道中日記	嘉永四（一八五一）年一一月二八日	柳沼文英「道中日誌　資料紹介」（『郡山地方史研究』29集、郡山地方史研究会、１９９９年）	陸奥国安積郡笹川村	東北	福島	福島県郡山市笹川町	柳沼文兵衛（数え五三歳）
166	伊勢太々道中記	嘉永五（一八五二）年一月九日	道口典次編『伊勢西国道中記』（道口冨美子、１９９１年）	常陸国茨城郡野曽村	関東	茨城	茨城県東茨城郡茨城町大字野曽	溝口耕助
167	道中日記帳	嘉永五（一八五二）年一月一三日	栃木県立文書館・植木家文書53―１０６０	下野国塩谷郡金枝村ヵ	関東	栃木	栃木県塩谷郡塩谷町ヵ	（庄屋家）
168	参宮道中日記帳	嘉永六（一八五三）年一月六日	『流山市史料集　第六集』（流山市史編纂委員会、１９７５年）	下総国葛飾郡戸張村	関東	千葉	千葉県流山市	須賀政二
169	西国順礼道覚帳	嘉永六（一八五三）年一月九日	長命豊「一農民の道中記」（『会誌』３号、境町の文化財を守る会、１９７５年）	下総国猿島郡若林村	関東	茨城	茨城県猿島郡境町大字若林	勝五郎
170	伊勢参宮道中日記覚帳	嘉永六（一八五三）年五月二八日	川名登「庶民の旅」（『海上町史研究』29、１９９０年）	下総国海上郡幾世村	関東	千葉	千葉県旭市大字幾世	樹氏
171	〔道中記〕	嘉永六（一八五三）年九月一八日	会津若松市史編纂グループ・中村義明家文書	陸奥国会津郡大豆田村	東北	福島	福島県会津若松市	惣左衛門〔中間〕（四二歳）
172	西国順拝名所記	安政元（一八五四）年三月二〇日	青柳周一「自芳尼『西国順拝名所記』（一）（二）」（滋賀大学経済学部附属史料館『研究紀要』36号、37号、２００３～４年）。滋賀大学経済学部附属史料館蔵。	近江国犬上郡彦根	その他	滋賀	滋賀県彦根市	自芳尼（足軽家ヵ）
173	〔道中日記〕	安政元（一八五四）年一二月四日	福島県歴史資料館・庄司吉之助文書２７１７	陸奥国御代田村〔田村郡御代田村か伊達郡御代田村〕	東北	福島	福島県〔郡山市御代田か月舘町御代田〕	
174	道中日記覚帳	安政二（一八五五）年一二月一〇日	『茂木町史　第三巻　史料編2　近世』（茂木町史編さん委員会、１９９８年）	下野国芳賀郡茂木上菅又村	関東	栃木	栃木県芳賀郡茂木町	永嶋富三郎
175	西国道中記	安政三（一八五六）年一月二日	『伊勢街道』（歴史の道調査報告書、三重県教育委員会、１９８６年）	伊勢国（采女村？）	その他	三重	三重県	大森安吾郎
176	伊勢西国道中記	安政三（一八五六）年一月六日	愛媛県歴史文化博物館蔵	武蔵国府中ヵ	関東	東京	東京都ヵ	市川榮助

281　道中日記（熊野街道通過分）一覧

177	道中日記帳	安政三（一八五六）年一月六日	静岡県歴史文化情報センター・浜松市立中央図書館・宝林山房文庫０２００７－６－38Ａ	駿河国有渡郡宮竹村	その他	静岡	静岡県静岡市宮竹	原品彦右衛門（四二歳）
178	名所古跡覚帳	安政三（一八五六）年一月一二日	群馬県立文書館・町田儀定文書Ｈ82－5－3近世　1／34	上野国佐位郡島村	関東	群馬	群馬県佐波郡境町	磨知多氏
179	道中日記帳	安政三（一八五六）年二月一日	『田島町史　第四巻　民俗編』（田島町史編纂委員会、１９７７年）	陸奥国会津郡関本村	東北	福島	福島県南会津郡南会津町関本	渡辺吉蔵（二五歳）
180	西国道中日記帳	安政三（一八五六）年五月二八日	川名登「庶民の旅」（『海上町史研究』29、１９９０年）	下総国海上郡	関東	千葉	千葉県旭市	木内清左衛門
181	（友右衛門参宮道中記）	安政三（一八五六）年一一月一〇日	『友右衛門参宮道中記』（渡辺良三、１９８６年）	陸奥国大沼郡板下村	東北	福島	福島県大沼郡金山町	友右衛門
182	伊勢三熊野金毘羅参詣道中記	安政三（一八五六）年一二月七日	福島県歴史資料館・小針重郎家文書758	陸奥国西白河郡中新城村	東北	福島	福島県白河市	小針六郎右衛門（庄屋家）
183	伊勢西国道中記	安政三（一八五六）年一二月一五日	狭山古文書勉強会編『伊勢西国道中記』（狭山古文書叢書第七集、１９９０年）	武蔵国入間郡水野村	関東	埼玉	埼玉県狭山市	志村源右衛門（草分け百姓、六四歳）
184	伊勢大々西国三拾三所順道中日記	安政四（一八五七）年一月一〇日	『騎西町史　近世資料編』（騎西町教育委員会、１９８５年）	武蔵国埼玉郡上崎村	関東	埼玉	埼玉県北埼玉郡騎西町	青木茂十郎（三〇歳）
185	伊勢道中日記	安政四（一八五七）年一月一三日	加藤誠三「伊勢道中日記」（『川口史林』47・48、川口市郷土史会、１９９２年）	武蔵国足立郡三沼領大門宿	関東	埼玉	埼玉県北足立郡大内村	会田平八
186	伊勢太々西国巡参日記帳	安政四（一八五七）年一月二〇日	埼玉県立文書館・藤城家文書395	武蔵国葛飾郡幸手領大島村	関東	埼玉	埼玉県北葛飾郡杉戸町大字大島	藤城氏（左仲）
187	道中記	安政四（一八五七）年一月二五日	二戸市史編さん室編『旅へのいざない』（二戸史料叢書、２００３年）	陸奥国二戸郡福岡	東北	岩手	岩手県二戸市福岡	欠端喜弥太
188	（道中日記）	安政四（一八五七）年二月二〇日	『高山四郎左衛門道中記』（太田昇解説、１９９５年）	出羽国最上郡新庄	東北	山形	山形県新庄市	高山四郎左衛門（三九歳）
189	（伊勢参宮並諸国神社・仏閣礼拝道中記）	安政五（一八五八）年二月一三日	『田老町史　資料集（近世四）』（田老町教育委員会編、１９９３年）	陸奥国閉伊郡田野畑村七滝	東北	岩手	岩手県宮古市	久兵衛ヵ
190	伊勢神宮西国道筋道中日用	安政五（一八五八）年三月一六日	大阪府立中之島図書館	山城国葛野郡京都	その他	京都	京都府京都市	
191	伊勢参宮并熊野三社廻り金毘羅参詣道中道法附	安政六（一八五九）年二月九日	二戸市史編さん室編『旅へのいざない』（二戸史料叢書、２００３年）	陸奥国二戸郡金田市村	東北	岩手	岩手県二戸市金田一	沢田平十郎

No.	史料名	出発年月日	出典	出身地	ブロック	県	現在地	執筆者
192	南勢西国記	安政六（一八五九）年二月	『伊勢街道』（歴史の道調査報告書、三重県教育委員会、１９８６年）	美濃国	その他	岐阜	岐阜県	西川正規（尾張藩長良川役所付問屋）
193	伊勢参宮并談仏拝所参詣	安政六（一八五九）年五月八日	『加茂郷土誌』８（加茂郷土調査研究会、１９８５年）	越後国蒲原郡青梅之庄賀茂下条	その他	新潟	新潟県加茂市	涌井九右衛門
194	伊勢道中日記帳	安政六（一八五九）年六月一日	埼玉県立文書館・鬼久保家文書３３２０	武蔵国埼玉郡私一庄蓑輪郷岩附領小久喜邑	関東	埼玉	埼玉県南埼玉郡白岡町大字小久喜	鬼久保文輔
195	（西国巡礼道中日記）	安政七（一八六〇）年一月二三日	『利根町史　五　社寺編』（利根町、１９９３年）	下総国相馬郡加納新田	関東	茨城	茨城県北相馬郡利根町	堀越彦右衛門（四五歳）
196	（西国道中日記）	万延元（一八六〇）年一〇月一七日	個人蔵	出羽国秋田ヵ	東北	秋田	秋田県秋田市ヵ	
197	江戸往来道中日記	文久元（一八六一）年一一月八日	『尾鷲賀田　濱中仙右衛門　幕末江戸道中・滞在日記』（尾鷲古文書の会、２００４年）	紀伊国牟婁郡賀田村	その他	三重	三重県尾鷲市賀田	濱中仙右衛門
198	伊勢参宮道中記	文久二（一八六二）年一月七日	『塩原町誌』（同町教育委員会、１９８０年）	下野国塩谷郡宇都野村	関東	栃木	栃木県那須塩原市宇都野	太郎左衛門
199	伊勢讃岐紀州芸州道中記	文久二（一八六二）年一月一八日	埼玉県立文書館・加藤家文書１２１４－２３１６	武蔵国足立郡羽貫村	関東	埼玉	埼玉県北足立郡伊奈町羽貫	須田秀実、大畑三郎兵衛、浜野由右衛門
200	伊勢西国参宮道中記	文久二（一八六二）年二月一七日	白土清臣氏所蔵文書（頴田町教育委員会所蔵複写史料）	筑前国嘉麻郡佐与村	その他	福岡	福岡県飯塚市佐与	白土半助種安（二〇歳）
201	奉納西国卅三所道記	文久二（一八六二）年三月一三日	『安堵町史　史料編下巻』（安堵町、１９９１年）	大和国平群郡東安堵里	その他	奈良	奈良県生駒郡安堵町	大宝寺注雨俊龍
202	西国道中覚帳	文久二（一八六二）年四月二〇日	『笹神村史　資料編二　近世』（笹神村、２００３年）	越後国蒲原郡福嶋潟御新田上中之通新村	その他	新潟	新潟県新潟市北区豊栄	白井金作
203	伊勢参宮并熊野山金毘羅山湯殿山大峯山條共ニ参詣之節駅宿里程書留手控証	文久二（一八六二）年七月五日	岩手県立図書館・平沢文書21・5－121－1	陸奥国志和郡日詰通り平沢村古屋敷	東北	岩手	岩手県紫波郡紫波町平沢	藤尾吉次郎（三二歳）

204	〔西国金毘羅道中日記〕	文久二（一八六二）年一二月一九日	西岡欣一「五十嵐三良の金毘羅参り『道中記』」（『阿賀路』26集、1988年）	越後国東蒲原郡津川	その他	新潟	新潟県東蒲原郡阿賀町津川	柏三良（五十嵐三良）
205	〔伊勢熊野参詣日記〕	文久三（一八六三）年二月一九日	福島県会津美里町公民館〔旧高田公民館〕・田中文庫（複写版）	陸奥国大沼郡高田村	東北	福島	福島県会津美里町高田	田中幾四郎（高田組郷頭・二五歳）
206	遠州秋葉山伊勢御参宮大和七在所西国三十三所四国金毘羅山北国下り道中記	文久三（一八六三）年七月二日	三重県立熊野古道センター蔵	越後国魚沼郡田川入	その他	新潟	新潟県魚沼市堀之内	定右衛門（笹本俊蔵・二五歳）
207	参宮道中記	文久三（一八六三）年一一月二八日	愛媛県歴史文化博物館蔵	陸奥国耶麻郡	東北	福島	福島県喜多方市	横山氏
208	道中日記蝶	慶応二（一八六六）年一月五日	長田かな子「近世相模原地域農民の旅（二）」（『相模原市立図書館古文書室紀要』11、1988年）	相模国高座郡上九沢村	関東	神奈川	神奈川県相模原市	笹野源兵衛（二五歳・講元）
209	道中帳	慶応二（一八六六）年一月七日	二戸市史編さん室編『旅へのいざない』（二戸史料叢書、2003年）	陸奥国二戸郡鳥越村川原田野辺地	東北	岩手	岩手県二戸郡一戸町鳥越	柴田栄太（肝煎）
210	〔諸国巡礼道中日記〕	慶応三（一八六七）年一一月二八日	茨城県立歴史館・塙仲雄家文書102	常陸国茨城郡安居村	関東	茨城	茨城県西茨城郡岩間町安居	塙氏（名主、組頭役）
211	伊勢道中記	明治三（一八七〇）年一一月二三日	会津若松市史編さんグループ写真版・前田家文書	岩代国河沼郡代田組駒板邑	東北	福島	福島県会津若松市河東町金田	前田徳馬（勝延）〔邑之長〕
212	道中日記帳	明治四（一八七一）年一月五日	三重県立熊野古道センター蔵	江刺県和賀郡黒岩村	東北	岩手	岩手県北上市黒岩	
213	道中使買物扣	明治四（一八七一）年一月五日	御浜町裏ノ屋敷資料館・上市木文書	紀伊国牟婁郡	その他	三重	三重県南牟婁郡御浜町	
214	〔伊勢参宮道中記〕	明治五（一八七二）年一二月一〇日	渡部孝『伊勢参宮道中記』（稿本、1975年。会津若松市立会津図書館蔵）	若松県会津郡崎川村	東北	福島	福島県会津若松市	渡部清二
215	伊勢参宮道中記	明治六（一八七三）年一月六日	開成古文書クラブ『伊勢参宮道中記』（私家版、1997年）	磐前県田邑郡丹伊田村	東北	福島	福島県郡山市西田町丹伊田	伊藤信義
216	伊勢参宮道中日記	明治六（一八七三）年一月晦日	『梁川町史資料集』第二七集（資料叢書八、梁川町史編纂室委員会、1989年）	福島県伊達郡関波村	東北	福島	福島県伊達市梁川町	小賀坂米吉
217	〔道中日記〕	明治六（一八七三）年六月一日	個人蔵	水沢県胆沢郡	東北	岩手	岩手県奥州市ヵ	
218	道中記	明治六（一八七三）年閏六月一日	個人蔵	水沢県江刺郡次丸村	東北	岩手	岩手県奥州市江刺区玉里	寅蔵ヵ（三二歳）

No.	史料名	出発年月日	出典	出身地	ブロック	県	現在地	執筆者
219	〔道中記〕	明治六（一八七三）年一一月三〇日	東紀州地域活性化事業推進協議会所蔵複写資料	福島県伊達郡大波村	東北	福島	福島県福島市大波	
220	伊勢参宮道中日記	明治七（一八七四）年二月二九日	個人蔵	秋田県秋田郡八柳村	東北	秋田	秋田県秋田市外旭川	三浦長吉（四五歳）
221	伊勢参宮日記	明治八（一八七五）年一月五日	御浜町裏ノ屋敷資料館・御浜文書	度会県牟婁郡	その他	三重	三重県南牟婁郡御浜町	講屋宗次
222	〔伊勢道中記〕	明治八（一八七五）年一二月四日	茨城県立歴史館・前田恒春家文書（前8―19）	常陸国河内郡	関東	茨城	茨城県	
223	道中覚帳	明治九（一八七六）年一月五日	御浜町裏之屋敷資料館・御浜文書	度会県牟婁郡	その他	三重	三重県南牟婁郡御浜町	
224	出雲伊勢西国三拾三ケ所日記	明治九（一八七六）年八月	『交通・運輸』（小平市史料集　第三十集、小平市中央図書館、２００８年）	神奈川県拾壱大区壱小区（武蔵国多摩郡鈴木村）	関東	東京	東京都小平市	斎藤佐右衛門（六〇歳）
225	西国道中記	明治一〇（一八七七）年二月二二日	個人蔵	滋賀県遠敷郡加茂	その他	福井	福井県小浜市加茂	前野六左衛門
226	道中日記	明治一二（一八七九）年一二月一八日	『新潟県三島郡和島村　村落史資料集　⑦』（和島村史編さん室、１９９５年）	越後国三島郡島崎村	その他	新潟	新潟県長岡市島崎	斉籐清内
227	道中日誌	明治一三（一八八〇）年三月九日	『表郷村郷土資料集』第一四集（表郷村教育委員会、１９７５年）	福島県東白川郡棚倉古町	東北	福島	福島県東白川郡棚倉町棚倉	宗田伝治右衛門（五五歳）
228	〔西国道中記〕	明治一四（一八八一）年一一月二四日	泉舘重雄編『西国道中記』（私家版、１９８７年）	岩手県紫波郡宮手村	東北	岩手	岩手県紫波郡紫波町宮手	藤次郎（二八歳）
229	西国道中記	明治一七（一八八四）年二月九日	徳島県立文書館蔵・天野家文書	徳島県下阿波国撫養四軒家町	その他	徳島	徳島県鳴門市撫養町	天野駒吉
230	伊勢参宮道中記	明治一九（一八八六）年一一月一一日	愛媛県歴史文化博物館蔵	岩代国大沼郡福重岡村	東北	福島	福島県大沼郡会津美里町福重岡	佐藤駒吉（五〇歳）
231	伊勢参宮熊野山金毘羅山道中記	明治二〇（一八八七）年一月一四日	『塩原町の古文書　第一集』（塩原町古文書を読む会、１９９０年）	栃木県塩谷郡関谷村	関東	栃木	栃木県那須塩原市関谷	室井金平
232	参宮道中日記	明治二一（一八八八）年一一月二八日	福島県河沼郡会津坂下町・高畑喜芳氏所蔵	福島県河沼郡津尻村	東北	福島	福島県河沼郡会津坂下町大字津尻	高畑清吾

233	伊勢金毘羅道中名所旧跡駅名控帳	明治二二（一八八九）年一一月八日（旧）	尾形良吉「明治二十二年の伊勢金毘羅道中記」（『すぎのめ』7号、福島市杉妻地区史跡保存会、1984年）	福島県信夫郡吉井田村吉倉	東北	福島	福島県福島市吉倉	本田半十郎（二四歳）
234	（西国道中日記）	明治二五（一八九二）年二月七日	個人蔵	武蔵国足立郡大宮	関東	埼玉	埼玉県さいたま市	
235	西国巡礼道中記	明治三六（一九〇三）年二月五日	河島一仁「尾張からの西国三十三カ所巡礼を通してみた人々の旅」（『愛知県史民俗調査報告書5　犬山・尾張東部』愛知県、2002年）	愛知県東春日井郡鳥居松村大字松河戸	その他	愛知	愛知県春日井市松河戸町	
236	伊勢参宮道中日記	明治四五（一九一二）年二月一日	埼玉県立文書館・飯島家68	埼玉県大里郡小原村大字板井	関東	埼玉	埼玉県熊谷市板井	飯島良七
237	西国三十三所巡拝道中覚	大正一〇（一九二一）年二月一六日	河島一仁「尾張からの西国三十三カ所巡礼を通してみた人々の旅」（『愛知県史民俗調査報告書5　犬山・尾張東部』愛知県、2002年）	愛知県東春日井郡鳥居松村大字粉河戸	その他	愛知	愛知県春日井市鳥居松町	岡島碧史園
238	伊勢参宮道中記	子九月二七日	個人蔵	福島県大沼郡下中津川村	東北	福島	福島県大沼郡昭和村	酒井藤吉ヵ
239	道中記	午一一月二八日	茨城県歴史館・塙仲雄家文書105	常陸国茨城郡上安居村	関東	茨城	茨城県西茨城郡岩間町安居	塙富
240	（伊勢西国道中日記）	午一二月一七日	『三芳町史史料編　I』（三芳町、1986年）	武蔵国入間郡川越在上富	関東	埼玉	埼玉県入間郡三芳町	
241	伊勢西国道中記	年未詳一月五日	愛媛県歴史文化博物館蔵	（武蔵国高麗郡ヵ）久保村	関東	埼玉	埼玉県日高市ヵ	
242	伊勢御参宮道中日記	年未詳一月六日	福島県河沼郡会津坂下町・坂内成夫氏所蔵文書	陸奥国河沼郡坂下村	東北	福島	福島県河沼郡会津坂下町	坂内友蔵
243	（道中日記）	年未詳一月七日	埼玉県立文書館・田部井家559	武蔵国埼玉郡小濱村	関東	埼玉	埼玉県加須市	田部井栄助
244	（西国三十三所巡り）	年未詳一月一二日	『近世豊橋の旅人たち―旅日記の世界―』（豊橋市二川宿本陣資料館、2002年）	三河国渥美郡東植田村	その他	愛知	愛知県豊橋市植田町	（石田氏）
245	（伊勢参宮日記）	年未詳一月二〇日	茨城県立歴史館・木野内寿家文書（217）	常陸国	関東	茨城	茨城県	
246	（道中記）	年未詳二月二六日	宮古市史編纂室・長沢伊東政男家文書	陸奥国閉伊郡長沢村	東北	岩手	岩手県宮古市	

No.	史料名	出発年月日	出典	出身地	ブロック	県	現在地	執筆者
247	西国行帳	年未詳四月一日	沼津市立歴史民俗資料館・西島家文書	伊豆国君沢郡平沢村	その他	静岡	静岡県	
248	参宮道中記	年未詳五月一六日	個人蔵	陸中国江刺郡倉沢村	東北	岩手	岩手県花巻市東和町倉沢	大石屋鋪　及川五右衛門
249	〔道中記〕	年未詳六月三日	宮古市史編纂室・豊間根芳賀家文書	陸奥国閉伊郡豊間根村	東北	岩手	岩手県閉伊郡山田町	
250	伊勢参宮道中記	年未詳一二月晦日	福島県歴史資料館・一條芳命家文書76	陸奥国大沼郡小沢村	東北	福島	福島県大沼郡会津美里町	一條重之助（肝煎）
251	〔伊勢熊野高野山参詣旅日記〕	年月日未詳	会津若松市立図書館・遠藤家文書	陸奥国会津郡カ	東北	福島	福島県会津若松市カ	
252	〔道中日記〕	年月日未詳	会津若松市史編さんグループ・林壮次家文書	陸奥国会津郡	東北	福島	福島県会津若松市	
253	西国道中記	年月日未詳	埼玉県立文書館・武笠寛家文書167	武蔵国足立郡	関東	埼玉	埼玉県北足立郡	
254	〔旅日記〕	年月日未詳	『国分寺市史料集（Ⅲ）』（国分寺市、1983年）	武蔵国多摩郡	関東	東京	東京都国分寺市	（戸倉氏）
255	〔西国道中日記〕	年月日未詳	栃木県立文書館・石川家文書48－1095	下野国都賀郡上石川村カ	関東	栃木	栃木県栃木市	（名主家）
256	〔西国道中日記〕	年月日未詳	茨城県立歴史館・江崎家文書21	常陸国	関東	茨城	茨城県	
257	〔西国巡廻記〕	年月日未詳	埼玉県立文書館・持田（文）家50	武蔵国榛沢郡荒川村	関東	埼玉	埼玉県深谷市荒川	持田力之助（組頭家）
258	〔上方道中記〕	年月日未詳	埼玉県立文書館・加藤家文書420	武蔵国	関東	埼玉	埼玉県	
259	西国道中記　名所付	年月日未詳	埼玉県立文書館・平山家1271	武蔵国上野村	関東	埼玉	埼玉県	大野喜左衛門
260	伊勢参宮手控帳	年未詳	『伊勢参宮手控帳』（私家版、1955年）	上野国那須郡大田原	関東	栃木	栃木県大田原市	大室喜助（安兵衛）

＊史料名欄は、原題があるものはそのままに、適宜「（）」で内容を補い、原題のないものは「〔〕」で適当な題名を付した。

塚本　明（つかもと・あきら）

一九六〇年愛知県生まれ。一九八九年京都大学大学院博士課程単位取得退学。京都大学人文科学研究所助手などを経て、現在、三重大学人文学部教授。博士（文学・京都大学）。

［主要著書］

『近世伊勢神宮領の触穢観念と被差別民』（清文堂出版、二〇一四年）、『鳥羽・志摩の海女―素潜り漁の歴史と現在』（吉川弘文館、二〇一九年）、『三重県史　通史編　近世1、2』（三重県、二〇一七、二〇二〇年。共編著）ほか。

［塙選書125］

江戸時代の熊野街道と旅人たち

二〇二二年二月二五日　初版第一刷

著者――塚本　明

発行者――白石タイ

発行所――株式会社塙書房

〒113-0033　東京都文京区本郷6-26-12

電話＝03-3812-5821　振替＝00100-6-8782

印刷・製本所――亜細亜印刷・弘伸製本

装丁者――古川文夫（本郷書房）

落丁・乱丁本はお取り替えいたします。定価はカヴァーに表示してあります。

ISBN978-4-8273-3125-7 C1321